처음 시작하는 해외 셀러
나는 쇼피로 통했다

처음 시작하는 해외 셀러
나는 쇼피로 통했다

개정 2판 1쇄 2025년 8월 8일

지은이 스테비(이채안)
발행인 김우진

발행처 북샵일공칠
등록 2013년 11월 25일 제2013-000365호
주소 서울시 마포구 월드컵북로 402, 16
전화 02-6215-1245 | 팩스 02-6215-1246
전자우편 editor@thestoryhouse.kr

ISBN 979-11-88033-20-1 (13320)

· 북샵일공칠은 (주)더스토리하우스의 자기계발, 실용서 출판 브랜드입니다.
· 이 책의 내용 전부 또는 일부를 재사용하려면 반드시 동의를 받아야 합니다.
· 책값은 뒤표지에 있습니다.

처음 시작하는 해외 셀러
나는 쇼피로 통했다

동남아시아 이커머스 시장의 돌풍 쇼피로 글로벌 CEO에 도전하기

개정 2판

스테비 (이채안) 지음

프롤로그

쇼피로 글로벌 셀러에 도전하기!

많은 초보 셀러에게 강의를 하면서 이런 의문이 들었습니다.
"처음 시작하는 셀러들에게 정말 중요한 것은 무엇이고, 무엇을 우선순위로 해야 할까?"

처음 시작하는 많은 셀러를 만나보니 처음에 자신이 어떤 목표와 목적을 가지고 시작한 것인지에 따라 그 결과가 정말 많이 달라졌습니다. 처음부터 쇼피 시장에 대한 부푼 기대와 열정으로 중무장하고, 월급 이외의 수입을 창출해서 직장에서 벗어나고 싶어 시작합니다. 그런 분들 중에서도 목표가 정확하고 어떤 일을 먼저 실행하고 준비해야 하는지 아는 분들은 지금도 여전히 목표를 이루면서 잘 이어가고 있습니다.

반면 쇼피를 통해 경제적 자유를 빠르게 누리기 위해 하던 일도 그만두고 시작했지만 스스로 그 시간을 관리하지 못해서 떠나는 분들도 많이 만났습니다. 그중

몇몇 분의 성공을 보면 정말 잘 짜인 루틴을 통해서 직장인들보다 더 빠른 수익을 이어가는 경우도 많습니다.

그렇다면 글로벌 셀러로서 어떤 마음가짐으로 목표를 잡고 실행하는 것이 좋을까요? 저의 수강생분들에게 '쇼피를 시작하셨으니 쇼피를 대하는 나의 자세를 먼저 긍정화'하라고 말씀드립니다. 어떤 이커머스 쇼핑몰도 나에게 100% 만족을 주는 곳은 없습니다. 즉 나는 여기를 통해서 돈을 벌어야 하는 것이 맞고, 그렇다면 그곳과 친해져야 하는 것이 맞는 게 아닐까요?

이 마음이 먼저 자리 잡고 있어야 어떠한 변화에도 의연하게 대처할 수 있습니다. 실제로 쇼피는 현재 성장이 가속화되고 있는 플랫폼이기 때문에 많은 변화가 있었습니다. 이 책을 집필하는 도중에도 정책이 변경되어 수정이 필요했으니까요. 때문에 긍정적인 측면에서 쇼피가 발전하고 있고, 발전은 곧 돈이 된다는 것으로 인지하고 시작하셨으면 합니다.

그다음으로 제가 많이 이야기하는 것은 꾸준히 실행하라는 것입니다. 사실 글로벌 셀러로서 성공하는 가장 쉽고 빠른 방법은 바로 하루하루를 성실하게 일하는 것입니다. 이렇게 말씀드리면 '너무 뻔한 이야기 아니야?'라고 생각하실 수도 있어요. 그렇다면 왜 이렇게 뻔하고 모두 알고 있는 이야기를 해 드리는 걸까요? 알지만 쉽지 않은 일이기 때문입니다.

저는 지금도 '실천 클래스'를 통해 실행하고 성장하기를 바라는 마음으로 클래스를 진행하면서 많은 셀러를 양성하고 있습니다. 실제로 이렇게 쉽고 뻔한 일을 함께하면서 성장하고 있습니다.

지금 시작하는 셀러들에게도 비법을 한 가지 전해드리려고 합니다. 그것은 바로 하루 한 가지 정말 실행이 가능한 일을 꼭 해내는 것입니다. 꼭 큰돈을 벌려는 것만이 목표는 아닙니다. 그냥 하루하루 쇼피에서 무언가를 실행하는 바로 그 일이 작은 목표가 될 수 있습니다. 어떤 일을 정해야 할지 모를 때는 하루에 1개 상품 등록하기를 해 보세요. 그리고 등록 개수를 점점 늘려보세요. 이 일을 가장 쉽게 하기 위해서는 상품 찾는 일을 하는 날을 따로 정해두는 것도 좋은 방법입니다. 상품 리스트를 작성하고 매일 확인하면서 상품을 등록한다면 상품을 검색하면서 비교하고 고민하는 시간을 줄여줍니다. 미리 어떤 상품을 등록할 것인지 일주일 정도 등록할 상품을 찾아서 리스트를 먼저 작성해보세요. 이렇게 하루 한 가지 내가 할 수 있는 당장의 목표들을 실행하다 보면 분명 그 길이 보일 겁니다. 이 책을 통해 쇼피를 시작할 수 있는 방법과 쇼피를 어떻게 운영하면 좋을지, 어떤 상품을 등록해야 하는지까지 많은 이야기를 담아 보았는데요.

쇼피, 아직 늦지 않았습니다. 오히려 스마트 스토어나 아마존보다 돈을 벌 수 있는 기회가 더 많지도 모릅니다. 한국 셀러들이 판매하는 상품은 뷰티나 식품에 한정되어 있어, 개척되지 않은 수많은 상품이 존재합니다. 이런 상품을 먼저 발굴할 수 있는 기회를 이 책을 본 여러분이 먼저 찾을 수 있었으면 좋겠습니다. 그리고 원하는 목표를 이루기를 바랍니다.

차례

프롤로그   쇼피로 글로벌 셀러에 도전하기! ·· 4

chapter 1 동남아 시장 전자상거래의 돌풍, 쇼피

01 많은 플랫폼 중 왜 쇼피로 시작해야 하죠? ······························· 15
02 쇼피의 국가별 특징과 톱 셀링 카테고리 ································· 20

chapter 2 쇼피, 시작해볼까?

01 쇼피에 입점할 때 준비해야 할 것 ·· 35
02 쇼피 수수료를 먼저 확인하자 ·· 37
03 쇼피 셀러 가입하기 ·· 39
04 메인 서브 어카운트 연동하기 ·· 51
05 한국셀러센터 활용 방법 ·· 63
06 정산받는 방법 확인하기 ·· 68

chapter 3 쇼피 숍 세팅하기

01 셀러센터 기본 세팅하기 ······· 89
02 Shop Information 등록하기 ······· 96
03 채팅 기능 활용 방법 ······· 103

chapter 4 어떤 상품을 등록해야 할까

01 시장 조사하기 ······· 113
02 국내 쇼핑몰의 Best 상품 확인하기 ······· 116
03 상품 소싱하는 방법 ······· 122
`책 속 부록` 초보 셀러라면 상품등록 전 꼭 확인하세요! ······· 128

chapter 5 쇼피, 잘 팔리는 상품으로 등록하는 법

01	상품등록 1단계 : 이미지	139
02	상품등록 2단계 : 마진 설정하기	151
03	상품등록 3단계 : 매력적인 상품으로 등록하기	157
책속부록	쇼피 셀러라면 반드시 확인하자!	174
04	숍 꾸미기를 통한 브랜딩	184
05	Shop Rating(숍 레이팅) 관리하기	191
책속부록	쇼피 셀러센터에서도 이미지 편집이 가능하다! -Media Space	196

chapter 6 판매 증진을 위한 마케팅 활용하기

01	무료 마케팅 활용하기	201
02	FSP & CCB 신청하기	229
책속부록	쇼피는 1년 내내 행사 중!	242

Shopee Ads 활용하는 방법

- 01 상품 광고하는 방법 ·· 249
- 02 상품 검색을 위한 키워드 찾기 ·· 258

첫 주문! 쇼피의 주문 배송 처리하기

- 01 먼저 배송 프로세스를 제대로 이해하자 ······································ 267
- **책 속 부록** 대만 셀러가 알아야 할 사항 ··· 275
- 02 직접 배송 vs 배송 대행지 배송 ·· 278
- 03 주문 취소, 반품과 환불은 어떻게 해야 하나요? ······················· 281
- **책 속 부록** 쇼피 픽업 서비스를 이용해보자 ····································· 284

드디어 정산! 자금 확인하고 출금하기

- 01 정산 자금 확인하기 ·· 295
- 02 페이오니아 출금하기 ·· 298
- 03 쇼피셀러 월렛 출금하기 ·· 300

수출신고와 부가세 신고하기

01 수출신고 ··· 305

02 부가세 신고하기 ·· 318

에필로그 어떻게 스테비는 쇼피 대만 시작 3개월 만에
월 매출 1,700만 원을 달성할 수 있었을까? ······················ 326

chapter 1.

동남아 시장
전자상거래의 돌풍,

쇼피

각 국가별 쇼피 사이트 주소

• 싱가포르 | https://shopee.sg

• 말레이시아 | https://shopee.com.my

• 필리핀 | https://shopee.ph

• 베트남 | https://shopee.vn

• 대만 | https://shopee.tw

• 태국 | https://shopee.co.th

• 브라질 | https://shopee.com.br

• 멕시코 | https://shopee.com.mx

많은 플랫폼 중
왜 쇼피로 시작해야 하죠?

"온라인으로 무언가를 팔면 돈을 벌 수 있다"라는 이야기는 많이 들어봤을 것이다. 그리고 그것을 정말 쉽게 해내는 사람들이 많다. 그래서인지 현재 우리나라 직장인들은 본업 이외에 수입을 낼 수 있는 부업이나 N잡을 하는 경우가 늘어나고 있다. 그리고 직장인들이 많이 하는 것 중 하나가 아마도 스마트 스토어일 것이다.

스마트 스토어는 진입이 쉽고, 다른 판매 채널보다 수수료가 저렴하다. 네이버라는 우리나라 대표 검색 사이트에서 운영되기 때문에 상품의 노출이 쉽고, 그만큼 많은 소비자가 이용한다. 필자 역시 스마트 스토어를 통해서 무언가를 판매해 보려고 열심히 알아보고 검색해본 경험이 있다. 그렇지만 정작 스마트 스토어에서 시작하지 않은 이유가 있다.

진입이 쉽기 때문에 많은 셀러가 입점해 있고, 그만큼 경쟁이 심하다. 가장 고민했던 부분은 상품을 어떻게 소싱해서 판매하느냐였다. 초보인 경우 도매 사이트를 통해서 상품을 등록하는 것이 일반적인 방법이었는데, 상품을 찾아 검색해보면 항상 도매 사이트보다 스마트 스토어의 상품이 저렴한 경우가 많았다.

처음 시작하는 셀러로서 이런 부분까지도 잘 생각해서 전략을 연구해야 했다. 그렇다면 초기 준비 기간, 즉 숍에 사람들을 모으고 판매해서 돈을 버는 시간이 길어질 수 있다는 생각이 들었다. 왜냐하면 처음 시작하는 셀러는 판매에 능숙하지 않아 상품 공급을 위한 도매처를 연결하고 싶어도 좋은 상품, 즉 팔리는 상품을 구하기 쉽지 않다. 특히, 인기 있는 상품들은 이미 잘 파는 셀러들에게 공급하고 있고, 굳이 검증되지 않은 신입 셀러에게 공급할 이유가 없다.

판매해야 하는 상황에 판매할 물건을 구하기 어려운 현실에서 필자는 과감하게 스마트 스토어를 포기했다. 그리고 다른 것을 알아보다가 이런 걱정 없이 물건을 판매할 수 있는 동남아시아 쇼핑몰을 만나게 되었다.

동남아시아는 현재 K-pop 열풍으로 한국에 대한 관심이 높고, 좋아하고 동경하는 한국 스타들이 먹는 것, 입는 것, 사용하는 것 등에 관심이 많다. 그리고 그것에 대한 경험을 하고 싶어 한다. 실제 동남아시아 BTS뿐만 아니라 블랙핑크 같은 아이돌의 영상 뷰가 가장 많이 재생되고 있다.

동남아시아뿐만 아니라 세계 많은 나라가 넷플릭스를 시청하면서 한국의 드라마를 쉽게 접하게 되었다. 2021년 가장 인기가 많고 이슈가 되었던 〈오징어 게임〉을 모르는 사람이 없을 것이다. 이 드라마는 동남아시아에서도 인기가 높았고, 그 결과 '달고나', '달고나 키트'를 구매하려는 소비자가 늘어났다.

이렇게 한류의 인기가 높고, 한국에 대한 다양한 경험을 원하는 소비자가 늘어나고 있다. 그리고 그런 경험을 제공하는 상품들은 우리 주변에서 너무 쉽게 볼 수 있다. 우리는 이런 상품들을 구매해서 판매하는 일을 할 것이다.

스마트 스토어보다 쉽게 상품을 소싱할 수 있는 동남아시아 최대 이커머스 쇼핑몰 쇼피에서 그 일을 해낼 수 있다. 현재 쇼피에서 판매할 수 있는 국가는 싱가포르, 말레이시아, 필리핀, 베트남, 태국, 대만, 브라질, 멕시코 이렇게 8개국이다. 이렇게 8개국만 따져도 무려 8억 명의 인구가 있다. 우리나라의 인구는 약 5,000만 명이다. 쇼피에 진입할 경우 약 8억 명의 인구에게 상품을 판매할 수 있다는 것은 큰 매력이다. 그리고 놀라운 점은 우리나라는 이미 인구가 고령화되어 가고 있어 젊은 세대가 점점 줄어들고 있는 반면, 현재 동남아시아는 20대 인구가 나라의 절반을 차지하고 있다. 이는 우리나라 콘텐츠의 주요 소비층이라고 볼 수 있기 때문에 동남아시아 진출은 선택이 아닌 필수다.

우리나라의 수많은 기업은 이미 이런 전망을 몇 년 전부터 조사하고 분석하여 동남아시아 진출을 서두르고 있다. 이제 내수 상황을 탓하기보다 새로운 시장으로

2025년도 동남아시아 이커머스 시장 규모

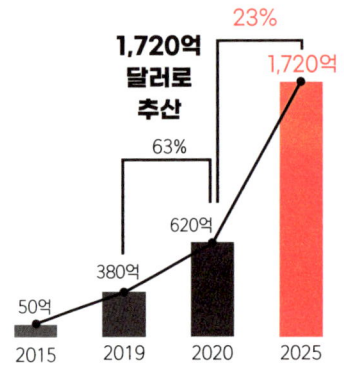

	2020	2025E	연평균 수익률
베트남	7	29	34%
필리핀	4	15	31%
인도네시아	32	83	21%
태국	9	24	21%
말레이시아	6	13	17%
싱가포르	4	8	18%
합계	62	172	23%

출처 : Temasek & Google 2020 SEA Internet Report RC   (화폐 단위 : 달러)

넓혀야 할 때이고, 그 기회는 바로 동남아시아다.

  동남아시아는 현재 스마트폰 보급률이 늘어나서 많은 소비자가 스마트폰으로 온라인 쇼핑을 하고 있다. 앞으로도 이 숫자는 계속 늘어날 전망으로 발전 가능성이 정말 크다. 동남아시아 이커머스 시장 규모는 지속적으로 성장하고 있으며, 2025년 동남아시아의 이커머스 시장 규모는 약 1,720억 달러가 될 것으로 추산하고 있다. 현재도 지속적으로 그 성장은 이어지고 있다.

  우리나라 온라인 쇼핑몰은 스마트 스토어뿐만 아니라 쿠팡, 11번가, G마켓, 위메프, 티몬 등 정말 많다. 동남아시아도 우리나라와 마찬가지로 쇼피뿐만이 아니라 라자다, 토코페디아 등 다양한 온라인 쇼핑몰이 있다.

  많은 쇼핑 사이트 중에서 쇼피를 선택한 이유는 점유율에 그 답이 있다. 온라인

2025년도 동남아시아 이커머스 시장 규모

출처 : 구글리서치

쇼핑몰 중에 이용자 수가 가장 많은 쇼핑몰 1위가 바로 쇼피다. 이는 쇼피가 다양한 프로모션과 공격적인 마케팅을 꾸준히 진행한 결과로 볼 수 있다. 현재도 쇼피는 각 국가에서 이용자가 가장 많은 온라인 쇼핑몰로 자리를 굳혔다. 그 이유는 다양한 이벤트를 통해서 할인 쿠폰을 제공하여 이용자들이 좀 더 쉽게 상품을 구매할 수 있도록 유도하고 있기 때문이다.

쇼피는 글로벌 기업답게 동남아시아뿐만 아니라 브라질과 멕시코까지 진출을 마쳤으며, 앞으로 더욱 다양한 국가로 진출할 계획을 가지고 있다. 이렇게 진출 국가가 늘어난다는 것은 그만큼 우리가 판매할 수 있는 소비자가 더 많아진다는 것이다.

쇼피의 국가별 특징과
톱 셀링 카테고리

쇼피를 통해서 판매할 수 있는 국가는 싱가포르, 말레이시아, 필리핀, 베트남, 태국, 대만, 브라질, 멕시코이다. 현재 인도네시아도 판매는 가능하지만 자국민 보호 강화에 따른 해외 셀러에 대한 판매금지 조항이 늘어서 셀러 활동이 쉽지 않다.

쇼피는 싱가포르에 본사를 두고 있는 글로벌 기업이다. 싱가포르에 본사가 있어서 입점을 하게 되면 오픈 첫 국가는 싱가포르가 된다. 영어를 활용한 상품등록 및 CS가 가능하고 대부분의 쇼핑객이 해외 직구에 익숙하다. 많은 한국 셀러가 진입한 국가이다.

싱가포르 숍 생성 후 리셀러 기준 한국셀러센터를 통해 5개의 상품을 등록하면 입점 승인이 완료되어 자동으로 7개 국가가 오픈된다. 자동으로 가입한 이메일을 통해 국가별 아이디와 비밀번호가 임의로 생성되어 발송된다. 자세한 내용은 입점하기에서 확인할 수 있다. 이때 각 국가의 특징을 확인하고, 인기 카테고리를 확인하면 시장조사를 할 때 어떤 상품을 등록하고 판매할지에 도움이 된다.

그럼 각 국가별 특징을 살펴보자.

1. 싱가포르: 가장 높은 구매력, 쇼피를 시작할 때 가장 먼저!

인구	약 540만 명
민족	중국계 74.2%, 말레이계 13.7%, 인도계 8.9%, 기타 3.2%
언어	영어, 중국어, 말레이어, 타밀어 등 4개 공용어
종교	불교(31.0%), 무교(20.0%), 기독교(18.9%), 이슬람교(15.6%), 도교(8.8%), 힌두교(5.0%) 등
기후	연중 고온 다습 열대성 기후
화폐	싱가포르 달러

쇼피 입점을 신청하게 되면 가장 먼저 시작되는 국가가 싱가포르이다. 싱가포르는 인터넷과 신용카드 보급률이 높고, 동남아시아에서 가장 높은 구매력을 보유하고 있는 국가이다.

싱가포르의 톱 셀링 카테고리 1위는 뷰티(Beauty)다. 싱가포르는 K뷰티에 대한 관심이 매우 높다. 현재 성인 남녀 3명 중 1명은 K뷰티 상품을 일상적으로 사용하고 있다. 기온의 영향으로 인해 피부 트러블 관리에 대한 관심이 높아서 피지 조절과 트러블 관리를 위한 스킨케어 제품의 인기가 높다.

2위는 헬스(Health)로 코로나 19 이후 건강관리 및 건강 보조식품의 수요가 증가했다. 또한 한국의 이너뷰티 제품이나 다이어트 관련 제품의 판매가 높다. 싱가포르 소비자들은 합리적인 가격에 성분이 좋고, 효과가 좋은 상품을 선호한다.

쇼피 싱가포르 톱 셀링 카테고리

Beauty

Health

Food & Beverage, Grocery

한국발 역직구 상품 주문 건수 기준(출처: 쇼피 코리아)

　3위는 식품이다. 코로나 19 이후 간편식을 선호하면서 집에서 요리해 먹는 사람들이 늘어 식품의 판매량은 점점 늘어났다. 많은 소비자가 간편식뿐만 아니라 간식 종류와 한국의 다양한 커피, 차 종류에 대해서도 높은 수요를 보이고 있다.

2. 말레이시아: K-pop, K브랜드에 대한 호감도가 높다

인구	약 3,300만 명
민족	말레이계 69.6%, 중국계 22.6%, 인도계 6.8%, 기타 1.0%
언어	말레이어(공용어), 영어(상용어)
종교	이슬람교(61%, 국교), 불교(20%), 기독교(9%), 힌두교(6%), 기타(4%)
기후	열대우림형 고온다습
화폐	링깃

말레이시아는 한국에 대한 호감도와 호기심이 매우 높아 쇼피에서 한국 제품이 가장 많이 판매되는 국가 중 하나다. 구매 수준도 높은 편이고, 정품에 대한 선호도가

쇼피 말레이시아 톱 셀링 카테고리

Beauty

Hobbies (K-pop)

Health

한국발 역직구 상품 주문 건수 기준(출처: 쇼피코리아)

높아 한국 직배송 상품을 많이 구입하고 있다.

톱 셀링 카테고리 1위는 뷰티이며, 2위는 K-pop 관련 상품 카테고리가 차지하고 있다. 말레이시아는 한국의 유행을 따르는 젊은 소비자들이 많기 때문에 K-pop 관련 상품뿐만 아니라 K브랜드 상품의 인기가 높다. 특히, K-pop 팬이 많은 국가로 좋아하는 K-pop 스타의 앨범, 응원봉, 포토카드, 인형 같은 굿즈 종류가 다양하게 판매되고 있다.

동남아시아 국가 중 비만율이 가장 높고, 성인병의 비중도 높은 편에 속하기 때문에 건강에 대한 관심이 높다. 그래서 톱 셀링 카테고리 3위는 헬스다. 건강에 도움이 되는 비타민, 홍삼 같은 영양제의 인기가 높고, 다이어트 관련 제품에 대한 수요도 높다.

3. 베트남: 동남아 이커머스 성장률 2위

베트남은 베트남어를 사용하기 때문에 셀러는 영어로 상품등록을 하고, 쇼피가 상품명과 상세설명은 베트남어로 자동으로 번역하여 공개한다.

인구	약 9,700만 명
민족	비엣족(85.3%) 외 55개 소수민족
언어	베트남어
종교	불교(12%), 가톨릭(7%)
기후	북부는 아열대성, 남부는 열대몬순
화폐	베트남 동

베트남은 한류의 인기가 매우 높은 지역 중 하나인데, 현재 넷플릭스 인기 TV 쇼 Top 10 중 무려 7편이 한국 드라마다. 소비의 중심 2030세대가 인구의 중심이고, 모바일 서비스 사용 비율이 매우 높다. 현재 동남아 이커머스 성장률은 2위이며, 지속적으로 가장 큰 폭의 성장률 상승을 보이고 있다. 또한 상대적으로 한국 셀러가 적다. 더불어 100만 동 이상 판매할 수 없었던 가격 기준이 없어져 100만 동 이상 판매가 가능하다. 단, 100만 동 이상 판매 시 관세는 셀러가 부담해야 하기 때문에 잘 확인하고 판매하는 것이 좋다.

쇼피 베트남 톱 셀링 카테고리

Beauty

Hobbies (K-pop)

Home & Living

한국발 역직구 상품 주문 건수 기준 (출처: 쇼피 코리아)

베트남의 톱 셀링 카테고리 1위 역시 뷰티다. 인기 있는 상품은 소셜미디어나 드라마, 영화에 등장했던 제품들의 인기가 높고, 메이크업 제품의 수요가 많고, 스킨케어의 수요도 늘어나고 있다.

한국의 콘텐츠를 좋아하는 국가이다 보니 당연히 K-pop 관련 상품이 2위를 차지한다. 코로나 19 종식 이후 K-pop 스타들이 연이어 해외 공연을 하고 있다. 그때마다 응원에 관련된 굿즈들의 판매 또한 증가하고 있다.

3위는 홈&리빙 상품으로 코로나 19로 인해 집에 머무는 시간이 길어지면서 수요가 높아졌다. 이것 역시 소셜미디어를 통해 노출되는 제품의 수요가 높았고, 그릇이나 수건 같은 리빙 제품뿐만 아니라 주방에서 자주 사용하는 가전제품도 많이 판매되었다.

4. 필리핀: 한국 상품을 좋아하는 젊은 소비자

인구	약 1억 1,200만 명
민족	말레이계가 주종. 네그리토 / 인도네시안 / 중국 / 메스티조 / 모로 등 여러 종족 간 혼혈
언어	타갈로그어(공용어), 영어(상용어)
종교	로만 가톨릭(81%), 기독교(11%), 회교(5.6%), 기타 종교
기후	고온 다습 아열대성 기후, 건기(11~5월)와 우기(6~10월)로 구분
화폐	페소

필리핀에서 쇼피를 사용하는 소비자의 평균 연령은 26세로 젊은 시장이다. 스마트폰을 활용한 인터넷 사용 시간이 평균 10시간 정도이기 때문에 모바일을 통한 쇼

쇼피 필리핀 톱 셀링 카테고리

Beauty

Hobbies (K-pop)

Health

한국발 역직구 상품 주문 건수 기준(출처: 쇼피 코리아)

핑이 활발하다. 한 번 온라인 쇼핑을 이용할 때 지불하는 금액이 동남아시아 2위일 정도로 구매가 크게 일어나는 국가이다. 한국을 좋아하여 한국 상품을 많이 찾고 있지만, 한국 셀러들이 아직 많이 진입하지 않았다.

톱 셀링 1위 카테고리는 뷰티로 필리핀은 세럼, 스킨케어 제품뿐만 아니라 틴트와 블러셔 같은 메이크업 관련 제품 또한 인기가 많다. 필리핀은 말레이시아와 함께 가장 많은 K-pop 팬들이 모여 있는 국가다. 그래서 K-pop 앨범이나 굿즈 같은 상품이 많이 판매되고 있어 톱 셀링 2위를 차지했다. 3위는 헬스다. 한국의 KF94 마스크가 인기 있다. 필리핀은 우리나라의 브랜드를 좋아한다. 마스크 또한 브랜드가 있는 마스크를 선호한다. 코로나 19의 영향으로 인해 건강과 관련한 관심이 증가하여 유산균, 홍삼 등 건강 관련 제품에 대한 관심과 수요가 높다.

필리핀은 7,600개가 넘는 섬으로 이루어져 있어서 국가 특성상 수도인 마닐라에서 멀어질수록 배송 단계가 추가되기 때문에 배송비가 높다. 또한, 가짜 제품에 대한 판매가 많이 이루어지고 있기 때문에 가품에 대한 우려가 높아 소비자들은 정품이 맞는지 확인하려는 경우가 많다.

5. 대만: 중국어 번체로 상품등록, 구매력이 높다

인구	약 2,300만 명
민족	한족(97%), 원주민(2%), 기타(1%)
언어	중국어
종교	도교(64%), 불교(15%), 기독교(15%), 천주교(4%)
기후	북부는 아열대성, 남부는 열대기후
화폐	신 타이완달러

쇼피는 대만에서 가장 많은 사람이 사용하는 이커머스 플랫폼이다. 그런데도 한국셀러가 많이 진출하지 못한 이유는 중국어 번체로 상품을 등록해야 하는 언어의 어려움 때문이다. 한국셀러센터 Global SKU를 통해 상품을 등록할 경우 영어로 등록하면 각 국가의 언어로 상품이 등록된다.

대만은 필자가 가장 강력하게 추천하는 국가 중 하나다. 왜냐하면 소비자들의 구매 수준이 높은 편이고, 객단가가 높아 매출이 높다. 한국 드라마, K-pop, 한국 패션에도 관심이 많고, 한국 제품에 대한 인식이 좋다.

대만에서도 역시 뷰티 카테고리가 1위를 차지하고 있다. 그중에서도 색조 제품의 인기가 높은데 스킨케어 제품 인기도 점점 늘고 있다. 대만은 K드라마의 영향으로 한국의 식품에 대한 인식이 좋다. 하지만 현재 쇼피 대만은 식품 카테고리 판매가 금지되었다. 차후 다시 활성화된다면 쇼피코리아에서 공지될 예정이다.

대만은 한국의 헬스 관련 제품 소비가 점점 늘어나고 있다. 특히 한국의 다양한 건강기능 식품들의 수요가 점점 늘어나고 있어 헬스 관련 제품이 2위를 차지한다.

쇼피 대만 톱 셀링 카테고리

한국발 역직구 상품 주문 건수 기준 (출처: 쇼피 코리아)

3위는 모바일 관련 액세서리 제품이다. 국내에서 직접 생산되는 핸드폰 액세서리뿐만 아니라 블루투스 이어폰 케이스 및 워치 관련 제품의 수요가 점점 높아지고 있다.

6. 태국: 국내 셀러 성장이 높아지고 있고, K콘텐츠를 좋아하는 국가

인구	약 6,900만 명
민족	순수 태국계(75%), 중국계(14%), 말레이계(11%)
언어	태국어
종교	불교(93.46%), 이슬람교(5.37%), 기독교 및 천주교(1.13%), 기타(0.04%)
기후	고온 다습한 열대성 기후
화폐	태국 바트

쇼피 태국 톱 셀링 카테고리

Beauty

Hobbies & Collections

Mobile & Gadgets

한국발 역직구 상품 주문 건수 기준(출처: 쇼피 코리아)

태국은 초보 셀러가 진입하기 어려운 국가 중 하나다. 왜냐하면 상품 금액의 총합이 1,500바트 이상인 건에 대해서는 수입 관세를 셀러가 부담해야 하기 때문이다. 또한 태국에서 판매할 수 있는 상품이 한정되어 있어 한국 셀러가 판매할 수 있는 카테고리가 많지 않았다. 그런데 2022년 11월 1일 이후 카테고리가 늘어나 좀 더 다양한 상품을 판매할 수 있게 되었다. 하지만 판매할 수 있는 상품의 갯수가 품목당 1~2개까지로 제한이 있으니 유의해야 한다. 태국은 한국 콘텐츠를 좋아하는 국가 중 하나이며, 이런 콘텐츠를 통해 한국에 대한 이미지가 매우 긍정적이다.

태국은 K뷰티 카테고리가 1위를 차지하고 있고, 그 뒤를 이어 K-pop의 영향으로 관련 상품이 많이 판매되고 있다. 그리고 인플루언서의 영향을 많이 받는 것이 특징이다.

7. 브라질: 남미 최대 이커머스 시장

남미 최대 경제 국가이면서, 이커머스 시장 전 세계 규모 10위다. 그럼에도 전체 소매시장의 8%만을 차지하고 있어 큰 잠재력을 보유한 국가이다. 뿐만 아니라 브라

인구	약 2억 1,300만 명
민족	백인(48%), 혼혈(43%), 흑인(8%), 아시아계 및 인디오(1%)
언어	포루투갈어
종교	가톨릭(50%), 개신교(31%), 무교(10%), 기타(9%)
기후	열대성(북부), 아열대성(중부), 온대성(남부)
화폐	브라질 헤알

쇼피 브라질 톱 셀링 카테고리

Beauty　　　　Hobbies & Collections　　　　Mobile accessory

한국발 역직구 상품 주문 건수 기준(출처: 쇼피 코리아)

질 진출 2년 만에 가장 많이 다운로드된 앱 Top 10에 선정될 만큼 쇼피는 빠른 성장을 이루었다. 남미 한류 열풍의 중심지로 한국 제품에 대한 관심이 높다.

　브라질은 전 세계적으로 선크림 소비가 많은 국가 중 하나다. 그렇다 보니 한국 선크림의 판매가 높고, 한국의 뷰티 제품 또한 관심이 많다. 인기 카테고리 2위는 역시 K-pop 관련 제품이다. 이어서 인기 있는 제품은 모바일 관련 액세서리다.

8. 멕시코: 중남미 이커머스 시장 규모 2위

인구	약 1억 2,600만 명
민족	메스티조(60%), 인디언(30%), 백인(9%)
언어	에스파냐어
종교	가톨릭(89%), 기독교(6%), 기타(5%)
기후	연중 고온다습한 기후, 해안지대 열대기후, 중부 고산지대 우기를 제외하고 온대성기후, 나머지 아열대 기후
화폐	멕시코 페소

쇼피 멕시코 톱 셀링 카테고리

Hobbies & Collections

Beauty

Home & Living

한국발 역직구 상품 주문 건수 기준(출처: 쇼피 코리아)

브라질에 이어 중남미에서 두 번째로 큰 이커머스 시장이다. 특히 멕시코는 평균 연령 29세의 젊은 국가로 한류 열풍 또한 뜨겁다. 젊은 층의 한국 드라마 및 음악, 영화 등 전반적으로 관심이 많아 한국 제품에 대한 수요가 높다.

  멕시코의 가장 인기 있는 제품은 다양한 아이돌의 음반이다. 그다음으로 한국 화장품이 인기 있는데 색조 관련 제품의 인기가 높다. 홈&리빙 관련 홈케어 제품과 식기류, 인테리어 소품 등의 인기가 증가하고 있다.

chapter 2.

쇼피,

시작해볼까?

쇼피에 입점할 때 준비해야 할 것

입점 신청을 위해서 첫 번째로 준비해야 하는 것은 사업자등록증이다. 쇼피 셀러로 업무를 진행하기 위해서는 개인사업자로 발급받는 것을 추천한다. 왜냐하면 해외 판매 셀러는 수출을 하는 것이기 때문에 국내에서 거래가 없다. 그래서 영세율이 적용되어 매입자금에 대한 부가세를 환급받을 수 있는데 이것을 받기 위해서는 꼭 개인사업자로 신청해야 한다.

사업자등록증은 관할 세무서를 직접 방문해서 발급받거나, 인터넷 국세청 홈텍스 사이트를 통해서도 발급 신청을 할 수 있다. 사업자등록을 위해서는 사업장 주소지가 필요하다. 부업으로 시작하는 초보자들은 대부분 사업장이 없을 것이다. 이때 자택 주소지를 사업장 주소로 이용할 수 있다. 자택이 자가라면 자가로 기재하면 별도의 서류 없이 가능하고, 월세나 전세인 경우 해당 임대차 계약서를 첨부하면 된다. 사업자등록을 할 때 업종 추천은 도매 및 소매업, 업태는 전자상거래 소매업으로 등록한다.

쇼피 시작, 사업자등록증은 필수!

쇼피를 시작할 때 필요한 것은 사업자등록증이다. 사업자는 홈텍스를 활용하여 쉽게 신청할 수 있다. 이때 해외 판매를 하는 셀러는 영세율이기 때문에 매입할 때 납부했던 부가세를 환급받을 수 있다. 이렇게 부가세 환급 신청을 하기 위해서는 꼭 일반사업자로 신청해야 한다. 간이사업자는 환급 대상이 아니기 때문에 유의해야 한다.

사업자 업태 및 업종은 도매 및 소매업/전자상거래 소매업으로 등록한다. 해외 구매대행으로 하는 것으로 생각하시는 분들이 있는데 해외 구매대행하고 우리의 업은 엄연히 다르다. 우리나라 상품을 해외로 보내기 때문에 수출에 해당한다. 그렇기 때문에 1인 수출로 하는 것이 맞으나 아직 업종이 없기 때문에 온라인 판매 셀러로 설정하면 된다. 이때 통신판매신고증 발급 여부를 물어보는데 우리는 의무가 아니다. 하지만 국내에서 판매하는 경우는 꼭 통신판매 신고증을 신청하고 비용을 납부해야 한다. 또한 온라인 판매만 하는 사람인데 현금영수증 업체 등록을 해야 하느냐 묻는 경우가 있다. 현금영수증 발급업체 등록은 차후 세금 관련해서 감면 혜택이 있기 때문에 꼭 적용하는 것이 좋다. 비용이 따로 들지 않고, 종합 소득세를 신고하는 경우 세금 감면되는 경우가 있기 때문이다.

이렇게 사업자등록증을 만약 발급받았다면 홈텍스 사이트에 사업자 카드를 등록하자. 판매 후 상품 구입비용을 홈텍스에 등록한 사업자 카드로 결제하게 되면 차후 세금 신고 기간에 매입 자금 계산과 입증이 편리하다. 즉 내가 매입을 위해 쓰는 결제 카드와 개인적인 소비를 위해 결제하는 카드를 따로 관리한다. 처음 시작하는 셀러는 세무를 직접 처리하는 경우가 많기 때문에 셀프 신고를 위해 미리 준비해 두면 시간을 절약할 수 있다.

쇼피 수수료를 먼저 확인하자

쇼피 수수료에 대해 알아보자. 쇼피는 각 국가별로 수수료가 다르다. 쇼피 판매 수수료, 현지 PG사 수수료, 페이오니아 및 쇼피 월렛 수수료 즉 인출 수수료, 그리고 서비스 수수료다. 쇼피 판매 수수료는 쇼피에서 판매를 하는 셀러들에게 쇼피가 직접 부과하는 수수료다. 신규 셀러는 진출 마켓의 첫 번째 숍에 대해 오픈일로부터 90일간 판매 수수료 면제 혜택이 제공된다(판매수수료 면제 혜택은 종료될 경우 쇼피코리아 별도 공지 예정). 신규 입점 셀러라면 수수료 면제 기간을 잘 활용하여 경쟁력 있는 상품 가격을 설정하여 초기 기반을 다질 수 있다.

쇼피에서 판매가 완료되고 정산을 받게 되면 정산된 자금은 설정에 따라 페이오니아 혹은 쇼피 월렛으로 송금된다. 송금된 자금을 개인 통장으로 받을 때 수수료가 발생한다. 이때 0.9~1.2%의 수수료가 발생된다. 그때그때 수수료 할인 및 행사를 진행하기 때문에 내게 유리한 내용이 있는지 확인하고 선택해서 인출하여 인출 수수료를 줄일 수 있다.

PG사 수수료는 인터넷 쇼핑몰에서 상품을 구매할 때 신용카드 및 기타 결제를 중개하는 서비스에 대한 수수료다. 온라인 쇼핑몰은 고객에서 직접 결제를 받는 것이 아닌 대행사를 통해 결제를 받는다. 이때 대행하는 회사가 바로 PG사다.

쇼피에서 판매가 완료되고 정산을 받게 되면 정산된 자금은 페이오니아로 송금된다. 송금된 자금을 개인통장으로 인출할 때 0.9~1.2%의 수수료를 차감한다. 이때 각자의 거래량이나 횟수에 따라 수수료가 변동되는 경우가 있으니 인출 시 확인하는 것이 좋다. 이것이 페이오니아 인출 수수료다.

마지막으로 서비스 수수료는 쇼피에서 제공하는 서비스를 활용할 경우 부과되는 것을 말한다. 대표적인 서비스 수수료는 FSP/CCB 수수료다. FSP는 무료 배송을 뜻하는 말이고, CCB는 캐시백을 뜻하는 말이다(자세한 내용은 235쪽에서 확인하자). 싱가포르와 말레이시아는 서비스 수수료가 선택 사항이 아닌 필수가 되었다. 그래서 판매 수수료에 모두 포함되어 있고, 앞으로 다른 국가도 판매 수수료에 포함될 예정이다.

	싱가포르	말레이시아	베트남	필리핀	대만	태국	브라질	멕시코
판매 수수료 (입점 최초 3개월 할인)	13.35%	16.58%	13.89%	9.01%	5.35%	8.93%	7.35%	15.35%
거래(현지 PG) 수수료	3.00%	3.78%	5.00%	2.24%	2.00%	3.21%	2.00%	2.00%
페이오니아 인출 수수료				0.9%				
Total	16.35%	20.36%	18.89%	11.25%	7.35%	12.14%	9.35%	17.35%

쇼피
셀러 가입하기

쇼피는 다른 해외 마켓보다 가입 절차가 간단한 편이다. 책에 있는 QR코드를 활용하여 입점 신청하는 경우 빠른 입점이 가능하다. 가입 신청 링크로 들어가면 몇 가지 질문사항에 답변하고 신청서를 제출하면 계정생성 이메일이 발송된다.

◀ 해당 QR코드를 스캔하면 쇼피 입점 신청 페이지로 이동한다.

쇼핑 입점 신청서 작성하기

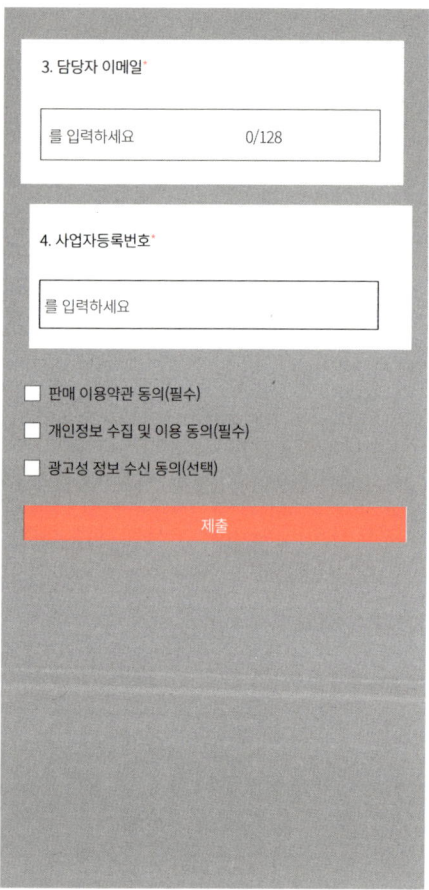

- QR코드를 활용하면 위 이미지처럼 입점 신청을 할 수 있다.
- 제출 완료하게 되면 다음과 같이 입점 신청 완료하기가 확인된다.

계정 신청 중 전화번호와 이메일 주소 입력 시 중복이라는 메시지가 뜰 경우

기존에 계정을 가지고 있는 경우 추가 입점 진행이 어려울 수 있으니 계정 삭제 후 다시 작성한다.

기존 계정 삭제

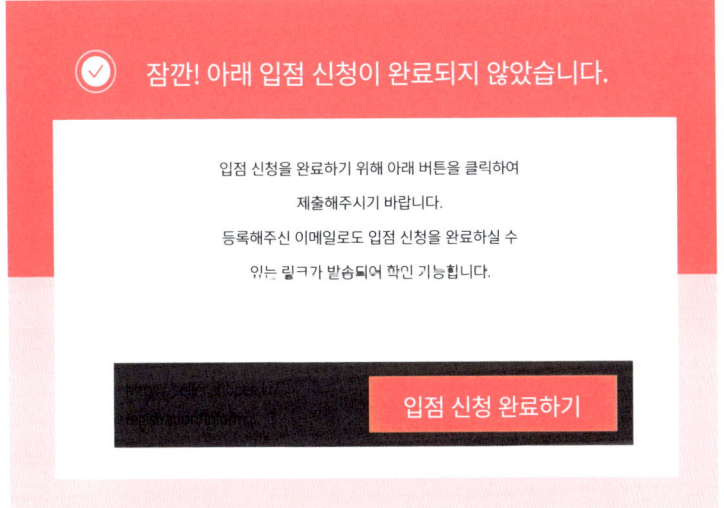

- 입점 신청 완료하기를 누르면 바로 다음과 같은 이미지가 확인되는데 이것은 이메일로도 발송해준다.

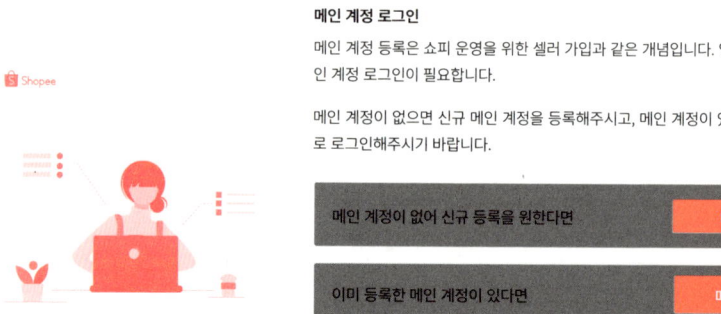

메인 계정 로그인

메인 계정 등록은 쇼피 운영을 위한 셀러 가입과 같은 개념입니다. 입점 신청을 위해서는 메인 계정 로그인이 필요합니다.

메인 계정이 없으면 신규 메인 계정을 등록해주시고, 메인 계정이 있으면 기존 메인 계정으로 로그인해주시기 바랍니다.

- 새로 가입한 셀러라면 메인 계정 등록을 통해 계정 생성을 완료한다.

Shopee | 메인 계정 등록

❶ 로그인 정보 설정 ── ❷ 기본 정보 설정 ── ❸ 인증 ── ❹ 완료

메인 계정 ID 설정

셀러님이 메인 계정으로 셀러센터나 서브계정 관리 플랫폼을 로그인할 때 사용할 계정 ID입니다. 메인 계정 ID는 등록 이후에는 변경이 불가능하오니 설정 시 신중하게 설정해주시기 바랍니다.

| 메인 계정 ID 입력   : main |

비밀번호 설정

안전한 비밀번호를 설정하기 위해 8~16자의 영문+숫자+특수문자 조합으로 설정해주세요.

| 비밀번호 입력 |

| 비밀번호 재입력 |

[다음]

- 메인계정 ID는 변경할 수 없기 때문에 신중히 결정한다.
- ID와 비밀번호를 입력한다.

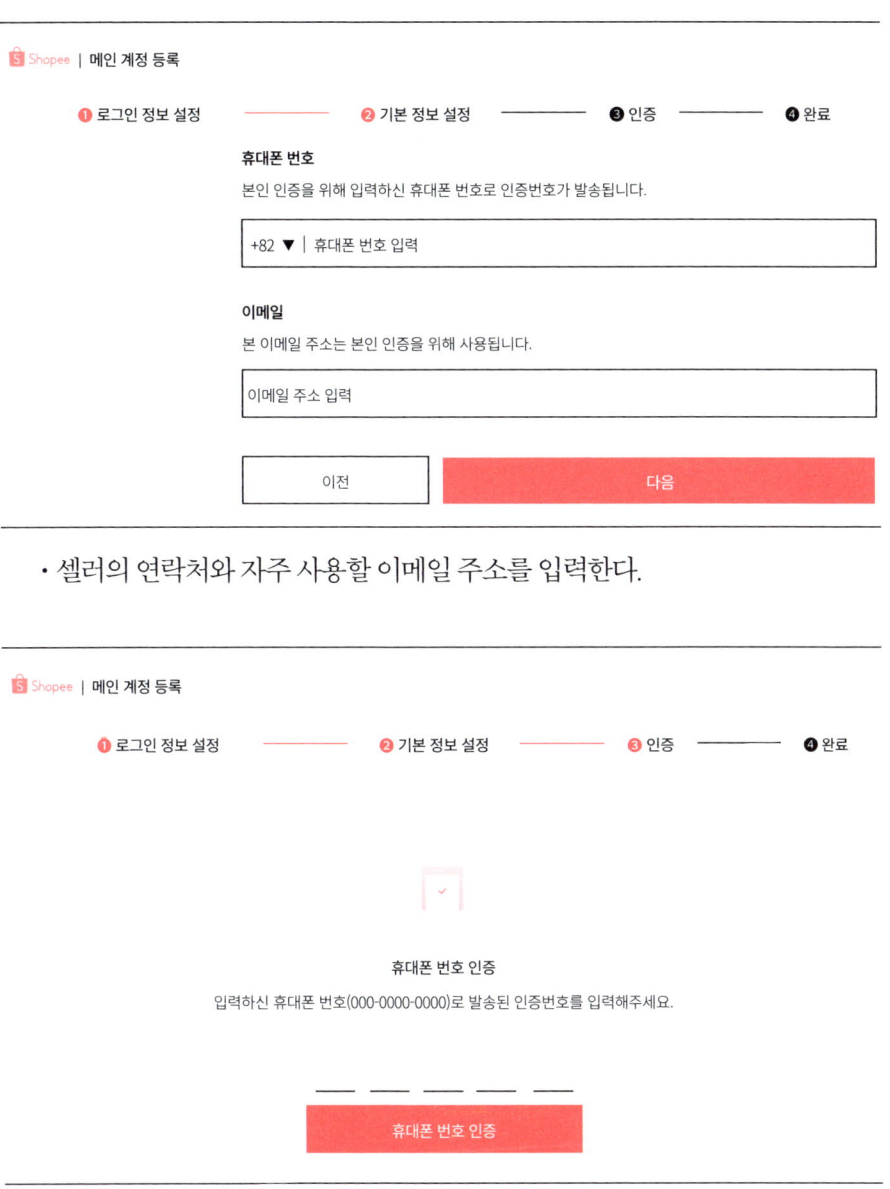

- 셀러의 연락처와 자주 사용할 이메일 주소를 입력한다.

- 인증번호가 문자로 발송되는데 해외에서 발송하는 문자다.

chapter 2. 쇼피, 시작해볼까?

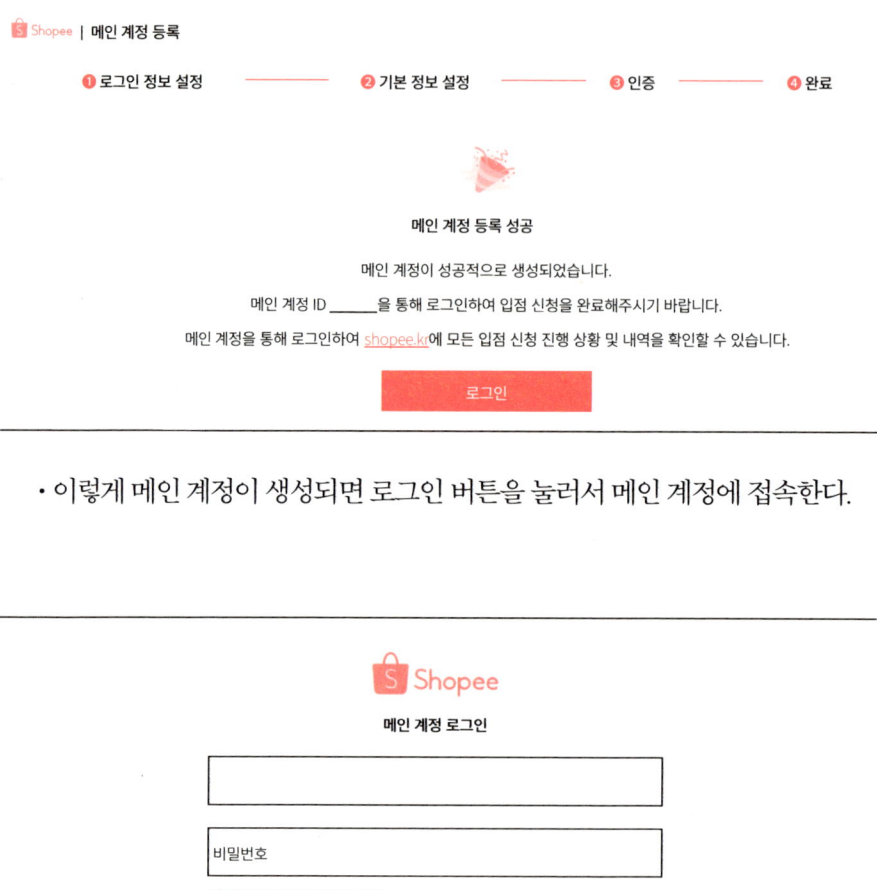

- 이렇게 메인 계정이 생성되면 로그인 버튼을 눌러서 메인 계정에 접속한다.

- 지금 만들었던 아이디와 비밀번호 입력 후 로그인한다.
- 아이디는 뒤에 :main을 꼭 붙여준다. 메인 계정의 ID는 :main까지이기 때문이다.

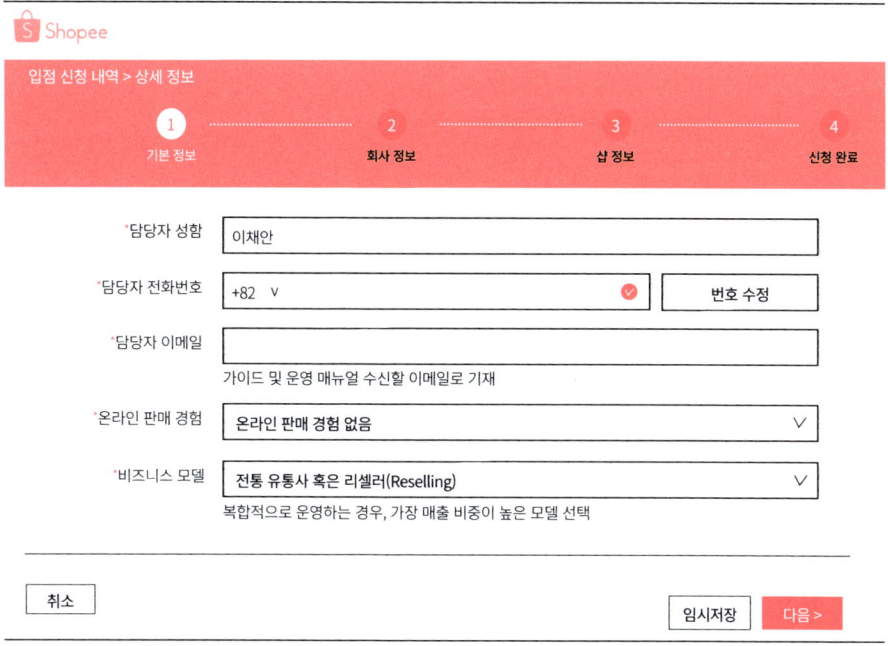

- 담당자 성함에 대표자의 이름을 적는다.
- 휴대폰 번호를 수정하고 싶다면 수정할 수 있다.
- 자주 쓰는 이메일을 적는다.
- 온라인 판매 경험이 있다면 '경험 있음'으로, 그렇지 않다면 '없음'을 선택한다.
- 비즈니스 모델은 '전문 유통사' 혹은 '리셀러'를 선택한다.

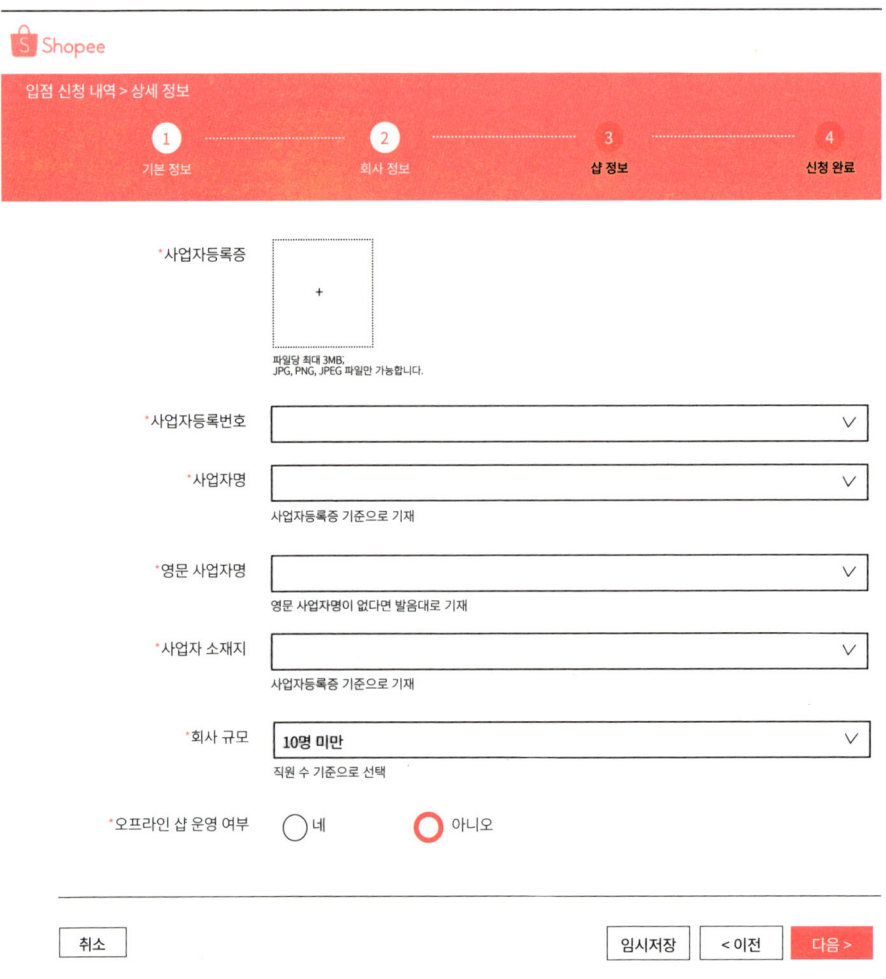

- 사업자등록증 이미지를 첨부한다.
- 사업자등록번호와 사업자명을 작성하고 영문으로도 작성한다. 영문이 없는 경우 발음대로 기재한다.
- 사업자 소재지는 사업자등록증상의 지역을 선택한다.

- 회사 규모는 대부분 10인 미만으로 시작할 것이다.
- 오프라인 숍이 있다면 '예', 그렇지 않다면 '아니오'를 선택한다.

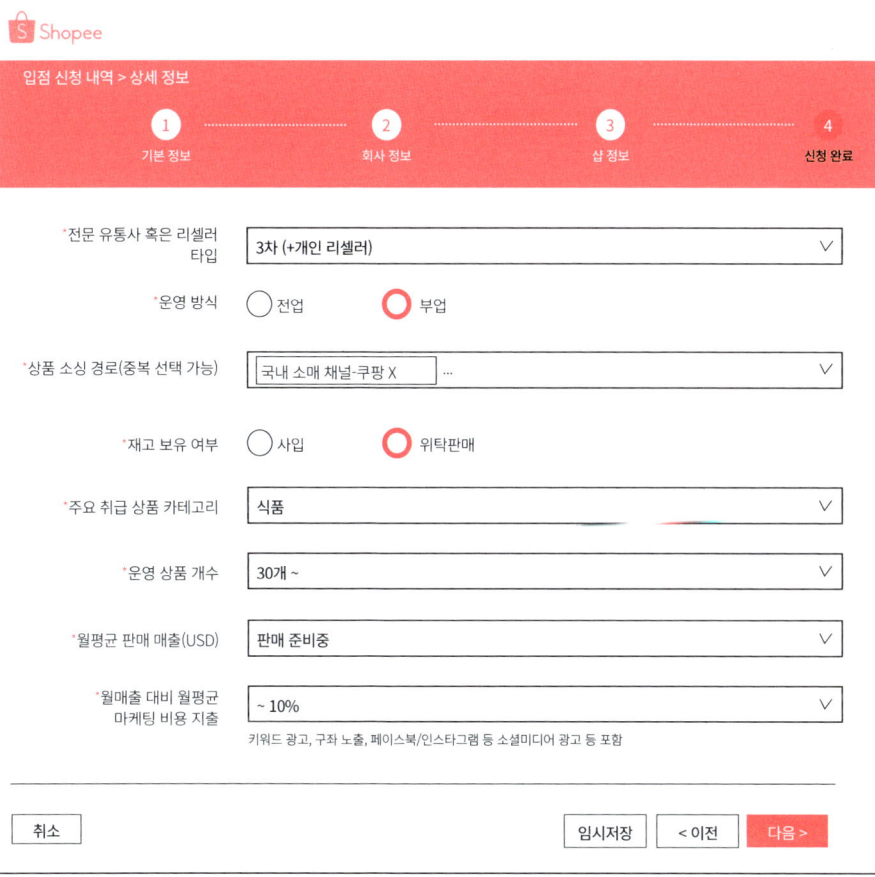

- 전문유통사인지 리셀러인지 셀러 타입을 선택한다.
- 운영방식이 전업인지, 부업인지 선택한다.
- 주요 취급 상품 카테고리는 변경이 가능하기 때문에 원하는 것으로 선택한다.

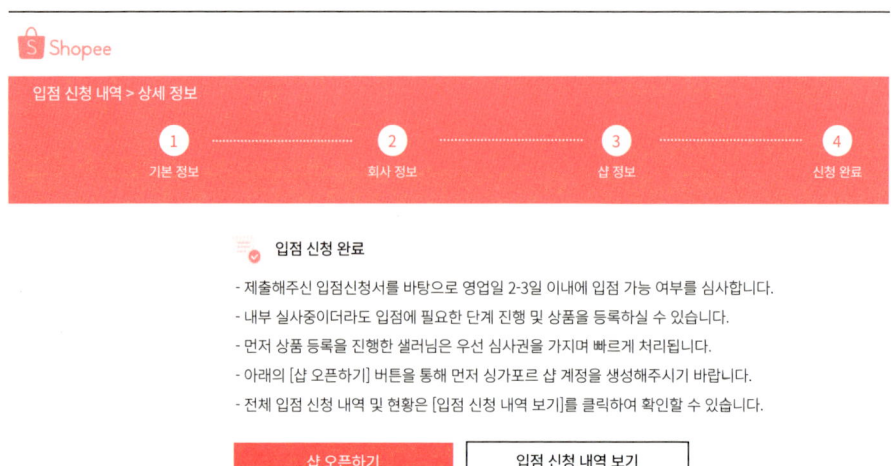

- 정보 입력이 완료되면 숍 오픈하기 화면이 확인된다.

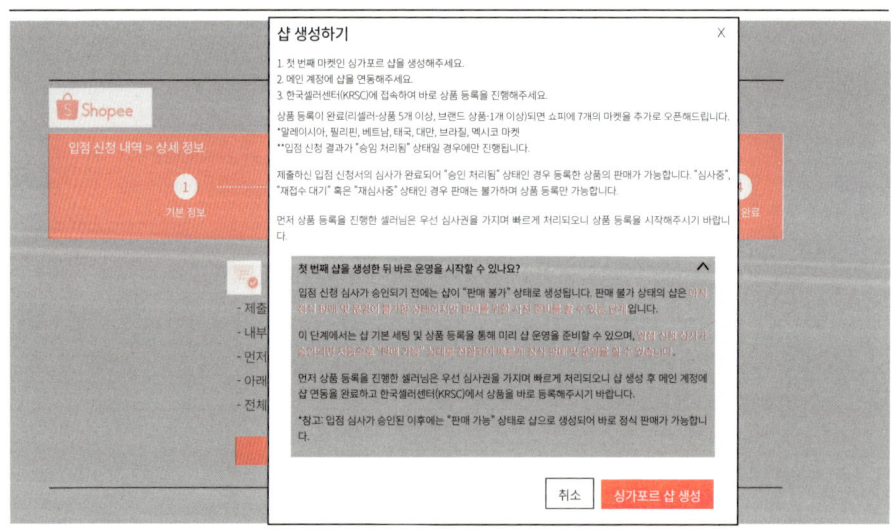

- 이제 본격적으로 싱가포르 숍 가입이 시작된다.

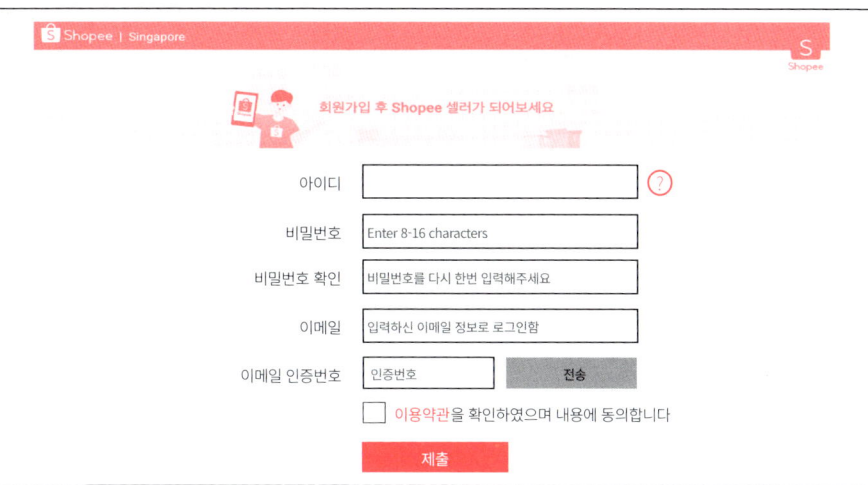

- 싱가포르숍 아이디를 .sg를 붙여서 만든다.
- 비밀번호를 설정하고 이메일 주소를 작성하면 메일로 인증번호를 발송한다.

- 이렇게 이메일을 통해서 인증번호를 확인하여 작성한다.
- 개인정보 동의 체크 후 제출하게 되면 숍 생성이 완료된다.
- 완료 후에 쇼피코리아에서 숍 생성 이후 해야 할 일과 가입한 계정 정보, 쇼피 운영 사이트를 이메일로 발송한다.

신규 셀러를 위한 입점 여정

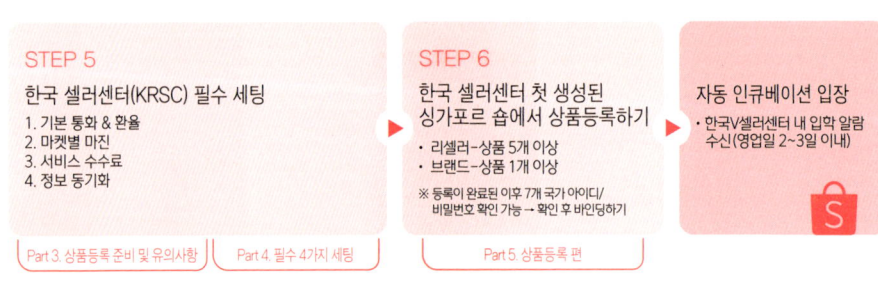

- 총 5편의 신규 셀러 입점 교육 영상에서 각 단계를 상세히 다루고 있으니 아래 링크를 통해 반드시 시청해 주시기 바랍니다.

STEP 5 한국 셀러센터(KRSC) 필수 세팅
1. 기본 통화 & 환율
2. 마켓별 마진
3. 서비스 수수료
4. 정보 동기화

Part 3. 상품등록 준비 및 유의사항 | Part 4. 필수 4가지 세팅

STEP 6 한국 셀러센터 첫 생성된 싱가포르 숍에서 상품등록하기
- 리셀러-상품 5개 이상
- 브랜드-상품 1개 이상
※ 등록이 완료된 이후 7개 국가 아이디/비밀번호 확인 가능 → 확인 후 바인딩하기

Part 5. 상품등록 편

자동 인큐베이션 입장
- 한국V셀러센터 내 입학 알람 수신(영업일 2~3일 이내)

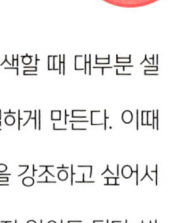

쇼피 입점 신청할 때 아이디는 어떻게 만들면 좋을까?

셀러 가입 아이디는 숍의 이름과 동일하게 만드는 것이 좋다. 숍 이름을 검색할 때 대부분 셀러의 아이디로 검색이 더욱 잘된다. 때문에 셀러 아이디는 숍 이름과 동일하게 만든다. 이때 숍 이름은 내가 원하는 이름으로 만들면 된다. 필자는 초기에 한국 셀러임을 강조하고 싶어서 'Koreashop'이란 명칭을 활용하기도 했지만 굳이 한국인이라는 의미를 넣지 않아도 된다. 발음하기 쉽고 기억하기 쉬운 이름으로 만들자.

메인 서브
어카운트 연동하기

메인 서브 어카운트는 8개 국가를 통합으로 관리할 수 있도록 만들어놓은 시스템이다. 즉 하나의 계정을 통해서 여러 개의 숍을 관리할 수 있는 기능이다. 추가로 직원이나 외부 직원에게 원하는 기능만 사용하도록 권한을 부여할 수 있다.

 예를 들면 숍을 운영하면서 외부 직원(상품등록을 해주는 아르바이트 직원)에게 셀러센터를 이용하도록 허용하면 내가 알려주고 싶지 않은 나의 판매 건수나 매출 등을 확인할 수 있다. 이런 것들은 못 보게 하고, 상품등록에 관련된 부분만 일부 허용할 수 있는 것이 바로 메인 서브 어카운트 기능 중 하나이다. 이제 입문하는 셀러로서는 이용할 경우가 거의 없는 기능이지만, 직원이 생기거나 업무를 나눠서 해야 하는 경우에 활용할 수 있다.

① 메인 어카운트로 로그인하면 먼저 생성된 싱가포르 숍을 연동(바인딩)한다.

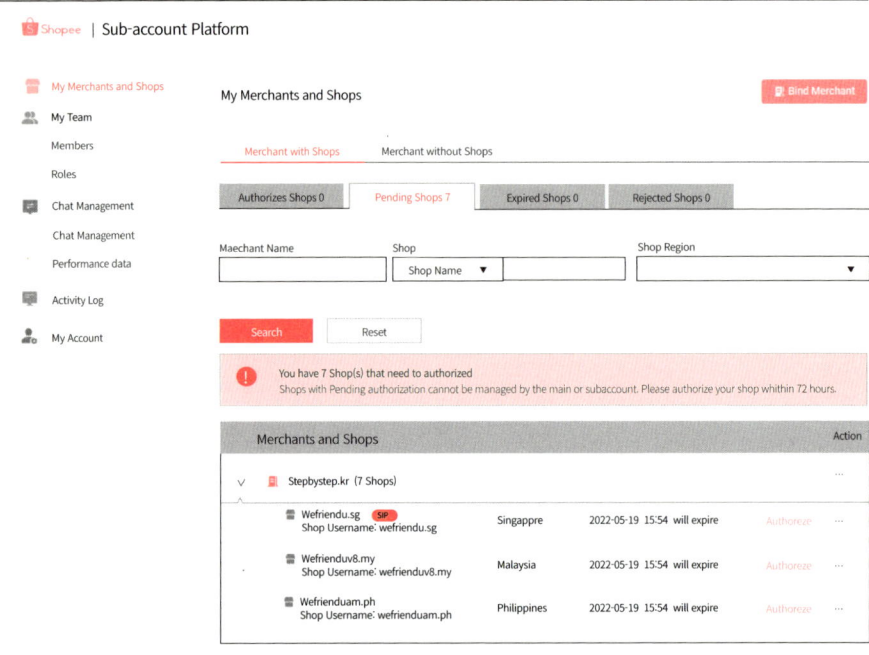

리셀러의 경우 상품 5개 등록한 후 7개 국가의 아이디와 비밀번호를 이메일로 받을 수 있다. 그 후 같은 방법으로 연동한다. 상품등록 페이지에서 상품등록하는 방법을 확인한 후 등록하자.

국가별 숍 로그인 아이디와 비밀번호는 57쪽 '쇼피코리아 변경된 입점 절차'에서 내용을 확인한다.

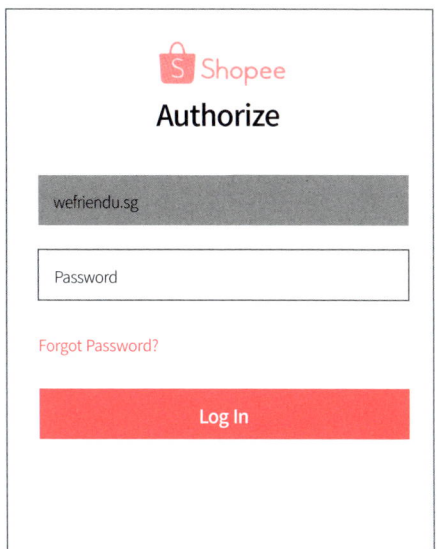
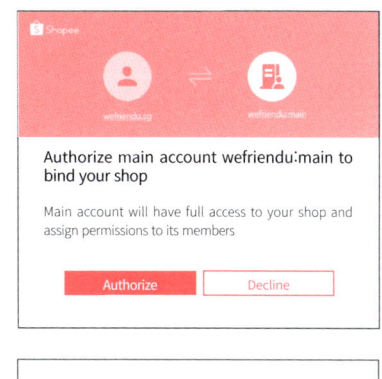
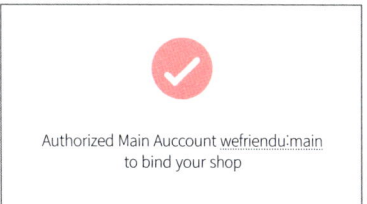

　　Authorize를 선택해서 숍을 연동한다. 해당 국가의 숍 셀러센터 로그인 ID와 비밀번호를 입력하여 로그인하면 'Authorize'를 클릭할 수 있는 팝업창이 뜬다. 'Authorize'를 누르면 승인이 완료되어 정상적으로 연동이 된다.

　　각 국가의 숍 로그인 아이디와 비밀번호를 메모해둔다. 쇼피 앱을 이용할 때 로그인이 필요하기 때문이다.

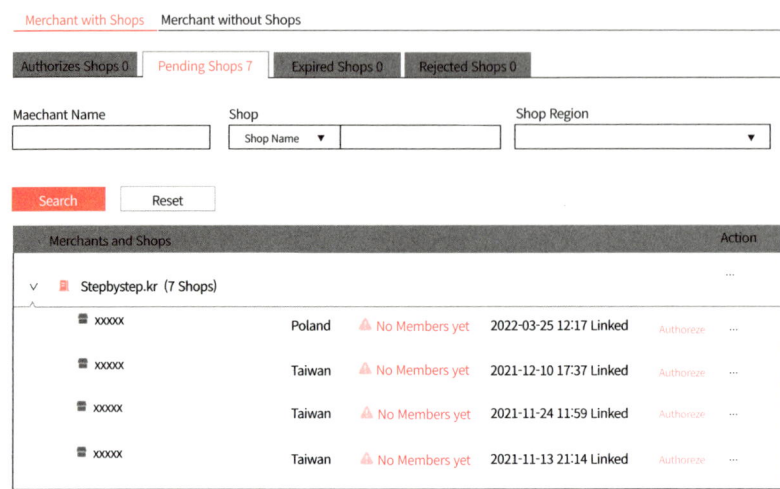

　　이렇게 연동이 완료되면 메인 어카운트 화면에 'No Members yet'이라고 확인되는데 이것은 외부 직원에게 서브 계정을 통한 권한 부여를 하지 않았기 때문에 자동으로 확인되는 문구이다.

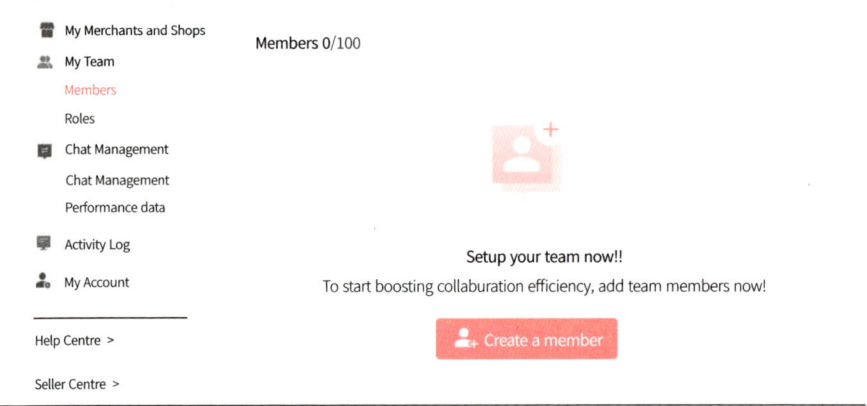

직원이 있거나 외부 직원을 통해 몇 가지 권한을 부여하고 싶다면 'My Team ▶ Members' 카테고리를 통해 권한 만들기를 해주면 된다.

② 서브 계정을 사용할 직원의 아이디를 생성할 수 있다.

① Basic Information	② Permissions	③ Complete

Member's Name	Input member's name
Phone Number	+86 ▼ | Input Phone Number
	To receive verification code during account activation precess and other sensitive senarios.
Login ID	XXXXX: Set suffix in 5-20 characters
	Login ID will be used to login to Shopee Seller Centre and Sub-account platform. Login ID cannot be changed once set.
Login Password	Input password
	Password should be 8-16 characters long and combination of following types. letters, numbers and symbols.
Comfirm Password	Input password
Email Address	Optional

Cancel   Next : Permissions

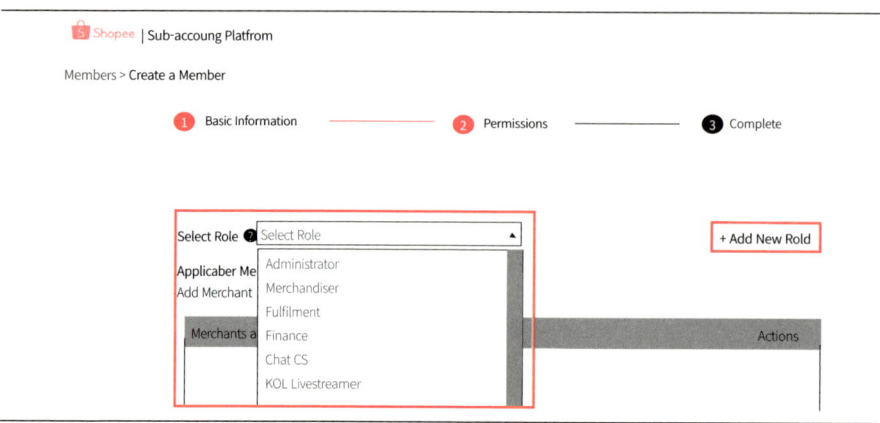

이렇게 모든 권한을 부여하는 것이 아닌 원하는 권한만 부여할 수 있다. 이 목록에서 서브 계정의 역할 목록을 변경하고 싶다면 'Add New Role'을 클릭해서 원하는 권한을 부여할 수 있다.

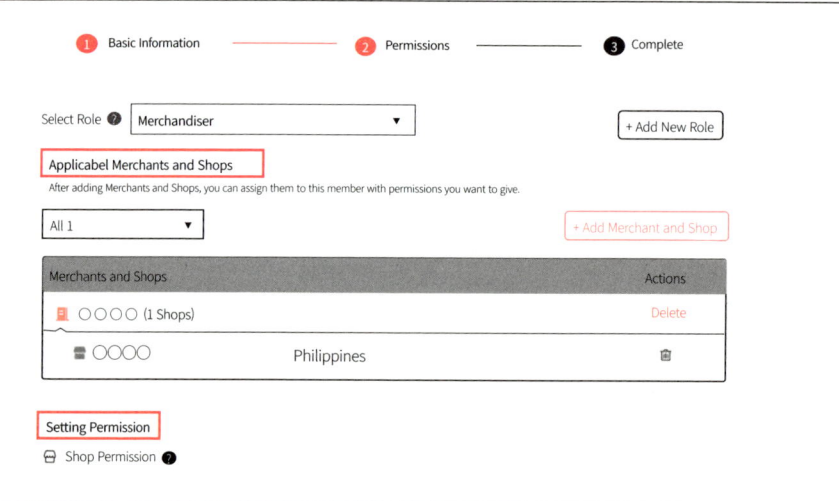

원하는 숍을 확인하고 'Setting Permissions'에서 부여하고 싶은 권한을 선택한 후에 'Save Member'를 클릭하면 저장이 완료된다. 완료되었다면 해당 아이디와 비밀번호를 직원에게 전달하여 로그인 후 부여된 권한에 대한 관리를 할 수 있다.

1. 쇼피코리아 변경된 입점 절차

쇼피코리아에서는 현재 한국 셀러들의 입점 절차를 간소화했다. 변경 전에는 숍을 생성하기 위해 숍 생성을 한 후 약 1~2일 이후 메인 계정을 등록할 수 있었고, 모든 입점을 완료하기 위한 시간이 오래 걸렸다. 현재는 메인 계정을 먼저 등록하고 바로 싱가포르 숍을 생성할 수 있기 때문에 입점 시간이 줄었다.

안녕하세요, 쇼피코리아입니다.

이제 한국셀러센터(KRSE)로 로그인 가능하며, 상품 등록 및 판매를 시작하실 수 있습니다.
차근차근 진행하실 수 있도록 아래 사항대로 꼭 진행해주세요.

1) 한국셀러센터 접속 후 필수 4가지 세팅
2) 상품 등록하기
3) 7개 마켓 샵바인딩으로 비즈니스 확장하기

아래 무료 교육 영상을 통해 쇼피 판매 준비를 완료하세요.

** 메인 계정 활성화를 진행하지 않은 셀러님은 한국셀러센터(KRSC) 접속이 불가합니다. 아직 메인 계정을 활성화하지 않은 셀러님은 발송된 메인 계정 활성화 이메일을 통해 꼭 활성화 진행 부탁드립니다.
메일 제목: *Activate your Shopee Merchant Main-account*

한국셀러센터 주소: http://seller.shopee.kr

한국셀러센터(KRSC) 바로가기

싱가포르 숍이 생성되면 바로 상품등록을 할 수 있고, 리셀러의 경우 5개의 상품을 등록하면 심사 후 등록된 메일로 나머지 7개 국가의 아이디와 비밀번호를 받을 수 있다. 이메일은 '[필독/쇼피] 추가로 오픈된 7개 마켓의 숍 정보를 확인하세요'라는 제목으로 발송된다. 광고성 메일로 인식하는 경우가 있으므로 스팸 보관 메일함도 확인해야 한다.

쇼피에 가입할 때 만든 아이디를 변형하여 각 국가별 아이디를 발급해준다. 그

7개 마켓 숍 정보 확인하기

마켓: 말레이시아
숍 로그인 아이디:
숍 비밀번호:

마켓: 베트남
숍 로그인 아이디:
숍 비밀번호:

마켓: 필리핀
숍 로그인 아이디:
숍 비밀번호:

마켓: 태국
숍 로그인 아이디:
숍 비밀번호:

마켓: 대만
숍 로그인 아이디:
숍 비밀번호:

마켓: 브라질
숍 로그인 아이디:
숍 비밀번호:

마켓: 멕시코
숍 로그인 아이디:
숍 비밀번호:

리고 임의로 비밀번호를 만들어 함께 발송한다. 이렇게 생성된 숍 로그인 아이디와 숍 비밀번호는 따로 잘 적어두거나 비밀번호를 재설정한다. 차후 앱을 설치하고 로그인하기 위해 아이디와 비밀번호가 필요하기 때문이다.

    싱가포르 상품 5개 등록(리셀러 기준)이 완료되고 7개 국가의 아이디와 비밀번호를 확인할 수 있다. 앞의 숍 연동(바인딩) 방법을 확인하여 나머지 국가도 연동(바인딩)한다. 해당 입점 방법은 2024년 2월 20일경부터 변경된 절차이며, 신규 셀러로 입점하는 모든 한국 셀러는 숍 생성 후 싱가포르 숍에 5개 상품이 등록되어야 (리셀러 기준) 나머지 7개 숍이 자동으로 오픈된다.

    만약 상품 5개 등록이 완료되었으나 기다려도 7개 국가의 숍 관련 내용이 메일로 오지 않는다면 꼭 쇼피 웹챗을 통해 문의해야 한다. 7개국 숍 로그인 아이디와 비밀번호를 늦게 확인했다면 다음 이미지처럼 'Invite Again'으로 확인된다. 모두 클릭하면 다시 'Authorized'로 확인되며 클릭 후 연동한다.

2. 페이오니아 연동하기

Payment password 등록하기

쇼피에서 판매를 진행하고 판매에 대한 수수료를 받기 위해서는 페이오니아 계좌를 쇼피 셀러센터에 연동해야 한다. 페이오니아에 연동하기 위해서는 메인 어카운트 로그인이 필요하다. 우선 메인 어카운트를 통해 메인 아이디로 로그인한 후에 Payment password를 등록하고 각 국가의 셀러센터를 통해 페이오니아를 연동한다.

① 메인 계정으로 로그인한다.

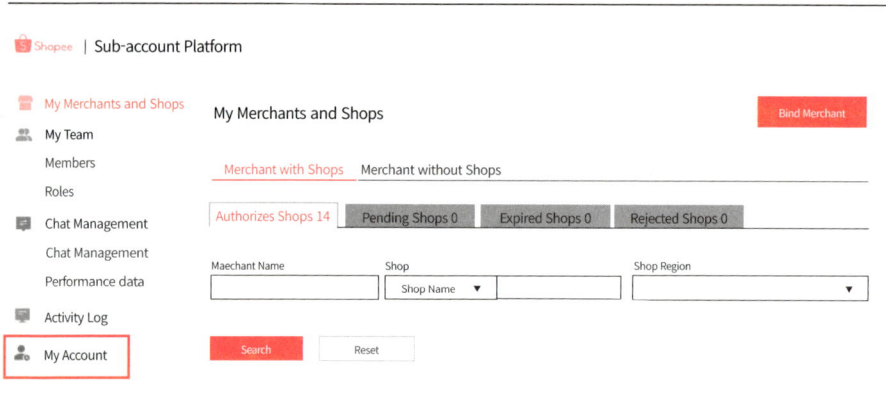

로그인 후 My Account를 눌러서 Payment password를 설정한다.

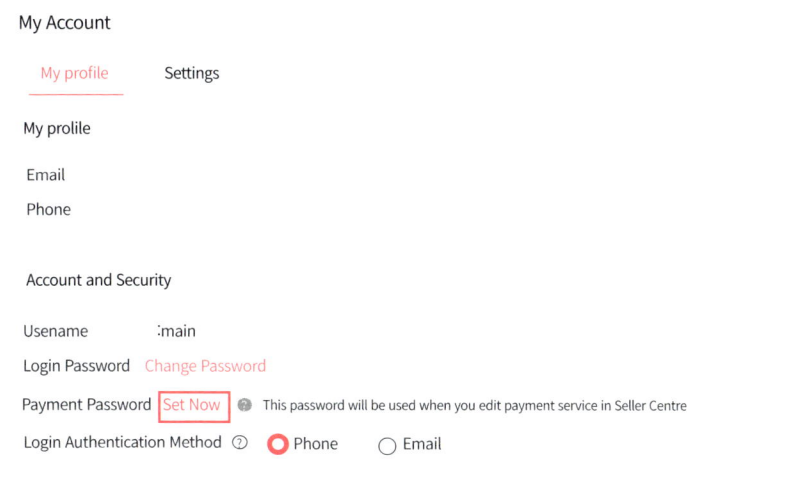

설정되어 있는 경우에는 'Change password'로 표기되지만, 미설정된 경우 'Set Now'로 되어 있다. 이 부분을 클릭해서 다음과 같이 비밀번호를 설정한다. 많이 이용하는 비밀번호가 아니기 때문에 꼭 등록 후 메모해놓자.

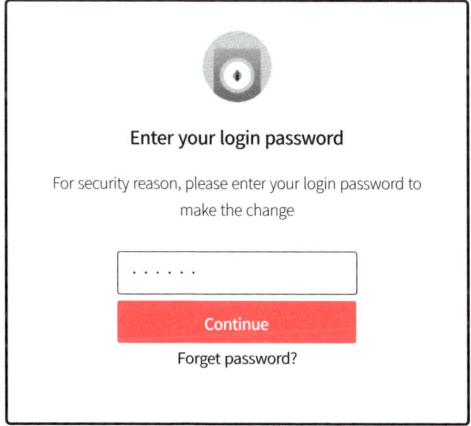

입점 셀러를 위한 인큐베이션 팀

쇼피 입점 이후에 리셀러의 경우 5개의 상품을 등록하며 쇼피 입문자를 위한 초기 교육 및 지원을 전담해주는 인큐베이션 팀으로 배정된다. 보통 싱가포르 숍 생성 후 7개국 오픈을 위해 5개의 상품을 등록하기 때문에 대부분의 셀러는 이 지원 프로그램에 속하게 된다.

5개 상품을 등록한 이후 영업일 2~3일 이내에 자동 승인되며, 인큐베이션 입학 이메일이 발송된다.

인큐베이션 기간에는 신규 셀러가 쇼피에서 잘 적응할 수 있도록 담당 매니저가 직접 관리하고 있다. 입학 혜택으로는 인큐베이션 매니저가 직접 진행하는 실시간 Q&A 웨비나 참여가 가능하고, 인큐베이션 셀러들을 위한 인기 상승 상품 리스트를 제공한다. 그리고 우수 셀러를 위한 키워드 광고를 진행할 수 있는 광고비(셀러당 10~30USD 내외) 지원 등을 받을 수 있다.

또한 인큐베이션 헬프데스크를 통해 매니저와의 1:1 상담이 가능하고, 셀러 특별 관리 프로그램이 운영되어 신규 셀러의 정착을 돕는다. 3개월간 무료로 진행되는 집중 케어 과정을 적극적으로 활용하여 도약할 것을 권한다.

한국셀러센터 활용 방법

1. 한국셀러센터란?

한국셀러센터는 한국 셀러들을 위한 통합 관리 시스템이다. 한국셀러센터를 통해서 8개 국가에 상품등록, 관리, 주문, 마케팅 등의 기능을 한 번에 관리할 수 있다.

ERP 서비스를 이용하는 셀러는 한국셀러센터를 이용할 수 없다. ERP 시스템이란 쇼피가 아닌 타 사이트를 활용한 마켓 관리 프로그램이다.

쇼피뿐만이 아니라 다양한 해외 쇼핑몰을 연동할 수 있어서 한눈에 상품등록 및 관리가 가능하다. 때문에 한국셀러센터를 활용하는 셀러들은 타 시스템을 활용할 수 없다.

2. 한국셀러센터 연동하기

7개국 숍 정보 이메일 안에 한국셀러센터 바로가기 버튼이 있다.

Step 1.
http://seller.shopee.kr/(한국셀러센터)로 로그인 > Setting > Shop Account > Current shop

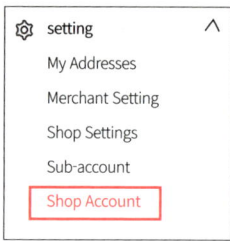

Step 2.
Current shop의 모든 국가 선택하여 본인의 올바른 이메일 주소로 변경

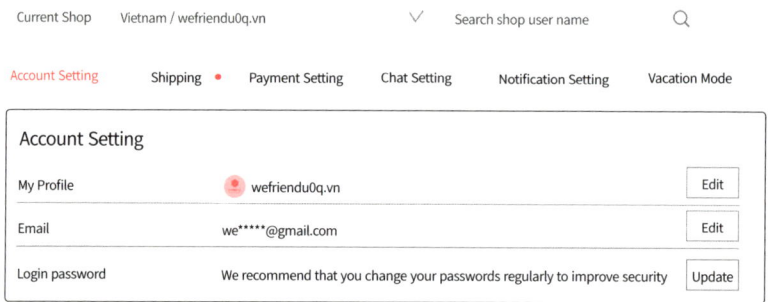

이제 한국셀러센터에 접속하여 상품 등록을 시작하세요!

한국셀러센터(KRSC) 바로가기

한국셀러센터

이렇게 한국셀러센터에 연동하기 위한 통화 설정이 나온다. 기본 통화는 한국 원과 미국 달러 중에서 설정하고, 이후 국가별 환율을 등록한다. 기본 통화 설정은 설정 후 변경할 수 없다. 필자의 추천은 한국 원이니 참고하자.

통화 설정이 완료되면 각 국가별 환율을 입력한다. 통화 입력을 위한 환율 정보는 소수점 자리까지 입력하기 위해 구글 환율 계산기를 활용한다. 환율은 날짜별로 다르기 때문에 한 달에 한 번 확인하고, 입력 시 조금 높은 가격을 입력한다.

구글 환율계산기

예시로 입력한 환율이다. 환율은 2022년 5월 20일 기준이며 약 0.002 높게 적용했으니 참고하자.

3. 수수료 설정하기

환율 설정을 했다면 쇼피 수수료를 입력한다. 이 부분이 제대로 입력되지 않을 경우 상품 등록 화면에서 다시 수수료 설정 화면으로 이동된다. 즉, 이 부분이 입력되어야 상품 등록을 시작할 수 있다. 수수료 설정을 하더라도 상품 등록 단계에서 최종 상품 가격을 변경 할 수 있으니 고민하지 말고 설정하자.

Seller center > Setting > Merchat Setting > Price calculation formula setting

Price Conversion between Global SKU and Shop SKU

For more information about price calculation. please go to the Education Center

Market Price Adjustment Rate [Input | %]   **Service fee rate** [Input | %]   [Batch input]

Marketplace/Shop Name	Market Exchange Raet	Commission fee rate	Market Price Adjustment Rate	Service fee rate
Malasia	1 KRW = 0.0038MYR	-	-	-
wefrienduv8.my	-	0%	100 | %	8.20 | % Current shop service fee rate is: 0%
Philippines	1 KRW = 0.044PHP	-	-	-
wefrienduam.ph	-	0%	110 | %	6.2 | % Current shop service fee rate is: 0%
Vietnam	1 KRW = 18.2VND	-	-	-
wefriendu0q.vn	-	0%	105 | %	6.2 | % Current shop service fee rate is: 0%

0shops are to be set   [Start to upgrade to Global SKU]

Marketplace	Number of Shop	Commission fee rate	Market Exchange Rate	Market Price Adjustment Rate	Service fee rate	Action
Malaysia	1shops	0%	1KRW = 0.0038 MYR	100%	8.2%	Edit
Philippines	1shops	0%	1KRW = 0.044 PHP	110%	6.2%	Edit
Vietnam	1shops	0%	1KRW = 18.2 VND	105%	6.2%	Edit
Taiwan Xiapi	1shops	0%	1KRW = 0.025 TWD	110%	4.5%	Edit
Thailand	1shops	0%	1KRW = 0.029 THB	105%	4.19%	Edit

정산받는 방법 확인하기

쇼피는 글로벌 플랫폼사이므로 판매 후 정산할 때 국내 계좌로 바로 정산받을 수 없었다. 때문에 페이오니아를 활용하여 판매대금을 정산받아야 했다. 페이오니아 없이 해외 계좌로 직접 받으려면 해외 법인을 설립하거나 계좌개설을 위해 현지 은행 방문 및 일정 기간의 체류가 필요하다. 이런 절차 없이 해외 대금을 수취 할 수 있도록 연결해주는 것이 페이오니아다.

현재 쇼피에서는 셀러들이 판매대금 정산을 편리하게 출금할 수 있도록 쇼피 셀러 월렛 서비스를 만들었다. 페이오니아와 쇼피 셀러 월렛의 내용을 확인하고 편의에 따라 이용하기 바란다.

1. 페이오니아

페이오니아는 이메일 주소로 가입할 수 있고, 약 1~3영업일 이후 가입이 완료된다. 정산금은 쇼피에서 판매대금을 페이오니아로 송금하게 되는데 그때 1영업일이 소요된다. 그 후 가입자는 페이오니아에서 입금된 정산 대금을 확인할 수 있다. 확인된 금액을 출금 요청하면 등록한 계좌로 정산금 송금 요청을 할 수 있으며, 1~2영업일이 소요된다.

가입을 위해 링크로 이동하는 경우 크롬 브라우저나 웨일 브라우저를 활용하여 사이트 언어를 한국어로 변경하여 작성하면 편리하다. 가입 링크를 통해 페이오니아에 접속한다.

가입하고 $50*받기 버튼을 누르고 비즈니스 유형을 '회사'로 선택한다.

페이오니아 가입을 위한 링크-

Payoneer 가입

시작하기 — 연락처 정보 — 보안 세부 정보 — 거의 완료

비즈니스 유형을 선택하세요.

○ 개인
  내 비즈니스가 등록되지 않았습니다.
● 회사
  단독 소유권, 법인, LLC 포함

필드는 영문으로만 입력하십시오.

기업 세부 정보:

[법인명]
[사업체 유형 ▽]
[회사 웹사이트 URL (선택사항)]

승인된 대리인의 세부 정보:

[권한을 위임받은 대리인의 이름]
[권한을 위임받은 대리인의 성]
[이메일 주소]
[다시 입력 이메일 주소를]
[위임 대리인의 생년월일]

"다음"을 클릭하면
Payoneer 개인 정보 및 쿠키 정책을 읽고 이해했으며 약관에 동의하는 것입니다.

[다음]

- 사업체 유형 : 개인사업자를 선택한다.

- 회사 웹사이트 URL : 선택사항이므로 없는 경우 작성하지 않는다.

- 권한을 위임받은 대리인의 이름 : 사업자 대표의 이름을 적어준다.

- 권한을 위임받은 대리인의 성 : 사업자 대표의 성을 적어준다.

- 이메일 주소 : 주로 이용하는 이메일 주소를 입력한다.

- 다시 입력 이메일 주소 : 이메일 주소를 재확인한다.
- 위임 대리인의 생년월일 : 사업자 대표의 생년월일이다.

이렇게 영문으로 작성하고 다음으로 이동한다.

연락처 정보 관련 사항을 입력한다.

- 사업장 주소 : 네이버 검색창에 영어 주소변환을 찾아서 변환한다.
- 도시 / 타운 : 도시명을 영문으로 입력한다.

- 우편번호 : 검색된 우편번호를 입력한다.
- 휴대전화 번호를 입력한 후에 코드 보내기를 누르면 휴대전화에 코드번호 발급 문자가 전송된다.
- 코드번호를 적어주고 다음으로 넘어간다.
- 사용자 이름에는 메일 주소를 입력한다. 비밀번호를 입력하고, 보안 질문을 선택한다.
- ID 번호는 주민번호인데 실명 확인을 위해 작성한다. 현지 언어로 된 이름과 성은 한글로 입력한다. 하단의 코드를 입력하고 다음으로 이동한다.

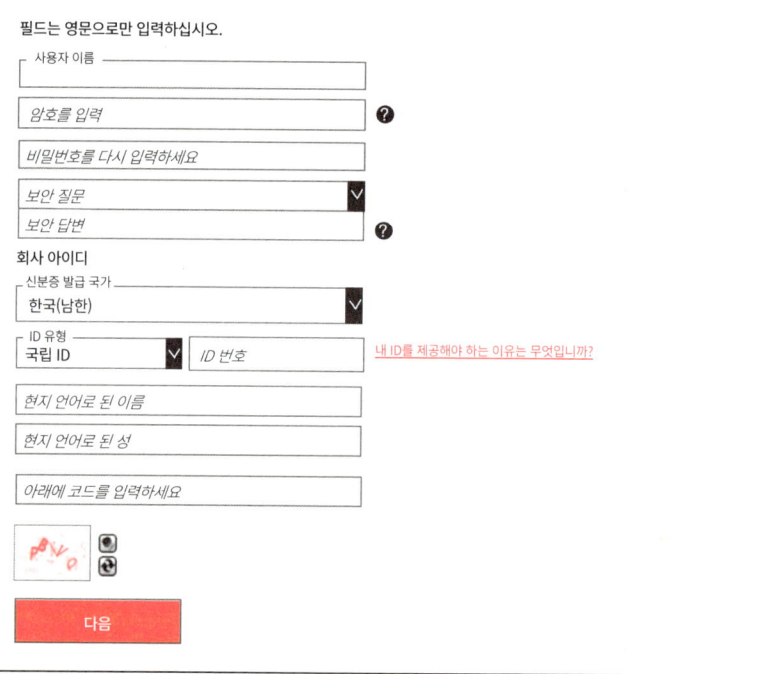

마지막 과정의 계좌 작성은 개인통장을 입력할 수 있다. 계좌를 등록한 후에 원한다면 계좌 추가를 통해 다른 은행으로 변경이 가능하다.

여기까지 입력했다면 가입 신청이 마무리되었다. 입력했던 이메일 주소로 페이오니아의 확인 메일이 발송될 것이다. 그리고 페이오니아 정상 가입 이메일은 영업일 기준 1~3일 이내로 받을 수 있다.

Bank Accounts를 통한 페이오니아 연동하기

페이오니아를 등록할 숍의 셀러센터로 이동한다. 셀러센터 카테고리에서 Bank Accounts를 누르면 셀러센터 로그인 비밀번호를 입력하라는 팝업이 확인된다.

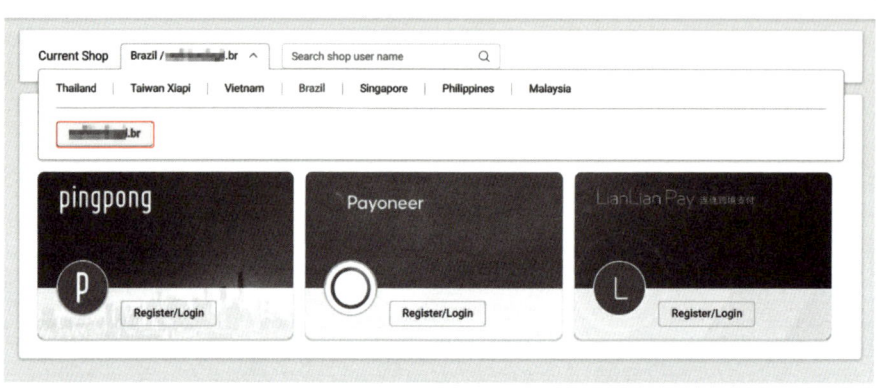

페이오니아뿐만 아니라 국가별로 연동할 수 있는 계정이 표기된다. 한국 셀러들은 페이오니아를 통한 정산이 가능하니 페이오니아를 선택해서 진행한다.

셀러센터의 비밀번호를 입력한다. 페이오니아의 Register/Login을 누르면 메인 계정을 통해 만들었던 Payment password를 입력한다.

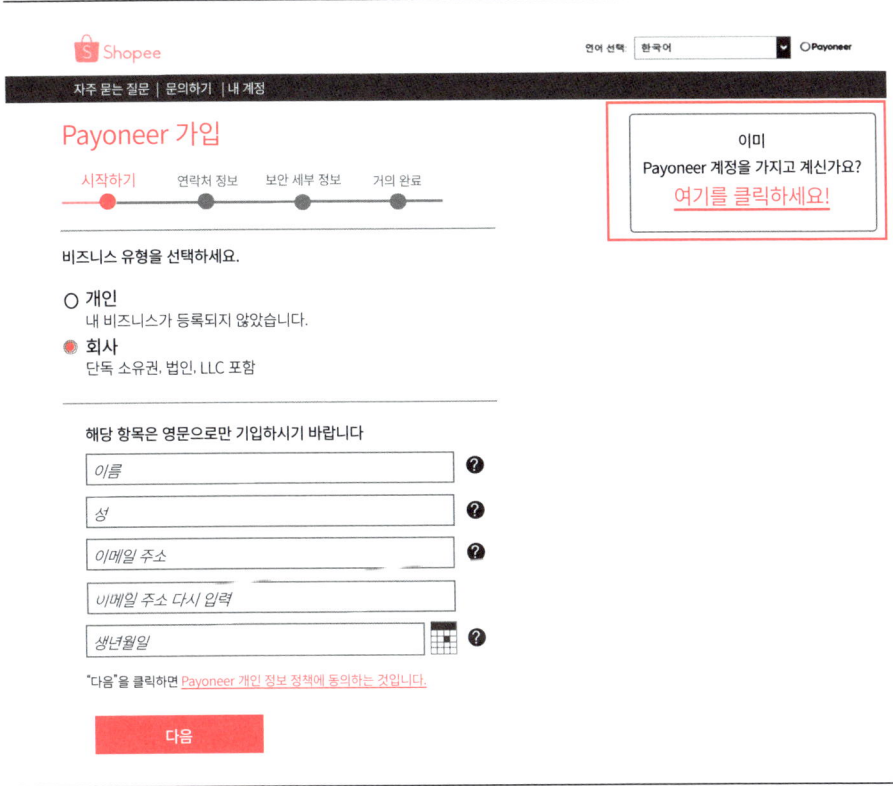

오른쪽 상단의 "여기를 클릭하세요!"를 눌러서 페이오니아의 아이디와 비밀번호를 입력하고 로그인한다.

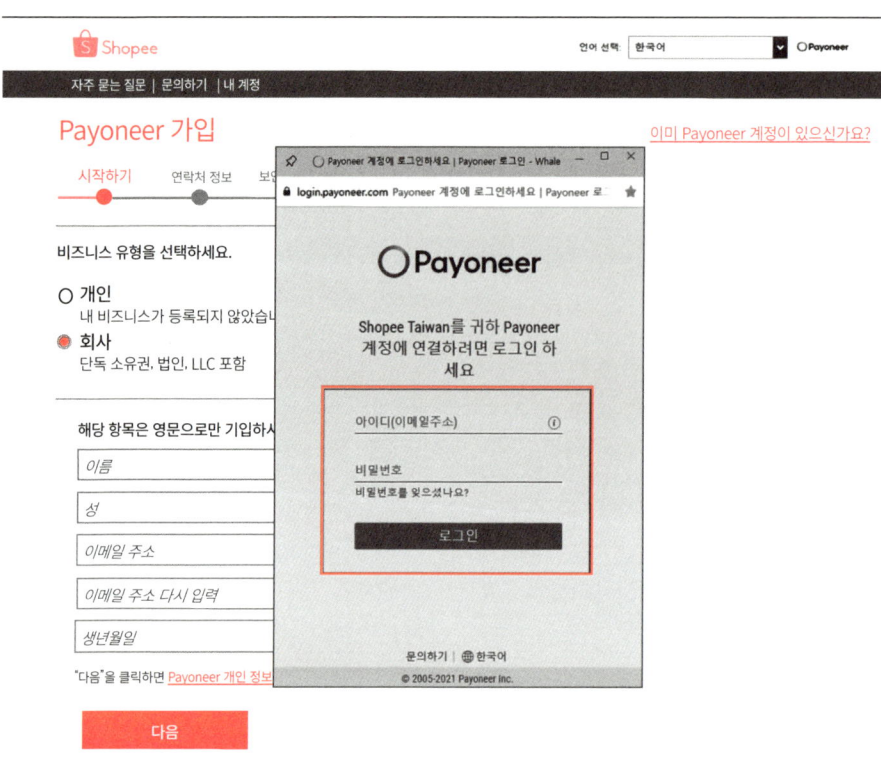

로그인하게 되면 My Accounts 페이지로 이동된다.

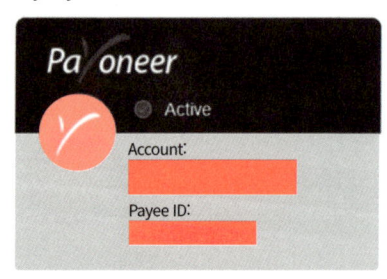

계정 연결이 활성화되면 이렇게 컬러로 보이게 된다. 8개 국가를 모두 선택해서 연동해야 하므로 하나하나 클릭한 후 연동한다.

2. 쇼피 셀러 월렛

쇼피 셀러 월렛 서비스는 2025년 2월 25일~5월 5일까지 인출 수수료 무료 혜택 및 환율 우대 서비스를 제공했다. 최소 인출 금액 없이 2시간 이내에 빠른 출금 서비스를 제공한다. 서비스 수수료는 현재 0.9%다.

쇼피 셀러 월렛 신청 방법은 쇼피 셀러센터에 접속한 후에 직접 등록 신청이 가능하다.

Finance > Shopee Seller Wallet

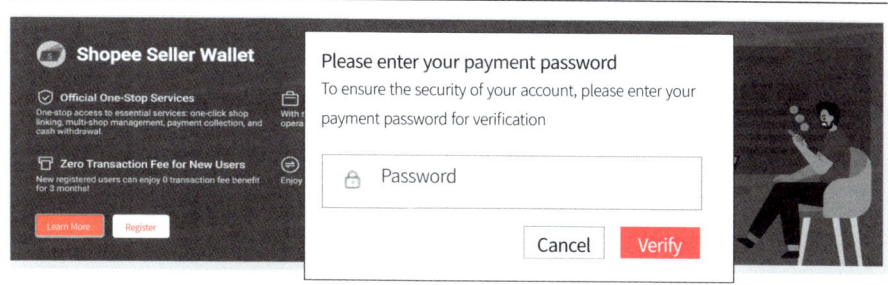

Register를 누르면 이렇게 메인계정에서 설정했던 Payment Password 입력창이 확인된다.

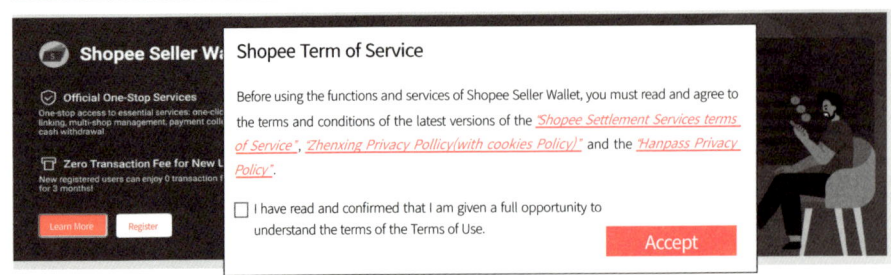

개인 정보 동의 및 약관에 동의하기를 체크한다.

Select the Legal Entity — Fill in the Fiedls — Submit for Revies

Plesae select the registered legal entity of your business

- ● Sole Proprietorship(사업자)
- ○ Partnership Company(합명회사)
- ○ Limited Partnership Company(합자회사)
- ○ Limited company or Limited Liability Company(유한회사)
- ○ Corporation or Stock Company(주식회사)

According to the Settlement Services Terms of Service (Korea) you have agree to and the Privacy Policy for Zhenxing Technology Limited your have acknowiedged, the information you provide on this site shall be collected and processed by Zhenxing Technoloth Limited, Shopee's partner institution, and shall be collected, processed, shared and use by Zhenxing Techlology Limited in accordance with the Privacy Policy for Zhenxing Technology Limited.

본인의 사업자를 확인하여 선택한다.

| Select the Legal Entity | Fill in the Fiedls | Submit for Revies |

Company Information

* Business Registration Certificate

Please upload a single file that includes all pages of the document. The image format is jpg. jpeg. png. pdf. The file size cannot exceed 3MB.
Please upload the certificate issued within 3 months

* Company Korean Name
* Company English Name
* Business Registration Number   ⓘ Why can't I change this?
* Business Category   cosmetics and perfumery
* Business date

- Business Registation Certificate : 사업자등록증 첨부(3개월 이내 발급한 증명서 첨부)

- Company Korean Name : 사업자명 한글

- Company English Name : 사업자명 영문

- Business Registration Number : 사업자 등록번호(자동 입력되어 있음)

- Business Category : 주로 판매하는 카테고리 선택

- Establishment Date : 개업 연월일

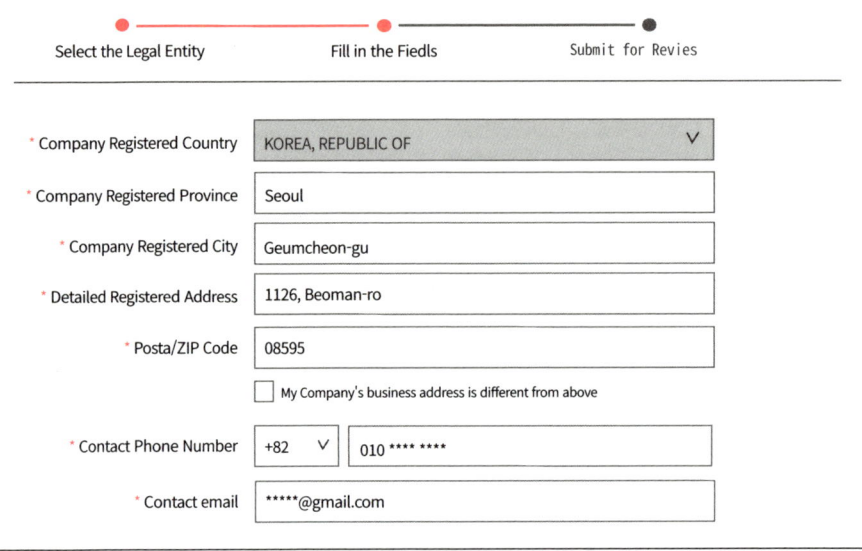

주소 관련 내용은 모두 영어로 입력한다.

- Company Registered Province : 사업장 주소지 '시'

- Company Registered City : 사업장 주소지 '구/군'

- Detailed Registered Address : 이후 주소지

- Postal/ZIP Code : 우편번호

* My Company's business address is different from above : 내 사업장 주소지가 사업자 등록증과 다르다면 체크하기

- Contact Phone Number : 핸드폰 번호

- Contact email : 이메일 주소

* Id Type	Korean ID Card ∨
* ID Copy	[Front Side +]
* ID Issuance Date	Select date
* ID Number	Please fill in
* Representative Korean Name	Please fill in
* Representative English Name	Please fill in english characters, eg. Last Name First Name...
* Gender	◯ Male ◯ Female
* Nationality	KOREA, REPUBLIC OF ∨
* Date of birth	Please Select
* Residence Country	KOREA, REPUBLIC OF ∨
* Residence Address	Please fill in the field in english characters

- ID Type : 신분증 종류에 따라 선택

If the business representative is the ultimate beneficiary owner (one of them), you can quickly fill the information by clicking on the **Autofill** button, and if there are other ultimate beneficiary owners, you can continue to add them.

Autofill

사업자와 자금 인출하는 사람이 같을 경우 'Autofill'을 클릭하면 내용이 자동으로 채워진다.

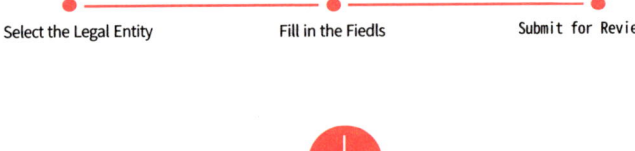

Under Review

The review may take up to 2 business days. Thank you for your patience.

Confirm to the home page

입력을 완료하고, 동의 체크까지 완료하면 화면이 이동된다. 영업일 2일 이내 검토 후 승인된다. 승인 후 바로 적용된 것을 확인할 수 있다.

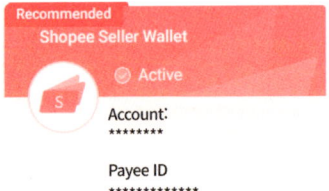

등록이 완료되었다면 사업자통장을 등록한다.

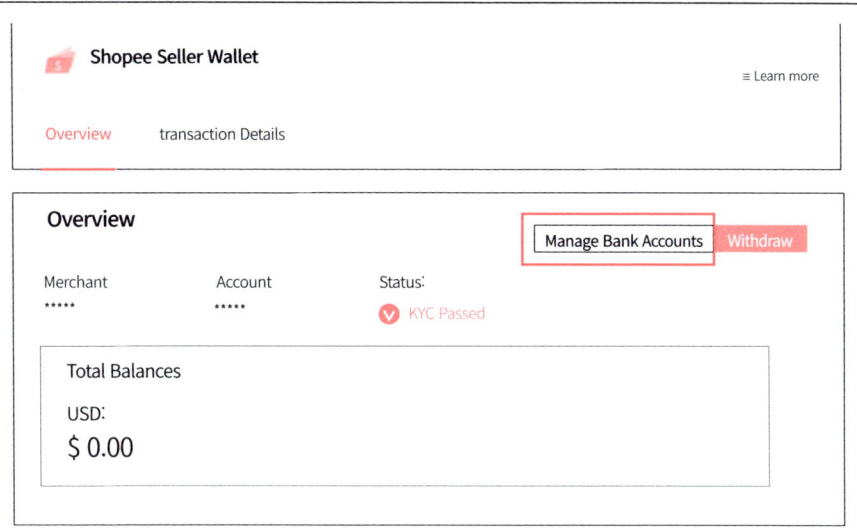

Manage Bank Accounts를 누르면 계좌등록 화면으로 이동된다.

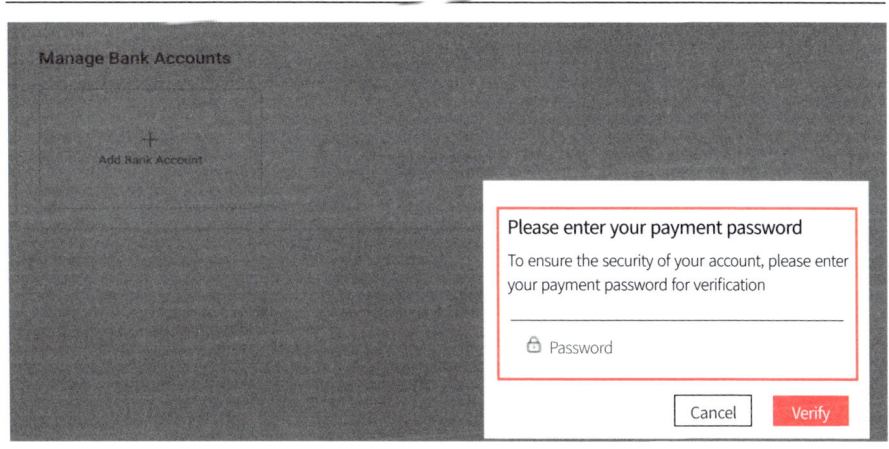

이동 후 Add Bank Account를 누르면 payment password를 입력하는 창이 뜬

다. payment password를 입력하면 사업자 계좌 입력 창이 확인된다. 은행 등록을 할 때 사업자 통장인 경우 통장 사본 제출만으로도 계좌 등록이 가능하다. 그러나 개인 통장인 경우 사업용 계좌 증빙을 위해 통장사본과 홈텍스 사업용 계좌 신고현황 조회 화면 캡처본을 함께 제출해야 한다. 자세한 사항은 QR코드를 첨부하니 쇼피 셀러 월렛을 이용한다면 꼭 미리 확인하자.

[쇼피 셀러 월렛]
자주 묻는 질문

Add Bank Account

* Type	Company Same-Name Bank Account
* Bank Country & Region	KOREA, REPUBLIC OF
* Bank Account Currency	KRW x
* Account Holder Name ⓘ	
* Account Name(English) ⓘ	
* Bank Account Number	
Payee Nickname ⓘ	
* Supplementary Material ⓘ	

According to th Settlement Services Terms of Service (Korea) you have agree to and the Privacy Ploicy for Zhenxing Technology Limited you have acknowledged, the information you provide on this site shall be collected and processed by Zhenxing Technology Limited, Shopee's partner institution, and shall be collected, processed, shared and used by Zhenxing Technology Limited in accordance with the Privacy Ploicy for Zhenxing Technology Limited.

- Type : Company same-Name Bank Account(사업자 통장을 이용하는 경우)
- Bank Country & Region : Korea Rpublinc Of
- Bank Account Currency : 은행계좌 통화
- Account Holder Name : 예금주명
- Bank Account Number : 계좌번호
- Bank Name : 은행명
- Payee Nickname : 계좌 별칭
- Supplementary Material : 서류첨부(통장사본이나 필요서류 첨부)

Manage Bank Accounts

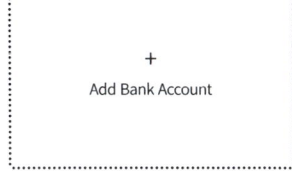 

작성 완료 후 접수된 내용을 확인할 수 있다. 승인은 대략 영업일 기준 1일 소요된다.

chapter 3.

쇼피 숍

세팅하기

셀러센터
기본 세팅하기

셀러 가입이 완료되었다면 로그인 후 셀러센터를 확인해봐야 한다. 셀러를 시작할 때 숍의 셀러센터를 기본적으로 설정한다. 미리 점검히고 설정하면 쇼피를 좀 더 편하게 운영할 수 있다.

1. 이메일 변경하기

한국셀러센터 통화 설정이 완료되고 로그인되었다면 이메일 주소를 확인한다. 카테고리에서 'Shop Setting'을 누르면 프로필과 이메일 확인이 가능하다. 싱가포르를 제외한 국가는 메일 주소가 다르게 되어 있다. 'Edit'를 눌러서 정확한 이메일을 등록한다.

2. 각 국가별 셀러센터 로그인 비밀번호 변경하기

쇼피는 플랫폼 특성상 스마트폰을 통해 앱을 이용하여 구매하는 소비가 대부분이다. 그렇기 때문에 앱을 꼭 다운받아 활용해야 한다. 그때 원활한 로그인을 위해 비밀번호를 변경한다.

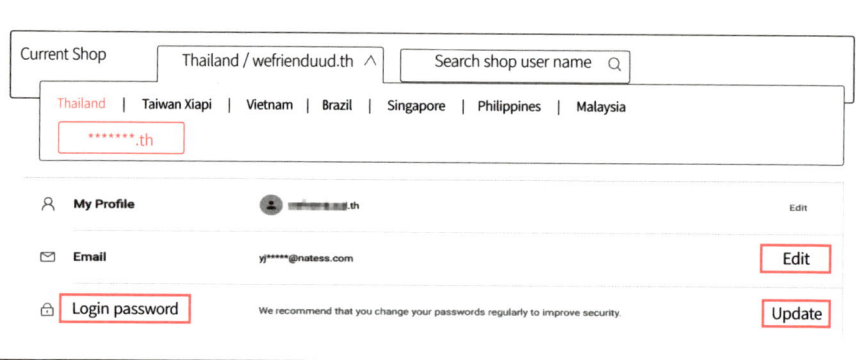

'Login password'에서 'Update'를 클릭하면 비밀번호를 변경할 수 있다.

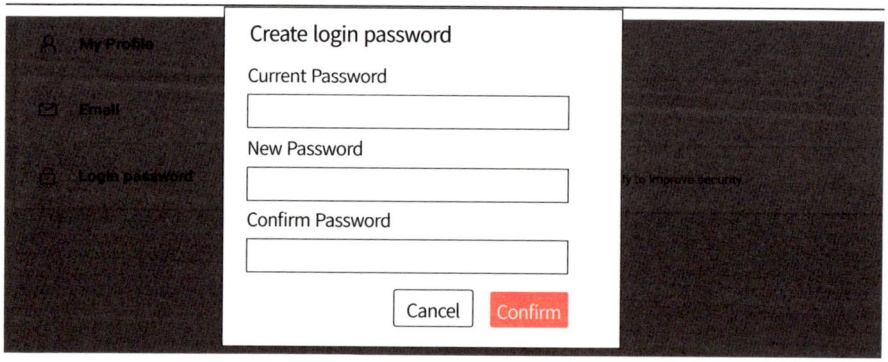

- Current Password : 쇼피에서 메일로 보내준 비밀번호를 입력한다.
- New Password : 새로운 비밀번호를 입력한다.
- Confirm Password : 비밀번호를 재확인한다.

비밀번호를 만들 때는 대문자와 소문자를 포함해서 만든다. 비밀번호는 각 국가를 모두 변경한다. 변경 후 다시 한번 셀러센터 로그인 화면으로 이동한다. 다시 로그인하여 비밀번호를 변경한다.

3. Shipping Setting

셀러센터의 숨은 Setting 기능을 살펴본다.

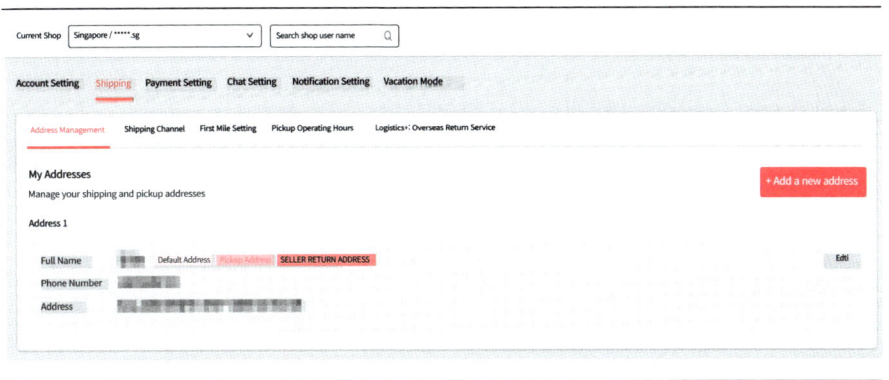

Address Management에서 반송 주소지를 입력할 수 있다. 현재는 반송하는 시스템이 중지되었기 때문에 필수사항은 아니지만, 말레이시아는 입력하지 않으면 다른 탭으로 이동이 되지 않을 수 있으니 한글로 입력하면 된다.

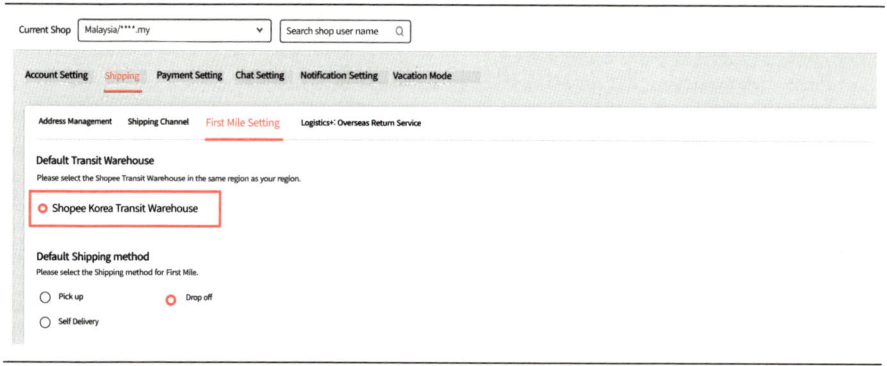

배송 관련 세팅에서는 First Mile Setting을 확인한다. 한국에서 발송하는 것으로 체크해주고, 셀러가 국내에서 두라 익스프레스로 발송하는 방법이 픽업서비스인지, 택배로 보내는 것인지 직접 보내는 것인지 선택한다.

- Pick up : 쇼피 픽업 서비스 이용하는 셀러
- Drop off : 지방에서 택배로 발송하는 셀러
- Self Delivery : 직접 두라 익스프레스 방문 셀러

First Mile 관련한 내용은 해당 페이지에서 다시 확인한다.

4. Chat Setting

한국어로 설정하는 경우 쇼피에서 채팅이 오게 되면 언어가 자동으로 설정된 언어로 번역되어 확인된다. 한국어로 입력하는 경우 자동으로 영어로 번역되어 응대가 가능하다. 하지만 번역을 통해 메시지를 주고받는 것을 추천한다.

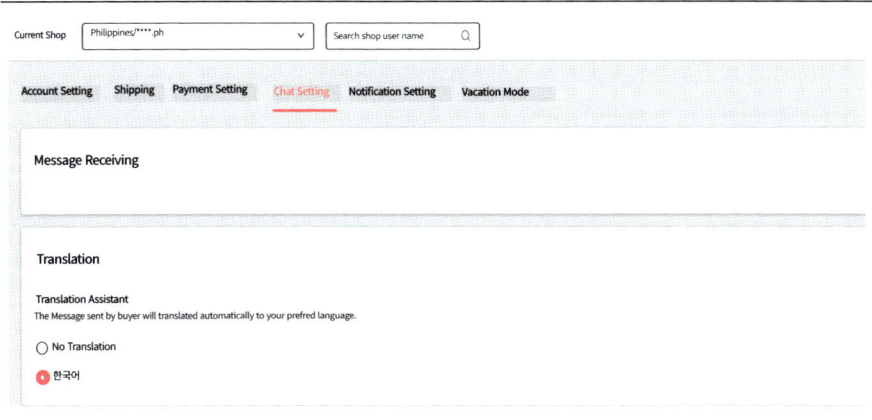

5. Notification Setting

쇼피에서 주문이 들어오거나 리스팅된 상품에 문제가 있을 경우 메일을 발송해준다. 알림을 원한다면 활성화하여 메일로 받아보자.

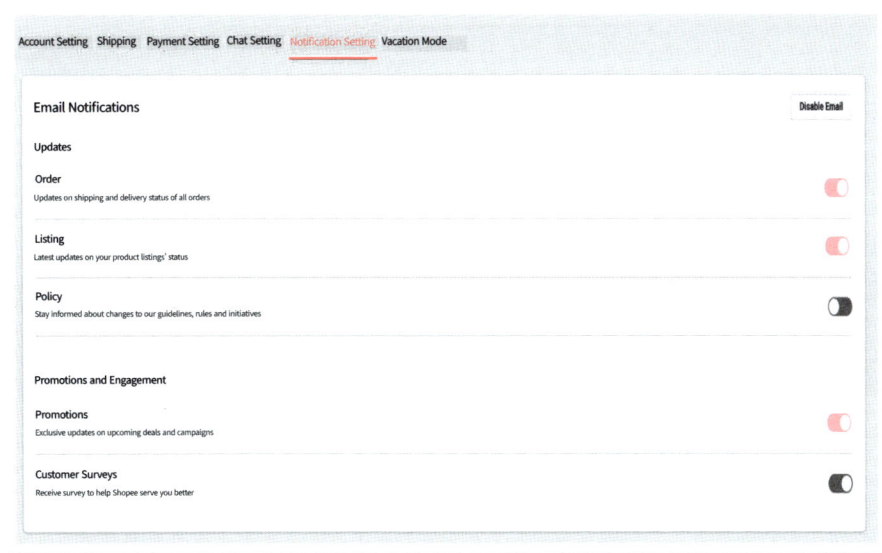

6. Vacation Mode

숍의 운영을 잠시 중지하고 싶을 때 휴가모드를 설정할 수 있다.

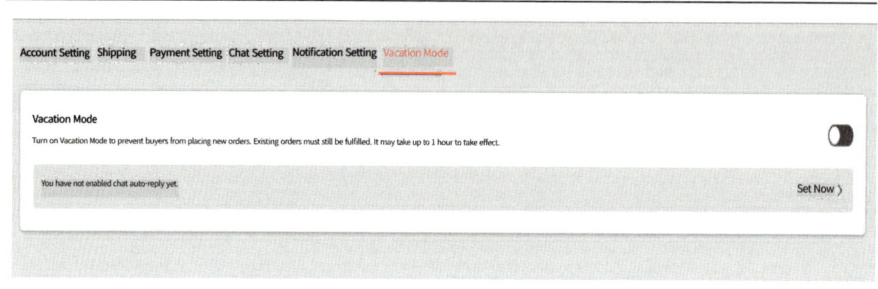

이때 Set Now를 누르게 되면 자동응답 설정 내용을 변경할 수 있으니 참고하자. 한가지 국가에서 휴가모드를 설정한 후에 전체샵을 한번에 설정하길 원한다면 Set in Batch를 선택하면 된다.

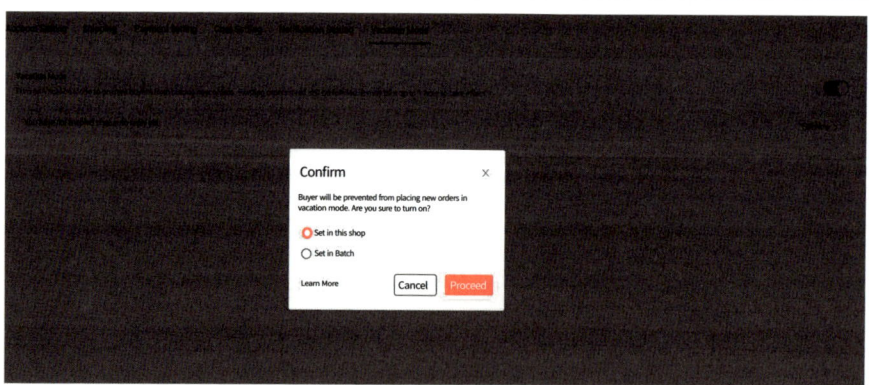

COD는 이용해야 할까?

Shipping Setting을 확인하다 보면 COD라는 단어를 보게 된다. COD는 물건을 먼저 발송한 후에 돈을 받는 후불 발송이다. 주로 말레이시아, 필리핀, 베트남, 태국 그리고 대만에서 사용한다.

배송 채널에 COD가 확인되는 국가는 그 문화의 특성상 꼭 필요한 배송 방법이다. 대만은 편의점 문화가 발달되어 있어 편의점으로 후불 택배받기를 선호한다. 필리핀은 아직 국민의 대다수가 은행 거래보다는 현금을 주로 사용하기 때문에 직접 현금 거래를 원한다. 태국, 베트남, 말레이시아 역시 현금 거래가 활발하다. 이렇게 문화를 이해하고 필요할 경우 COD를 이용하여 판매를 활성화하자!

Shop Information 등록하기

숍 이름과 로고, 숍 정보를 입력하는 것은 판매자를 소개할 수 있는 공간이다. 그렇기 때문에 셀러에게 프로필 등록은 중요하다. 입점 신청 시 아이디를 설정할 때 숍 이름과 일치하는 것을 추천했다.

그런데 미처 숍의 이름을 정하지 못하고 아이디를 결정했다면 따로 숍 이름을 설정할 수 있으니 원하는 것으로 변경한다.

이때 숍의 이름은 기억되기 쉽고 알기 쉬운 것으로 하는 것이 좋지만, 처음부터 너무 좋은 이름으로 정해야 한다고 생각하지 않아도 된다. 숍의 이름은 30일에 한 번씩 변경이 가능하기 때문이다.

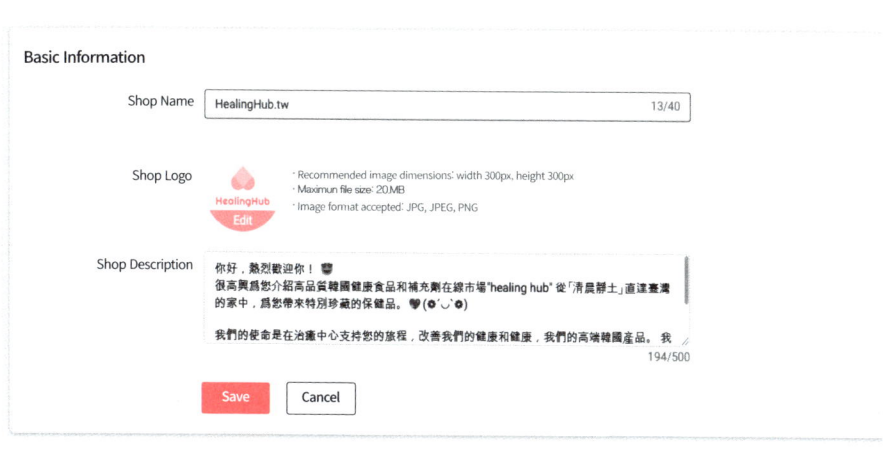

1. 숍 로고 만들기

로고 만들기는 미리캔버스나 캔바를 이용해서 만들 수 있다. 로고 템플릿을 활용해서 만들 수 있지만, 좀 더 쉽게 만들 수 있는 무료 사이트를 소개한다.

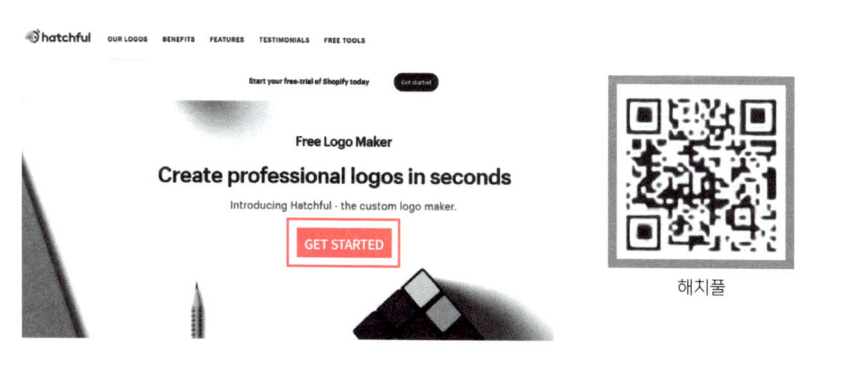

해치풀

GET STARTED를 클릭하여 시작한다.

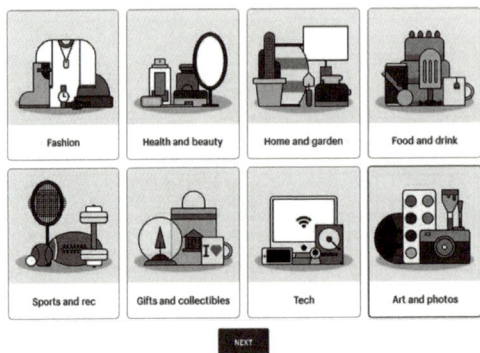

원하는 카테고리를 선택한다.

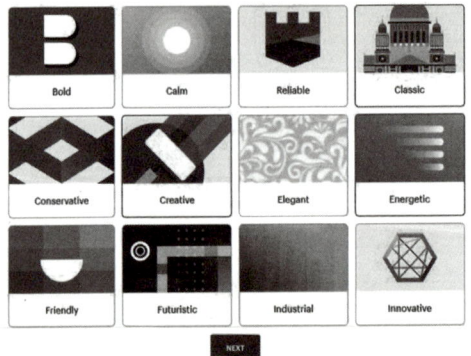

원하는 스타일을 선택한다. 총 3개까지 선택이 가능하다.

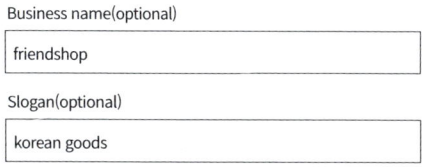

- Business name : 나의 숍 이름

- Slogan : 나의 숍 부연설명, 숍 카테고리

Slogan(슬로건)은 생략 가능하다. 테스트로 숍 이름과 숍에서 판매하는 상품에 관련해서 작성했다.

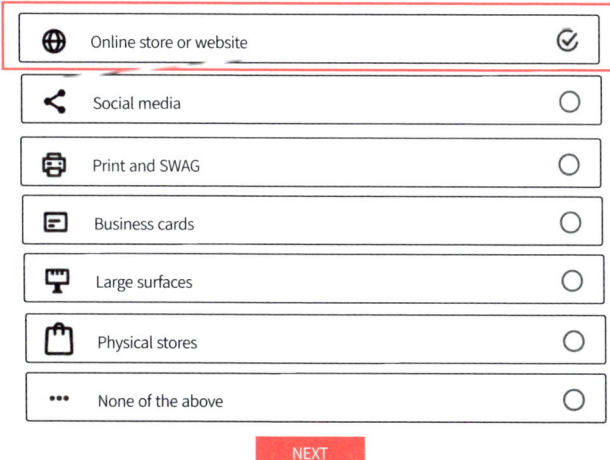

로고의 사용처를 선택한다. 중복 선택이 가능한데 숍에서 사용할 것이기 때문에 Online store or website를 선택했다.

다양한 로고가 생성된다. 만들어진 로고를 확인하고 내가 마음에 드는 것을 골라 수정 및 바로 다운로드가 가능하다. 로고의 컬러나 폰트도 변경 가능하고, 로고 안의 아이콘 모양도 어느 정도 변형이 가능하다.

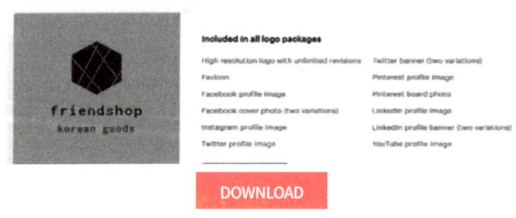

DOWNLOAD를 누르면 가입한 이메일로 로고 파일을 발송한다. 로고 파일은 압축한 파일로 내려받기가 가능한데 압축파일을 풀면 다양한 곳에 활용할 수 있는 여러 가지 로고가 확인된다. 우리는 Logo라는 파일을 활용하면 된다.

2. 숍 인사말 쓰기

나의 숍 인사말은 Shop Description 부분에 작성한다. 어떤 말을 인사말로 활용하면 좋을까? 한마디로 이 부분은 자기소개와도 같다. 내가 앞으로 숍을 어떻게 이끌어갈 것인지를 보여주는 것도 좋다. 친근한 이야기를 작성하는 것을 추천한다.

    내 숍의 방향성, 즉 내가 판매하는 상품은 어떤 상품인가? 셀러가 직접 이용해보고 좋은 것만 추천한다. 같은 이야기를 해줘도 좋다. 어떤 경로를 통해서 상품을 공급받아 판매하는지를 이야기해줘도 좋다. 보통 우리가 상품을 구매할 때 인터넷 쇼핑을 하거나 검색해보는 것들의 내용을 잘 살펴본다. 예를 들면 녹차를 구매하려고 검색을 통해 상품을 확인했다고 해보자. 녹차는 거기서 거기라는 생각을 할 수 있는데 녹차의 생산지가 제주도이고, 유기농 재배를 통해 수확했다는 이야기가 있다고 해보자. 이런 내용을 필자라면 숍 설명에 이렇게 적용해볼 것이다.

> 안녕하세요. 우리의 숍을 이용해줘서 고맙습니다. 우리의 숍에 있는 모든 상품은 최신의 생산한 상품만을 판매하고 있습니다. 모두 한국에서 직접 발송하고 있기 때문에 믿을 수 있습니다.
> 您好。感謝您使用本店。本店所有產品只銷售最新產品。都是直接從韓國發貨的,所以很可靠

    의미는 다르지만 유기농 녹차를 제주에서 생산했다는 내용을 보고 상품의 원산지 및 이 상품이 유기농이라는 점을 최신 생산품을 한국에서 발송한다는 것으로 바꿔봤다. 이처럼 우리가 인터넷으로 쇼핑을 하거나 오프라인 매장에서 물건을 살

때 어떤 점이 내가 지갑을 열게 만들었는지, 좋은 표현이 있는지 생각한다. 그리고 그런 표현들을 잘 모아두고 상품을 등록할 때, 이미지 편집할 때, 숍 설명을 작성할 때 이용하면 좋다. 이런 내용들은 갑자기 번뜩이게 생각나는 것이 아니다. 평상시 관찰하는 습관을 가지면 좋다. 좋은 표현들은 따로 저장해두고 활용할 수 있도록 한다.

대만은 번체를 이용하기 때문에 번체로 번역하여 활용한다. 번역을 할 때는 파파고를 이용하거나 구글 번역을 활용한다. 이모지를 활용해서 적절한 아이콘을 같이 섞어서 인사말을 적으면 훨씬 부드럽게 보일 수 있다(이모지 입력 단축키는 키보드 하단의 win키와 마침표 키를 같이 누르면 활용할 수 있다).

숍 스토어 프로필명 만들기

숍 스토어 프로필명은 반드시 문자만 가능하다. 특수문자 및 이모티콘을 사용할 수 없으므로 문자를 활용해서 만든다.

채팅 기능 활용 방법

쇼피는 소비자와의 소통이 중요하다. 쇼피 소비자는 한국의 정품을 구매할 때 합리적인 가격을 원하기 때문에 채팅을 통해 여러 가지 문의를 한다. 채팅에 대한 응대가 잘되면 그만큼 구매로 이어질 확률도 커진다. 채팅 기능을 적절하게 활용할 수 있도록 하자.

1. Chat Assistant

Auto-Reply

이 기능은 소비자의 채팅이 왔을 때 자동으로 응답해주는 기능이다. 바로 응답을 해주기 때문에 소비자에게 적절히 응대할 수 있다.

Chat Assistant

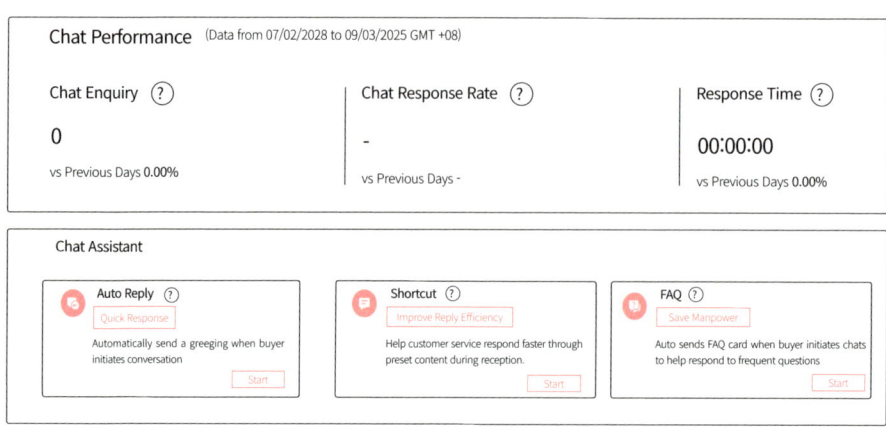

쇼피는 입점 시 8개의 마켓이 열린다. Group Auto-reply를 통해서 마켓을 그룹화하여 자동응답 메시지 설정이 가능하다.

그룹화하여 자동응답을 원하지 않을 경우에는 Shop Auto-reply를 통해서 특정 마켓에 적용할 수 있다.

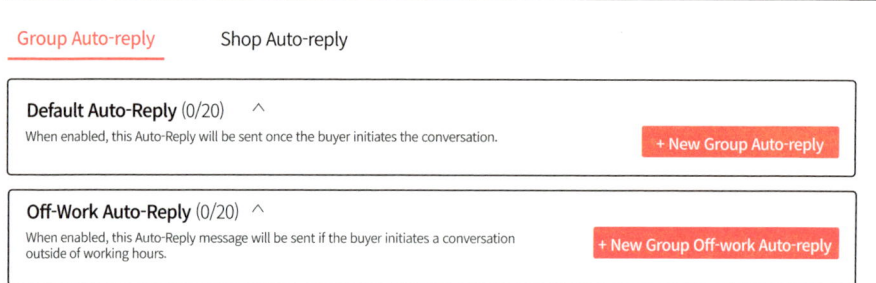

New Group Default Auto-reply

Share with	Add Shops
Group name	Input group name
Auto-reply message	You can put greetings, shop policies, promotions or any other information you wish to let customers know in the message. limitet to 600 characters

Cancel   Save

- Add Shops를 통해서 원하는 마켓을 선택한다.
- Group name을 만들어 그룹관리를 한다.
- Message에 원하는 문장을 작성한다. 설정한 메시지는 수신된 모든 메시지에 1회 자동 응답된다.

Off Work Auto-Reply 기능은 업무 시간을 설정하고 그 시간 외에 문의하는 채팅에 대해서만 자동응답 기능이 적용된다. 내가 운영하는 방향에 맞는 자동응답 서비스를 설정해서 적절하게 메시지로 응대하는 것은 도움이 된다.

Shortcuts

Shortcuts은 자동 완성 문장을 만들어주는 기능이다. 자주 이용하는 문장을 등록하고, 문의가 들어오면 신속하게 원하는 대답을 선택해서 응대할 수 있다.
총 8개의 문장을 입력할 수 있다.

Create Team shortcuts

Share with	Add Shops
Group name	Input group name 0/200

Message Shortcuts

No.	Message Shortcuts	Tag ?	Action
1	Add Message 0/500	Press the enter key to create a new tag or use existing tags. Special characters are not allowed in tag. 0/3	🗑 ✢

+ Add Message(1/20)   + Add Message from Template

Cancel   Save

- Add Shops을 통해서 원하는 마켓을 선택한다.
- Group name을 만들어서 그룹관리를 한다.
- Message에 원하는 문장을 작성한다.
- Tag는 문장을 검색해주는 단어다.
- Add Message from Template에서 추천 문장을 확인할 수 있다.

이렇게 자주 질문하는 것들은 미리 문장을 저장해두고 태그 단어 검색을 통해서 응대할 문장을 찾아 쉽게 메시지를 보낼 수 있다.

FAQ Assistant

FAQ에서는 자주하는 질문을 추려서 질문을 선택하면 질문에 대한 대답을 자동으로 확인할 수 있는 기능이다.

예상 질문에 답변을 미리 설정해둔다면 소비자는 자주 문의하는 사항에 대해서는 기다림 없이 답변을 받을 수 있다. 더불어 질문이 줄어 셀러의 CS를 처리하는 횟수가 줄어 다른 일에 더욱 집중할 수 있다.

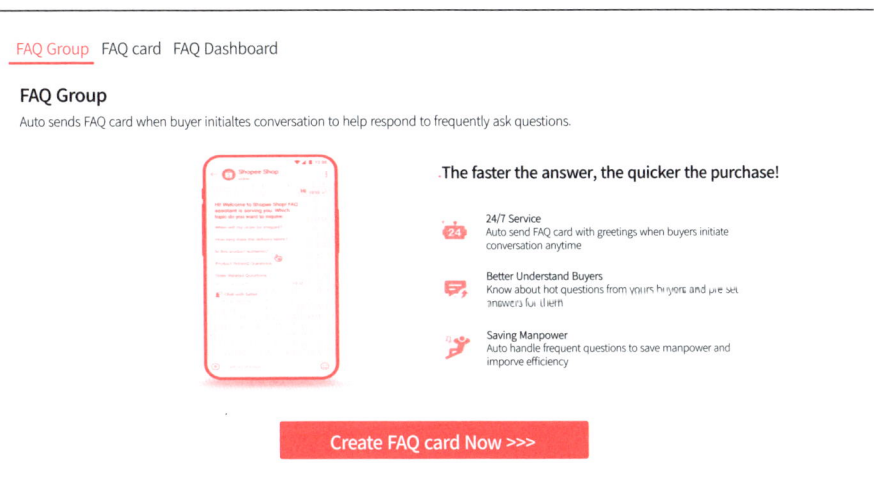

- 자주 묻는 질문에 대한 자동 응답을 만들 수 있다.

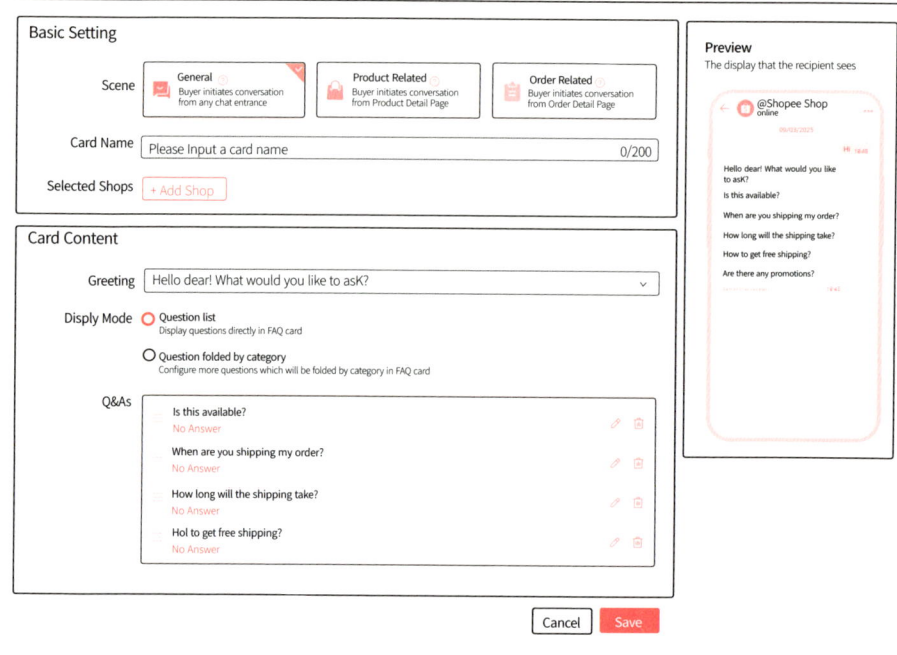

- General : 내 숍의 일반적인 질문들을 설정
- Product Related : 상품에 대한 문의를 설정
- Oder Related: 주문에 대한 문의를 설정

　FAQ는 질문에 대한 내용을 선택하면 내가 입력한 내용이 자동 답변된다. Product와 Order FAQ로 특정 상품과 특정 주문 건에 대한 문의를 설정할 수 있다.

　설정한 내용이 어떻게 확인되는지 궁금하다면 오른쪽 Priview에서 미리보기가 가능하다. 어떠한 질문이 들어올지 예측할 수 없으니 이 부분은 자동응답 설정보다는 직접 응대해주자.

chapter 4.

어떤 상품을

등록해야 할까

시장
조사하기

숍 설정까지 완료되었다면 본격적으로 상품등록을 위한 준비를 시작한다. 상품을 등록하기 위해서는 소비자들이 어떤 상품을 원하는지 알아야 한다. 어떤 상품이 인기 있고, 소비자들이 찾고 있는지 확인해보자.

1. 쇼피 셀러센터를 통해 인기 상품 확인하기

쇼피를 통해서 조사해보는 방법은 아주 쉽고 제일 많이 하는 방법이다. 그리고 가장 추천하는 방법이다. 습관적으로 물건을 살 때는 대부분 구매했던 곳에서 재구매할 확률이 높다. 쇼피에서 판매하는 셀러라면 당연히 쇼피에서 어떤 상품이 인기 있는지 알고, 그것을 준비하는 것이 도움이 된다.

셀러센터에 접속하여 Business Insights로 들어가 Selling Coach를 선택한다. 그리고 Top-selling Products를 확인한다. 카테고리별 어떤 상품을 많이 판매되었는지 한눈에 확인할 수 있고, 키워드도 확인된다.

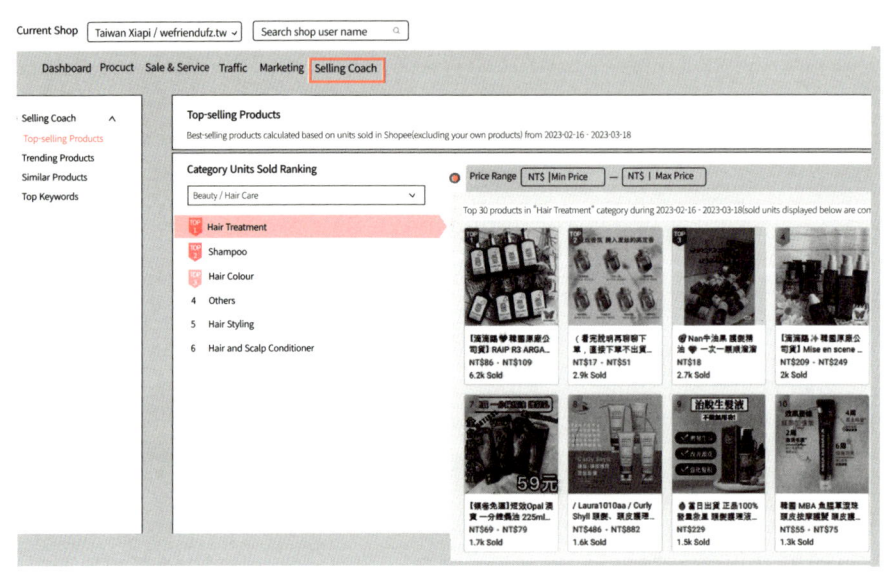

이 방법을 통해서 어떤 상품이 쇼피에서 인기가 있는지 확인하고 판매량이 많은 상품을 잘 살펴본다. 판매가 잘된 상품의 섬네일과 상품명을 참고해서 내 상품에 적용해보는 것이 좋다. 인기가 있고, 판매가 잘되는 것은 이유가 있다. 사람들의 눈에 잘 띄는 디자인이거나 검색이 잘되는 상품명을 가지고 있는 경우가 많다. 이런 것들을 잘 모아서 차후 내 상품을 등록할 때 섬네일을 만들거나 상품명을 만들 때 활용하면 도움이 된다.

잘 팔리는 상품을 확인하자!

상품을 확인했다면 상품페이지를 클릭한다. 이때 판매된 상품의 리뷰를 확인한다. 리뷰를 확인하다 보면 구매한 것을 이미지로 리뷰를 작성해주는 경우가 많다. 그런 리뷰 이미지를 확인하여 추가로 구매한 상품을 같이 확인한다. 후기의 이미지를 참고해서 어떤 상품이 추가로 구매되었는지, 잘 판매하는 셀러는 어떻게 포장해서 판매하는지 확인한다.

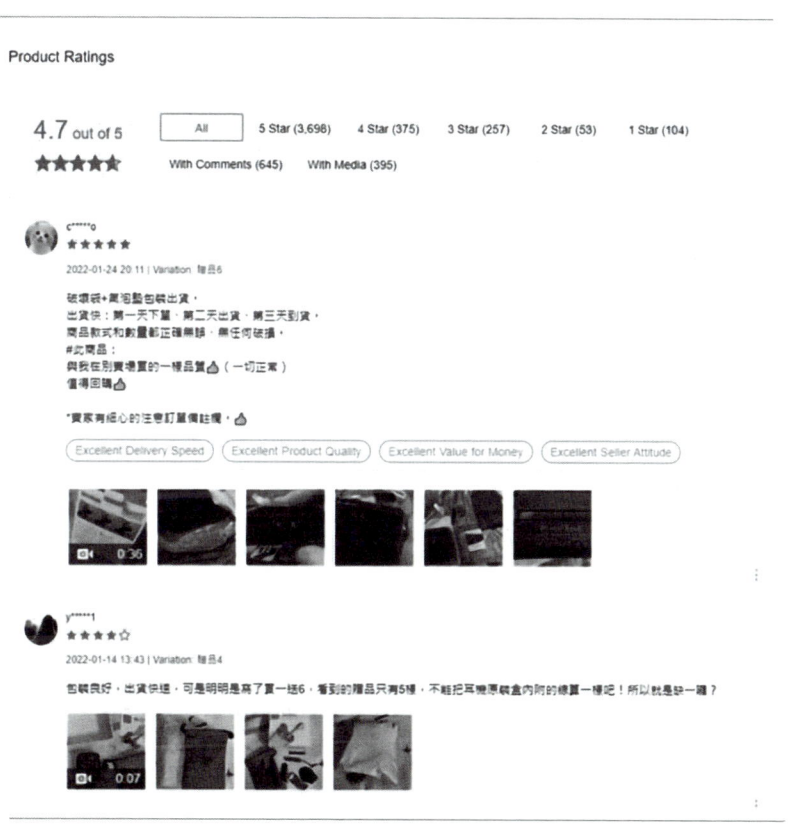

국내 쇼핑몰의 Best 상품 확인하기

쇼피를 이용하는 소비자들은 국내의 온라인 쇼핑몰을 많이 검색한다. 이미 G마켓, 11번가, 쿠팡 같은 국내 온라인 쇼핑몰을 통해서 상품을 구경하고 그것을 쇼피에서 검색해서 구매한다. 또한 한국에서 유명하고 인기 있는 상품의 수요가 높기 때문에 국내 온라인 쇼핑몰의 Best 상품을 확인하고 판매할 상품을 찾아보는 것이 도움이 된다.

1. 스마트스토어 쇼핑 Best

쇼핑 Best를 확인하면 각 카테고리별로 판매량이 많은 상품 조회가 가능하다. 원하는 카테고리를 선택하여 확인한다.

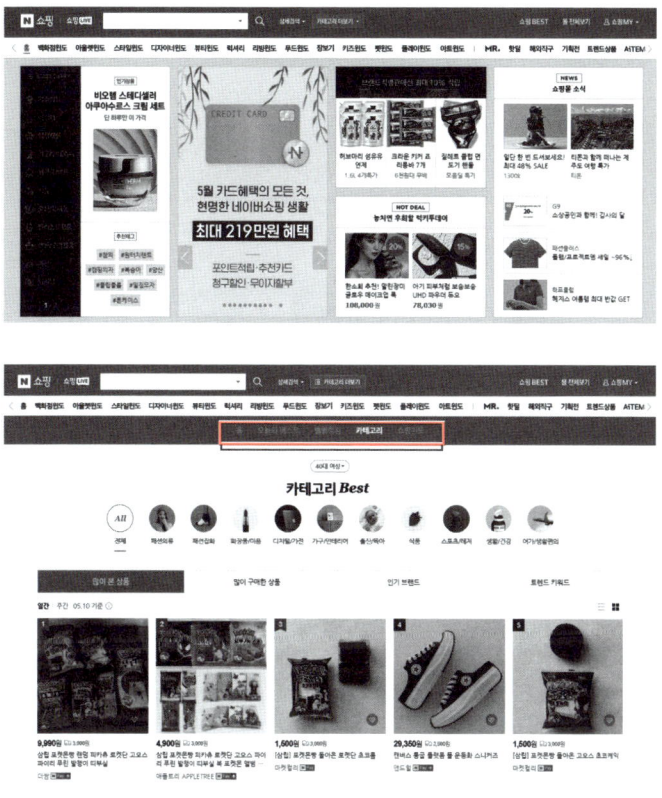

2. 글로벌 G마켓 Best Seller 확인하기

해외 소비자가 직구를 통해 상품을 구매할 때 글로벌 G마켓을 사용하는 경우가 많다. 어떤 상품이 많이 판매되고 있는지 참고해보면 좋다. 또한 Bestsellers by Region을 통해서 국가별로 어떤 상품이 판매량이 많았는지 확인이 가능하다.

3. 11번가 전 세계 배송관 국가별 베스트 확인하기

11번가 역시 해외 소비자가 직구하는 사이트 중 하나다. 국가별로 판매가 많은 상품을 확인할 수 있으니 인기 있는 상품을 잘 확인한다.

4. 코트라 해외 시장 뉴스 활용하기

해외 판매를 하는 셀러라면 코트라 해외 시장 뉴스를 자주 확인하는 것이 좋다. 코트라에서는 수출 관련한 정보를 수집하고 정리한 내용을 배포한다. 각 국가의 현지 상황이나 앞으로 어떤 상품의 수요가 많을지 알려준다.

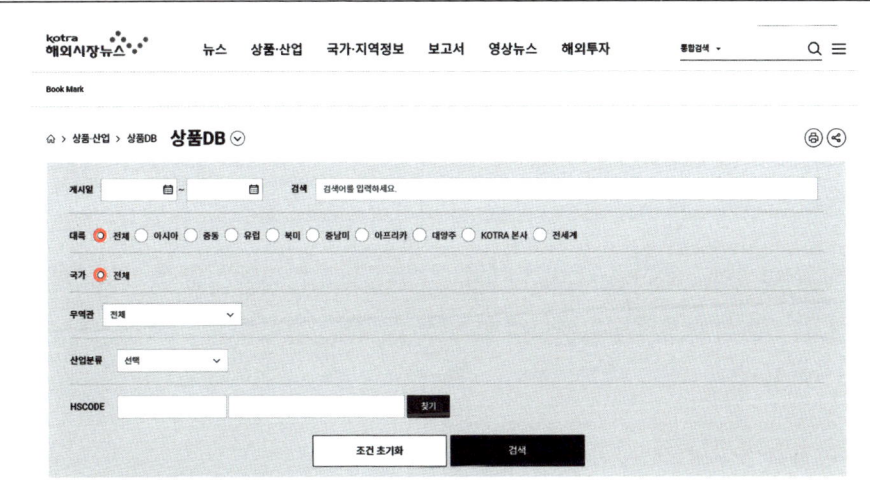

상품 DB를 통해서 원하는 국가를 확인할 수 있다.

상품 DB는 해당 국가의 현지 시장을 파악할 수 있는 자료가 된다. 자료 내에 있는 상품을 쇼피 사이트에서 검색하고 판매량을 확인해보면 소싱에 도움이 된다.

5. 구글 트렌드 확인하기

각 국가별 트렌드를 확인하고 싶을 때 키워드를 이용하여 검색해볼 수 있다. 구글 트렌드를 통해서 특정 키워드가 일정 기간 동안 사람들의 관심을 얼마나 받았는지 확인할 수 있다. 구글에서 구글 트렌드를 검색한 후 검색창에 원하는 키워드와 국가를 선택해서 검색해보면 해당 키워드의 기간별 관심사를 알아볼 수 있다. 구글 트렌드는 시간 흐름도에 따른 관심도의 변화도 한눈에 확인할 수 있다. 또한, 관련 주제 및 검색어를 추가로 확인할 수 있다. 여러 가지 키워드를 함께 비교하여 조사해볼 수 있으니 관심도를 확인하고 활용하기 좋다.

6. 상품등록 리스트 작성하기

이렇게 쇼피 홈페이지를 통해서 알아봤던 인기 상품이나 구글 트렌드에서 검색한 후 얻게 된 정보를 통해 상품을 찾았다면 리스트로 만들어두면 상품등록에 도움이 된다.

　상품을 등록할 때 셀러 대부분은 어떻게 해야 판매가 될 수 있을지에 대해서 고민을 하게 된다. 내가 올릴 상품의 경쟁상품을 확인하면서 비교해볼 것이다. 당연히 경쟁상품과 비교해야 한다. 내가 등록한 상품이 시장가격과 어느 정도 차이가 있을지, 너무 비싸거나 너무 저렴하지는 않은지 검색한다.

　하지만 초보 셀러 대부분은 가격을 비싸게 등록한다. 초보 셀러라면 이것을 기억해야 한다. 내가 판매하려고 등록하는 상품은 이미 인기가 많고, 사람들의 수요도 높은 상품이기 때문에 경쟁이 심하다. 그중 저렴한 상품이 많이 판매되고 있을 것이다. 그들과 비교하다 보면 상품을 등록하는 것이 어렵게만 느껴진다.

　고민만 계속 이어진다면 아무 일도 일어나지 않는다. 그래서 상품을 찾아봤다면 꼭 리스트를 작성한 후 상품을 등록하는 것이 좋다. 상품을 등록할 리스트를 작성하고 그것을 확인한 후 상품등록을 하면 상품을 등록하는 것에 초점이 맞춰지기 때문에 다른 일은 문제가 되지 않는다.

　등록할 리스트부터 작성하고 그것을 하루 한 개라도 등록한 후에 등록된 상품을 분석해야 한다. 한 개의 상품으로 분석이 쉽지 않으니 여러 개의 상품을 등록하고 어떤 상품에 사람들이 클릭했는지, 클릭은 있었는데 왜 판매가 안 되었는지 항상 생각하고 바꿔보아야 한다. 그러기 위해 상품 리스트를 작성해두는 것이 상품등록을 하기 위한 아주 좋은 방법 중 하나다.

　리스트 작성법은 매우 간단하다. 엑셀도 좋고, 메모장도 좋다. 상품의 이름과 국내 상품을 판매하는 최저가 쇼핑몰의 URL 주소를 함께 적어두면 도움이 된다. 찾은 상품을 계속 리스트업하면서 등록할 상품을 모아보자.

상품 소싱하는 방법

시장조사를 통해서 등록할 상품을 확인했다면 소싱할 곳을 찾아보자.

1. 도매 사이트 활용하기

도매 사이트는 상품을 미리 구매하고 직접 발송하는 사입형 도매몰과 상품을 구매하지 않아도 원하는 주소지로 발송해주는 배송 대행형 도매몰이 있다. 도매 사이트를 활용하는 경우 상품 공급업체에서 상품 이미지를 제공하는 경우가 있어 상품을 등록할 때 이미지 활용에 도움이 된다.

대표적인 사입형 도매몰은 도매꾹(www.domeggook.com)

사업자로 가입하면 일반 회원보다 저렴한 가격으로 구매할 수 있다.

배송 대행형 도매몰

온채널(www.onch3.co.kr)은 대표적인 배송 대행형 도매몰이다. 회원가입 시 사업자등록증을 첨부해야 한다.

도매매(www.domeme.com)는 도매꾹 사이트에서 만든 배송 대행형 도매몰이다. 도매꾹에 가입한 사람들은 연동해서 이용할 수 있다.

2. 온라인 사이트 활용하기

스마트 스토어나 쿠팡을 통한 상품 소싱이 가능하다. 필자는 쿠팡을 통해서 상품을 등록했더라도 판매된 상품은 스마트 스토어를 통해 다시 한번 가격을 확인한다. 요즘은 쿠팡이 최저가이면서 상품을 바로 배송해주기 때문에 많이 활용한다.

3. 오프라인 마트 활용하기

해외 관광객이 여행을 오면 필수 코스 중 한 곳은 마트인 경우가 많다. 우리도 해외 여행을 가게 되면 현지 마켓을 방문하여 여러 가지 쇼핑물품을 구매한다. 그래서 오프라인 매장을 둘러보는 것도 좋은 소싱처가 된다. 특히, 오프라인 마트라고 해서 무조건 온라인보다 비싸지 않다.

오히려 프로모션 같은 다양한 행사를 통해서 온라인보다 저렴한 경우가 종종 있다. 마트를 방문할 때 우리 집 장보기만 하지 말고 어떤 상품을 팔아볼까 둘러보는 것도 좋은 방법이다.

4. 오프라인 도매처 활용하기

서울에는 동대문, 남대문뿐만 아니라 화곡동에 도매업체가 모여 있다. 화곡동에 위치한 도매업체들은 화장품부터 잡화, 장난감까지 다양하다. 국내에서 판매하는 많은 온라인 쇼핑몰 또한 이런 업체에서 구매 후 판매하는 경우가 많다. 그러므로 발품을 팔아서 화곡동 도매업체를 돌아다니면서 상품을 소싱하면 도움이 된다. 서울뿐만이 아니다. 내가 사는 동네 슈퍼에 유통되는 물건들을 판매하는 중간 도매업자가 지역마다 있으므로 각 지역에 있는 도매유통사를 방문해보자.

필자는 현재 대전에서 판매를 하는데 대전 지역을 조사하니 유통전문단지가 있었다. 유통단지를 돌아다니면서 상품의 가격을 조사하고, 어떻게 공급받을 수 있는지 문의하여 온라인보다 저렴하게 상품을 공급받을 수 있었다.

모든 상품이 다 저렴하지 않다. 그리고 이런 오프라인 유통업체는 현금으로 거래가 이루어지기 때문에 카드로 구매하기 어렵다. 화곡동의 도매업체는 한 개만 구매할 수 있고, 카드로도 구매가 가능하니 참고하자. 본인의 자금 사정에 맞춰서 활용 여부를 결정하자.

5. 국내 소싱 박람회 활용하기

국내에 있는 많은 제조업체는 판로를 찾고 있다. 이때 활용하는 것이 바로 박람회다. 박람회는 주로 코엑스나 킨텍스 같은 곳에서 열린다. 박람회 일정은 코엑스나 킨텍스 홈페이지를 통해서 확인이 가능하다. 박람회에 참여한 후에는 박람회가 열릴 때마다 알림을 받을 수 있도록 신청하면 박람회 일정에 맞춰 문자나 카톡으로 보내준다.

박람회를 방문하기 전에 어떤 상품이 참여하는지 미리 홈페이지를 통해 확인한다. 확인하지 않고 박람회에 참석하게 되면 너무 많은 상품의 홍수 속에서 정작 봐야 할 상품을 놓치는 경우가 있다. 미리 관심 있는 상품이나 브랜드를 확인하고 방문하자. 그리고 상품의 샘플을 확인하고 해외 판매 셀러임을 이야기하면서 위탁으로 판매가 가능한지, 어떻게 공급받을 수 있을지 문의한다.

보통 박람회를 방문해보면 잘되는 업체, 즉 내가 판매하고 싶은 상품을 가진 업체들은 인기가 많다. 그렇기 때문에 그 자리에서 열심히 설명을 듣는 것은 쉽지 않다. 더불어 보통은 업체마다 제휴를 담당하는 부서가 따로 있기 때문에 효율적인 공급을 논의하기 위해선 그들의 명함을 받고 미팅을 따로 잡는 것이 좋다.

상품은 꼭 재고를 두고 팔아야 할까?

상품을 미리 사면 저렴하게 사서 비싸게 팔 수 있지 않을까 생각해서 팔릴 것 같은 상품을 미리 대량으로 구매하는 경우가 있다. 물론 미리 대량으로 구매하고 그 상품이 잘 판매되는 경우가 있을 수 있다. 그렇지만 그런 경우는 극히 드물다. 유통업을 오래 한 경우라도 그것은 쉬운 일이 아니다. 해외 판매는 문화부터가 다르고, 언어도 다르기 때문에 어떤 키워드를 써야 하는지 제대로 파악하기도 힘들다. 이런 경우에는 먼저 시장조사를 통해 그들이 원하는 상품을 철저히 분석하고 확인해야 한다. 그렇게 파악한 자료를 토대로 인기 있는 상품을 등록하고, 판매가 이루어지게 되면 그때 5~10개씩 소량부터 시작한다. 꾸준하게 판매가 이어진다면 저렴하게 구입하기 위해 사입을 늘린다.

책 속 부록

초보 셀러라면
상품등록 전 꼭 확인하세요!

1. 상품등록할 때 주의해야 할 점!

쇼피를 시작할 때 궁금한 것 중 하나는 어떤 상품을 등록할까 하는 것이다. 잘 팔리는 상품이 무엇이고, 그것을 어떻게 판매할까. 이런 것들이 궁금한데 여기서 중요한 것은 아무거나 등록해서 판매할 수 없다는 것이다. 또한, 내가 등록을 많이 하고 싶다고 해서 무작정 등록할 수도 없다. 리스팅 개수가 제한되는 경우가 있는데, 어떤 경우인지 확인해보자.

쇼피는 해외로 물건을 판매하는 것이다. 그렇기 때문에 해외 반입이 안 되는 상품은 판매할 수 없다. 대표적으로는 냉장, 냉동식품이다. 냉장, 냉동식품은 국내에서도 특수하게 포장하여 발송해야 하는 품목이다.

특성상 비행기를 통해 배송이 안 되는 품목들이 있다. 대표적인 것이 건전지나 폭발 위험이 있는 스프레이 종류다. 그 외에 어떤 것들이 있는지 확인하자. 쇼피에서 제공하는 자료는 추가로 이슈가 발생하면 업데이트가 되기 때문에 자주 들어가서 확인해보는 것이 좋다.

발송 제한 및 금지 품목
(쇼피코리아)

2. 선적 금지 확인하기

해외 판매 특성상 항공으로 발송이 불가한 품목을 확인한다. 품목은 선적 이슈가 있을 때 업데이트될 수 있으니 최신 버전을 항상 확인한다. 국가별로 선적 금지 품목이 상이하므로 각 국가별 선적금지 품목도 꼼꼼하게 확인한다.

분류	상품 예시
폭발물	폭죽, 불꽃놀이 제품, 탄약, 최루탄, 연막탄, MSDS 또는 화물에 폭발물 마크
가스물	에어로졸/스프레이타입 실린더 타입의 모든 물질(산소, 질소, 헬륨 실린더, 부탄가스, LPG실린더), 라이터, MRI 장비, 소화기, MSDS 또는 화물에 가스물 마크
인화성 액체	접착제 스프레이, 향수, 디퓨저, 매니큐어, 페인트, 접착제, 아세톤, 가솔린, MSDS 또는 화물에 인화성 액체 마크
인화성 고체	성냥, 황, 페인트 원료물질(Aluminum paste), 석탄, 숯, MSDS 또는 화물에 산화성 물질 마크가 있는 경우
산화성 물질, 유기 과산화물	염색약, 제모크림, 표백제, 세척제, 과산화수소 등 MSDS 또는 화물에 산화성 물질 마크가 있는 경우
독성, 감염성 물질	살충제, 청산가리, 바이러스, 박테리아, 의료용 폐기물, 기타 위험물 기준에 부합되는 독성 물질, MSDS 또는 화물에 독성, 감염성 물질 마크가 있는 경우
방사성 물질	동위원소가 들어간 제품들로 주로 의료용 제품들, 비파괴 검사기계(건설 및 산업용), MSDS 또는 화물에 방사능 마크가 있는 경우, 방사성물질 담았던 빈 용기
부식성 물질	보조배터리, 수은온도계, 자동차 배터리, 전해액이 있는 배터리, 황산/질산/암모니아 등 산성 및 알칼리성 물질, 수은/수은이 들어간 제품, MSDS 또는 화물에 부식성 물질 마크가 있는 경우
기타 위험 물질	에어백, 오일(차량, 기계류 사용 한정), 중고 자동차/중고 오토바이, 드라이아이스(위험물의 냉매 목적), 배터리/전지(리튬이온 배터리, 리튬메탈 배터리 등 배터리 단독 선적 불가, 제품과 배터리가 결합된 경우라도 항공 보안규정에 따라 선적불가할 수 있음), 자석 및 자석이 들어간 제품(대형 스피커 등), 에어백, MSDS 또는 화물에 기타 위험 물질 마크가 있는 경우

통관 불가 품목 (현지반입 및 판매 제한)	장난감 총, 도검류, 칼날 15cm 이상의 주방용 칼(또는 가위), 마약류, 의약품, 의료 보충제, 위조지폐, 도장, 신용카드, 복권, 성인용품, 전자담배, 담배, 종교서적, 귀금속, 우표, 냉장 보관 및 상할 수 있는 식품류 등

출처: 쇼피 셀러 가이드

금지 품목은 항공 입고 시에 공항 터미널의 X-ray 검사에서 적발되는 경우가 많다. 이때 선적 금지 품목으로 적발되는 경우 물품이 폐기되거나 반송 처리된다. 또한, 적발된 경우 당일 선적된 제품이 모두 취소되어 다른 판매자의 상품까지 선적되지 않아 배송지연의 피해를 입힐 수 있으니 주의해야 한다.

위험화물로 분류된 상품에 대해서는 쇼피물류 CS를 통해 MSDS 신청 및 승인이 필요하다. 건전지나 충전식 전자기기 등이 이에 해당한다. 제조사를 통해 MSDS 관련 자료를 요청하여 첨부하고 신청서를 작성한다. 작성한 내용을 확인한 후 위험물이 아니라고 판정될 경우 발송이 가능하다. 그렇지 않은 경우 발송이 불가할 수 있다. 자세한 검토 신청은 물류운영지원팀에 문의하여 확인하자.

쇼피코리아 헬프센터
선적 가능 여부 확인 신청서

3. 판매 금지 확인하기

항공 특성상 발송이 안 되는 금지 품목이 있고, 국가와 판매하는 셀러의 특성에 따라 판매할 수 없는 품목이 있다. 판매가 금지된 품목을 국가별로 잘 확인해서 상품을 등록해야 한다.

각 국가별로 판매가 가능한 품목이 다르기 때문에 국가별로 이동해서 확인할 수 있다. 이때 번역 기능을 통해서 더욱 자세하게 볼 수 있고, 해당 내용은 수시로 변경될 수 있으니 QR코드를 통해 확인하자.

판매 금지 품목 안내
(쇼피코리아)

CB는 크로스 보더$^{Cross\ Border}$를 의미하는 것으로 이 책을 보는 대부분의 셀러가 포함된다. 어떤 품목이 해당하는지 자세하게 확인한다. 판매 금지 품목은 변경될 수 있으니 새로운 상품을 등록할 때 꼭 재확인이 필요하다. 특히 대만을 주력으로 하는 셀러라면 대만은 돼지고기 수입이 엄격히 금지되어 있음을 꼭 기억하자. 햄, 소시지 등의 돼지고기 함유가 의심되는 제품을 등록하지 않는다. 필자는 소시지를 등록하여 숍이 정지되는 경험을 했다. 숍이 정지된 후에는 절대 정지를 풀어주지 않는다. 그러니 식품을 판매하려는 셀러라면 이 부분을 꼭 기억하여 불이익이 없도록 한다. 2023년 4월 19일 이후 식품 및 가전제품 카테고리는 판매 제한되었다 (판매 가능 시 쇼피에서 공개 예정).

4. 상품 리스팅 개수 제한

처음 시작하는 셀러에게 있어서 상품을 많이 등록할 수 있는 것은 큰 장점이다. 쇼피에서는 입점 이후 판매량에 따라 등록할 수 있는 상품의 수를 제한하고 있다. 처음 입점하는 경우 브라질, 대만을 제외하고는 입점 후 120일 미만까지는 1,000개의 상품등록이 가능하다. 브라질과 대만은 500개까지 등록이 가능하다. 입점 후

120일 이상이 지나면 판매된 개수에 따라 상품등록을 할 수 있는 수량이 제한된다. 말레이시아, 싱가포르, 필리핀, 태국, 베트남의 경우 다음 표를 확인하자.

셀러 유형	리스팅 제한 조건 1 (입점 후 운영 기간, unique buyer)	리스팅 제한 조건 2 (최근의 주문 이행 완료 건)	리스팅 제한 기준
신규 숍	입점 후 120일 미만 운영	-	1,000
비활동 숍	입점 후 120일 이상 운영	최근 90일 동안 총 주문 이행 완료 건이 0개인 경우	100
초보 숍	입점 후 120일 이상 운영	최근 30일 동안 총 주문 이행 완료 건이 5개 미만인 경우	500
		최근 30일 동안 총 주문 이행 완료 건이 5개 이상인 경우	1,000
중규모 숍	입점 후 30일 이상 운영 숍 그리고 unique buyer 5~100명	최근 30일 동안 총 주문 이행 완료 건이 30개 이상인 경우	3,000
중급 셀러	입점 후 30일 이상 운영 숍 그리고 unique buyer 100명 이상		5,000
Preferred 셀러	우수한 성과로 Preferred Seller를 부여받은 판매자	-	10,000
공식몰 셀러	공식몰(Offical Mall) 전환 셀러	-	20,000

출처: 쇼피 셀러 가이드

다음은 브라질, 멕시코, 대만이다.

셀러 유형	리스팅 제한 조건 1 (입점 후 운영 기간, unique buyer)	피스팅 제한 조건 2 (최근의 주문 이행 완료 건)	리스팅 제한 기준
신규 숍	입점 후 120일 미만 운영	-	브라질/대만: 500 멕시코: 1,000
비활동 숍	입점 후 120일 이상 운영	최근 90일 동안 총 주문 이행 완료 건이 0개인 경우 또는 최근 30일 동안 performing listing이 0개인 경우	100
비활동 숍	입점 후 120일 이상 운영	최근 30일 동안 총 주문 이행 완료 건이 5개 미만인 경우 또는 최근 30일 동안 performing listing이 1개 이상인 경우	500
초보 숍	입점 후 30일 이상 운영	최근 30일 동안 총 주문 이행 완료 건이 5개 이상인 경우 또는 최근 30일 동안 performing listing이 10개 이상인 경우	1,000
중규모 숍	입점 후 30일 이상 운영 숍 그리고 unique buyer 5명 이상	최근 30일 동안 총 주문 이행 완료 건이 30개 이상인 경우 또는 최근 30일 동안 performing listing이 50개 이상인 경우	3,000
중급 셀러	입점 후 30일 이상 운영 숍 그리고 unique buyer 100명 이상	최근 30일 동안 총 주문 이행 완료 건이 50개 이상인 경우 또는 최근 30일 동안 performing listing이 100개 이상인 경우	5,000

Preferred 셀러	우수한 성과로 Preferred Seller를 부여 받은 판매자	-	10,000
공식몰 셀러	공식몰(Offical Mall) 전환 셀러	-	20,000

출처: 쇼피 셀러 가이드

개수를 무조건 많이 등록할 필요는 없지만, 처음 시작할 때는 상품을 많이 등록해서 어디서 무엇을 검색하든 내 상품이 보일 수 있도록 확률을 높이는 것을 추천한다. 그렇게 등록하더라도 숍의 판매량에 따라 개수는 줄어들 수 있다. 그러나 열심히 꾸준히 일한다면 판매는 당연히 할 수 있기 때문에 너무 조급하게 걱정하지 않아도 좋다.

chapter 5.

쇼피,

잘 팔리는 상품으로 등록하는 법

상품등록 1단계: 이미지

등록할 상품의 리스트를 작성했다면 이제 상품을 등록할 차례다. 쇼피 상품등록을 위해서 이미지를 준비한다. 이미지는 직접 촬영하거나 편집한 이미지를 사용하는 것을 추천한다. 이미지 개수는 1~8개까지 등록이 가능하다. 초보 셀러들은 이미지 대략 3~5장 준비를 추천한다. 처음 시작하는 셀러는 대부분 이미지를 능숙하게 편집하기 어렵기 때문에 상품등록 시간을 단축하기 위해 3~5장가량의 이미지를 준비하자.

1. 상품 이미지 기본 사항 확인하기

쇼피 이미지 사이즈는 정사각형으로 1024×1024픽셀 정사각형으로 준비한다(쇼피 권장 사이즈). 이미지 파일 형식은 JPG, JPEG, PNG이며, 최대 2MB까지 등록 가능하다.

상품을 검색하면 가장 먼저 보이는 이미지가 섬네일이다. 섬네일은 기본적인 상품 이미지다. 그렇기 때문에 화질이 선명하고 명확한 이미지를 활용한다. 상품을 직접 볼 수 없기 때문에 자세한 상품 이미지를 등록한다. 상품의 정면, 측면, 상품을 사용하는 방법 등을 추가 이미지로 활용한다.

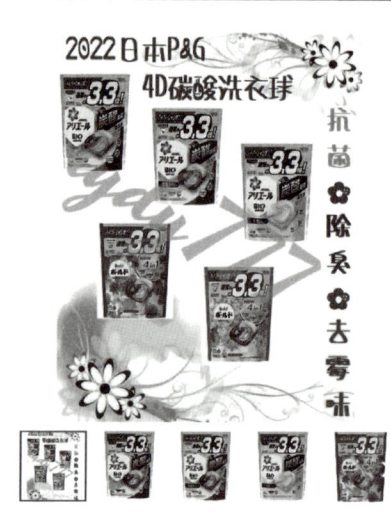

2. 핸드폰 카메라로 사진 촬영하는 방법

핸드폰 카메라를 이용해서 상품 사진을 촬영한다. 전문적인 장비나 스튜디오가 따로 없어도 간편하게 사진 촬영이 가능하다. 전문가가 아니라도 상품 사진을 잘 찍는 기본 방법의 첫 번째는 바로 핸드폰 카메라를 잘 닦는 것이다. 핸드폰 카메라를 안경닦이 같은 저자극 소재의 천으로 잘 닦아서 촬영한다면 좀 더 선명한 사진을 찍을 수 있다. 상품을 촬영할 땐 사진의 크기를 2배(2×)로 촬영하여 손 그림자를 방지할 수 있다. 상품을 촬영할 때 구도를 잘 잡기 위해서 수직/수평 안내선을 활용한다.

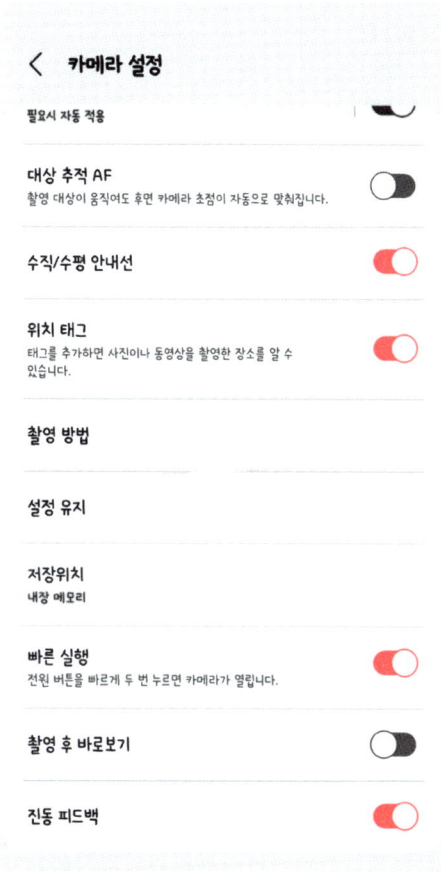

카메라 설정을 누르면 [수직/수평 안내선]을 활성화한다.

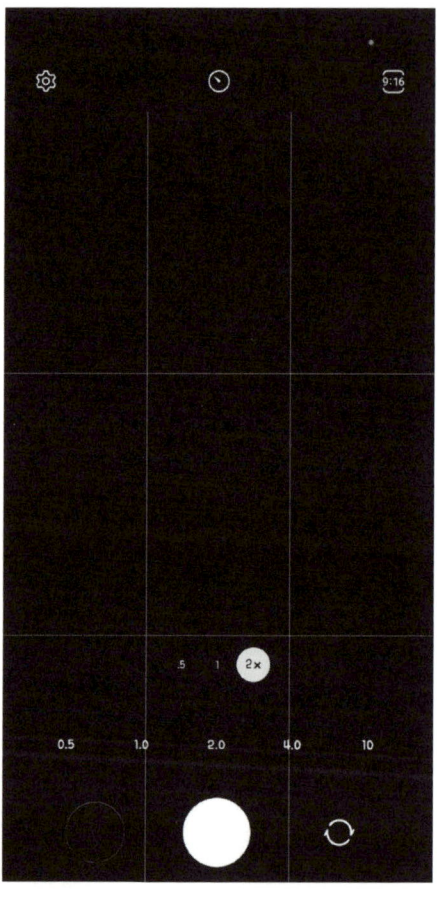

선을 활용하여 상품 구도를 잡는다. 손 그림자를 없애기 위해 2배 촬영을 선택한다. 제품 사진을 촬영했다면 이미지 밝기를 밝게 조절하여 상품의 이미지를 더욱 선명하게 변경한다.

3. 무료 이미지 편집 사이트 간편 활용법

이미지 디자인을 위해 포토샵을 아주 잘할 필요는 없다. 무료로 활용할 수 있는 사이트를 통해서도 얼마든지 상품 디자인을 할 수 있다. 유용한 사이트를 몇 가지 추천한다.

상품의 이미지 배경을 지울 수 있는 무료 사이트(리무브 bg: www.remone.bg/ko)

상품 이미지의 배경을 지울 때 활용한다. 가입 없이 바로 이용 가능하다

이미지 편집 사이트 미리캔버스(www.miricanvas.com)

다양한 탬플릿이 있어 이미지 편집이 쉽고 간편하다. 무료로 활용 가능하다.

가입하여 활용하면 이미지 작업을 쉽게 사용할 수 있다. 쉽게 편집할 수 있는 기능과 간편한 편집을 위해 몇 가지 기능을 알아보자. 미리캔버스에는 다양한 템플릿이 있다. 템플릿이란 미리 만들어놓은 디자인 틀을 의미한다. 템플릿을 활용하면 따로 디자인에 대해 배우지 않았어도 디자이너처럼 편집할 수 있다.

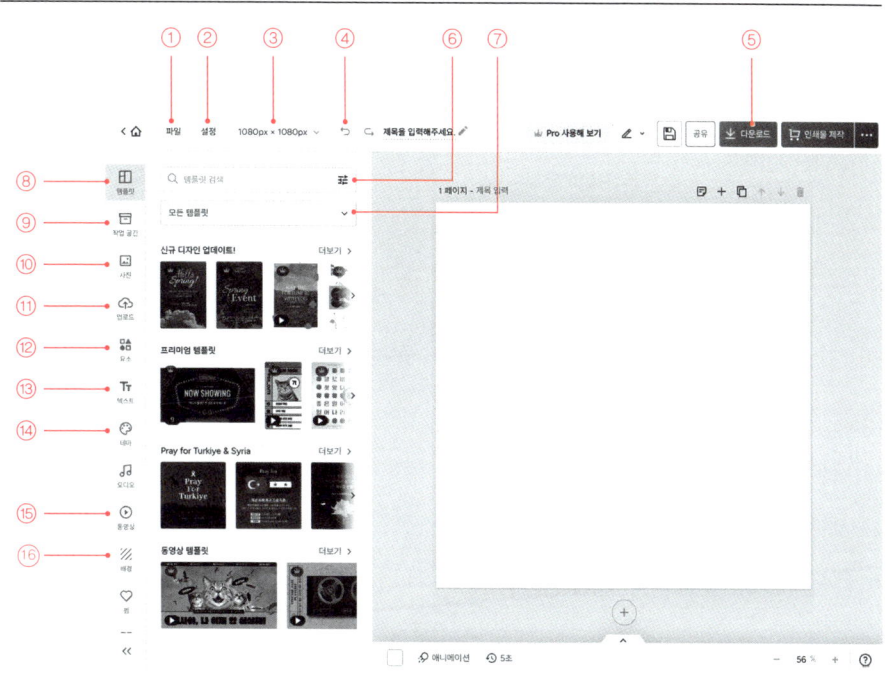

다음 기능을 활용하여 이미지 편집이 가능하다.

① 파일: 내 파일 추가
② 설정: 세부 설정
③ 1080px×1080px: 이미지 사이즈 변경
④ 되돌아가기
⑤ 다운로드: 사진 다운받기
⑥ 검색어 검색
⑦ 디자인 템플릿 검색
⑧ 템플릿: 기본 디자인

⑨ 작업 공간: 내가 만든 이미지
⑩ 사진: 인터넷 무료 이미지 다운로드
⑪ 업로드: 내 이미지 업로드
⑫ 요소: 여러 가지 꾸미기 도구
⑬ 텍스트: 글자 넣기
⑭ 테마: 색 조합
⑮ 동영상: 동영상 만들기
⑯ 배경 꾸미기

원하는 이미지를 캔버스로 옮긴다. 마우스 오른쪽 버튼을 클릭해 배경을 만든다. 배경 편집을 활용하여 사진의 밝기를 조절할 수 있다. 왼쪽 메뉴에서 다양한 아이콘이나 도형 등을 추가할 수 있다.

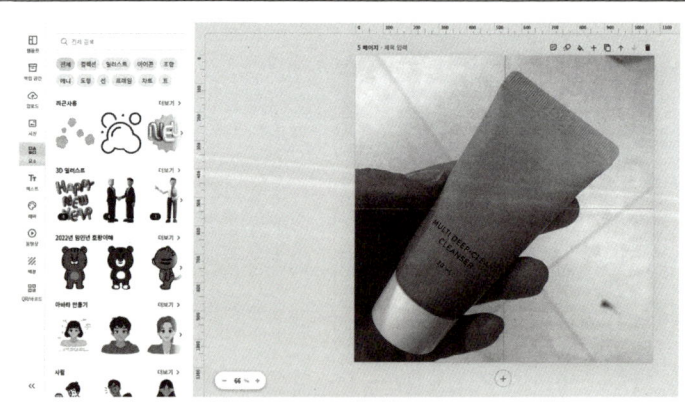

원하는 도형 및 스티커 등의 아이콘을 추가할 수 있다.

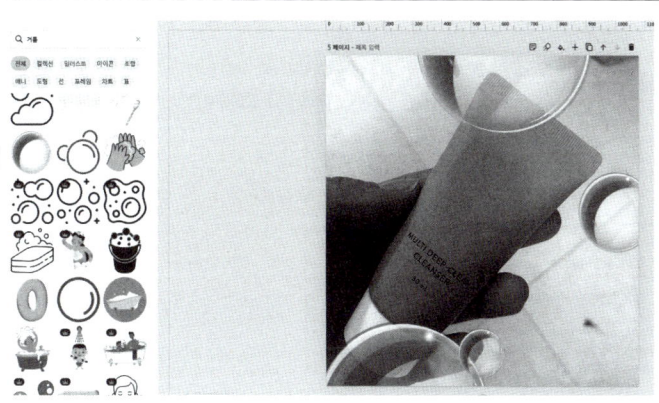

　원하는 스티커를 적절하게 추가하여 이미지를 편집한다. 일부 유료 서비스가 포함되어 있는데, 심플하게 상품을 디자인하는 경우에는 무료로 활용해도 충분하다. 하지만 다양한 디자인을 활용하고 싶다면 결제 후 유료로 활용해도 사용할 수 있는 것들이 많으니 디자인에 욕심이 있다면 유료 서비스를 이용해보자.

　이미지 편집이 마무리되었다면 파일을 다운받는다. 다운받을 때 이미지 용량을 줄이기 위해 파일 형식은 PNG로 받는 것을 추천한다.

해외 감성으로 편집할 수 있는 Canva(https://www.canva.com/ko_kr/)

　해외에서 만든 템플릿 사이트 Canva를 통해서 디자인이 가능하다. 미리캔버스의 템플릿은 우리나라의 감성으로 만들 수 있는 것들이 많다면 Canva는 해외에서 만든 사이트이기 때문에 해외 감성으로 만들 수 있는 탬플릿이 많다.

　　Canva 역시 무료로 가입 가능하다. 일부 디자인은 유료로 활용이 가능하나 무료로 활용해도 충분히 편집이 가능하다. 이메일을 이용해서 가입한다.

　　추천 항목에 다양한 디자인의 템플릿이 확인된다. 오른쪽 상단에 디자인 만들기를 눌러 사용자 지정 크기를 넣는다.

　　이미지는 사이즈 픽셀은 1024×1024로 지정한다.

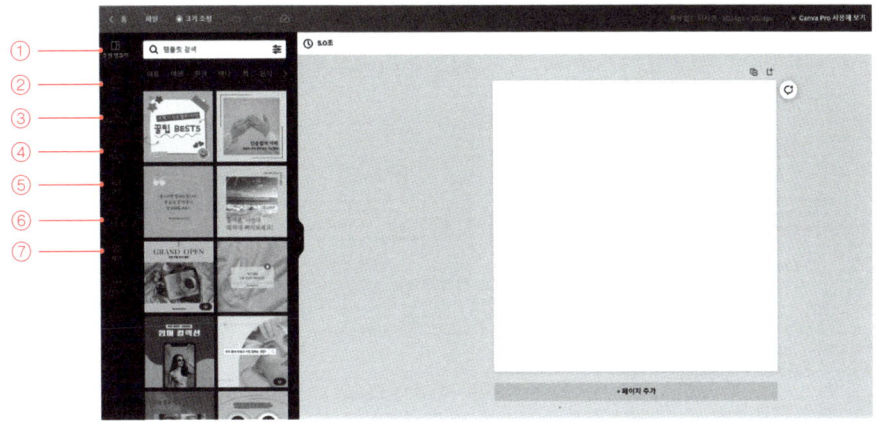

① 추천 템플릿: 기본 디자인
② 요소: 여러 가지 꾸미기 도구
③ 업로느 항목: 이미지 목록
④ 텍스트: 글자 넣기
⑤ 사진: 인터넷 무료 이미지 확인
⑥ 스타일: 색상 조합
⑦ 배경: 배경 꾸미기

이용 방법은 미리캔버스와 동일하다.
다양한 템플릿을 활용해서 편집 가능하다.

원하는 템플릿을 고르고 사진을 변경한다. 이렇게 사진 변경 및 글자만 변경해도 이미지가 완성된다. 디자인을 더하고 싶다면 다른 요소를 눌러 여러 가지 아이콘을 추가해본다.

이미지 편집이 끝났다면 파일을 다운로드한다. 파일형식을 PNG로 설정하고 다운로드 받는다.

포토샵을 사용하지 못해도 미리캔버스나 Canva를 활용해서 이미지를 편집할 수 있다. 두 가지를 모두 활용해보고 사용이 쉬운 것을 이용하자. 둘 다 적절하게 활용하는 것도 좋은 방법이다.

상품등록 2단계:
마진 설정하기

상품등록을 위한 두 번째 준비는 바로 마진 설정이다. 상품을 얼마에 판매하고 마진을 어떻게 설정할지 고민하는 경우를 많이 보게 된다. 처음 시작하는 셀러들은 다른 상품과 가격을 비교하여 마진을 설정하는 것이 쉽지 않다.

다른 상품의 가격을 따라 하고 싶은데 막상 내가 상품을 구매하고 발송할 때 많은 비용이 들기 때문이다. 상품의 마진은 몇 %가 적당할지에 대해 의문을 가지는 경우가 많은데, 마진은 상품에 따라 다르지만 보편적으로 20~30%로 적용하는 것이 적당하다. 마진 설정은 일을 하다 보면 자연스럽게 나만의 방법이 생기게 된다. 포장을 직접 해서 보내는 경우 구매하는 박스의 가격과 포장 방법에 따라 완충재의 가격 등이 다르기 때문이다. 어느 정도 판매가 시작되고 익숙해지게 되면 내가 가지고 있는 최대한의 장점을 활용하여 나만의 마진을 설정할 수 있는 노하우가 생긴다. 그전에 기초 마진 설정 방법을 확인하고 시작해보자.

1. 마진 설정의 기본은 배송비

상품이 판매된 후 구매자에게 전달되는 과정을 잘 이해한다면 마진 설정의 기본이 잡힌다. 우리는 상품을 어딘가에서 구매할 것이다. 구매할 때 배송비가 발생하는 상품이 있고, 무료로 배송되는 상품이 있다.

주문한 상품은 셀러가 직접 받아서 상품을 다시 포장하여 직접 발송하거나, 약 1,800~2,500원가량의 비용을 부담하여 배송 대행지를 통해 배송할 수 있다. 물론 직접 포장을 하는 경우도 택배를 통해 보내야 하는 경우가 있다. 배송에 대한 내용은 부분은 chapter 8에서 자세하게 다시 확인한다.

상품 가격의 구성은 이렇게 볼 수 있다. 상품을 구매할 때 무료 배송이 아닌 경우 최소 2,500원의 배송비가 부과된다. 또한 배송 대행지 비용을 추가하게 되면 약 2,000원가량의 금액이 추가된다. 상품 무게에 따른 항공 배송비도 추가된다. 유통업은 결국 배송 단계를 얼마나 거치느냐에 따라 가격이 결정된다는 것을 이 구성을 통해 알 수 있다.

> 판매 가격 = 상품 구매 원가 + (무료 배송 아닌 경우)택배비 + 배송 대행지 비용(직접 택배 발송 시 택배비용) + 쇼피 판매수수료(FSP, PG사 수수료+판매수수료) + 항공 배송비 + 마진

상품 가격을 정할 때 무료 배송이 아닌 상품은 어떻게 비용을 줄일 수 있을지 생각해보면 가격을 결정하는 데 도움이 된다.

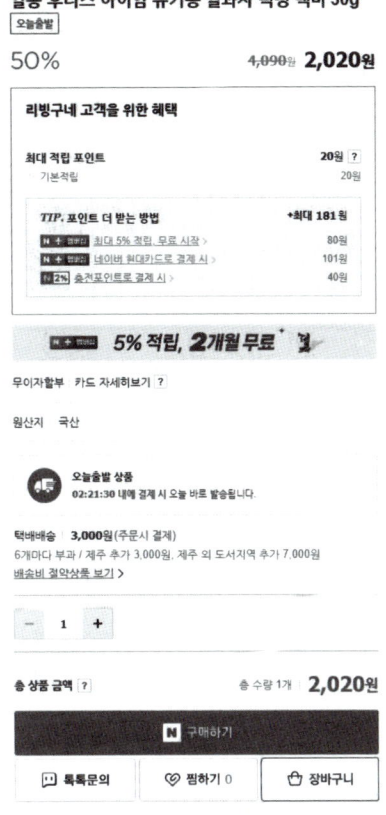

　예를 들어 이 상품을 판매한다면 6개마다 3,000원의 배송비가 적용된다. 이때 1개를 판매하게 되면 개당 5,020원으로 판매해야 한다. 하지만 6개를 구매하는 경우 배송비 3,000원을 6개의 상품으로 나눠서 배송비를 쪼갤 수 있다. 그렇게 되면 개당 가격은 2,520원이 된다. 이런 경우 1개를 등록하는 것보다 6개를 묶음으로 판매하는 것이 효율적이다.

상품 가격을 정할 때 마진은 넉넉히 넣어주는 것이 좋다. 왜냐하면 추가 할인 바우처를 이용하는 경우가 있고, 여러 가지 마케팅 툴을 통해 추가 할인되는 경우가 있기 때문이다. 상품의 가격을 최초 등록할 때는 약 30% 이상 높게 등록한다. 쇼피의 구매자들은 상품 구매 시 할인 혜택이 있는 것을 선호한다. 그렇기 때문에 내가 판매할 금액이 정해졌다면 등록할 때는 그 금액보다 30% 이상의 금액으로 등록하고, 디스카운트 프로모션을 통해 가격을 조절한다. 디스카운트 프로모션(Discount Promotion)은 chapter 6에서 확인한다(202쪽 참고).

2. 마진 설정 엑셀파일 활용 방법

쇼피에서는 마진 설정을 도와주기 위해 엑셀파일을 제공하고 있다. 쇼피 셀러 가이드를 통해 물류 가이드를 확인하면 각 국가별 상품 가격 설정 엑셀파일이 있다. 상품의 마진 설정을 도와주는 엑셀파일로 다운받아서 사용할 수 있다.

마진 설정 엑셀파일
다운로드

붉은색 부분은 셀러가 직접 작성해야 하고, 나머지 영역은 수식이 입력되어 있다. 셀러 일에 익숙해지다 보면 자신만의 노하우가 생기고, 엑셀 수식을 잘 다루는 사람들은 본인이 이용하기 편리한 방법으로 변경하여 활용하기도 한다.

마진이란 정확하게 맞추기는 어렵다. 왜냐하면 한 명이 여러 개의 물건을 구매하는 경우 포장할 때 무게가 예측한 것보다 적거나 커질 수 있기 때문이다. 또한 어떤 할인이 적용되는지에 따라서도 달라질 수 있고, 정산받는 일자의 환율에 따라서도 달라지기 때문이다.

3. 상품의 무게를 확인하자

처음 시작하는 사람들의 가장 큰 고민은 상품의 무게를 어떻게 적용해야 하느냐일 것이다. 상품의 무게가 예측되어야 마진 설정을 제대로 할 수 있기 때문이다. 하지만 처음 시작할 때는 대부분 상품을 가지고 있지 않기 때문에 무게를 정확하게 측정하기 어렵다. 무게를 측정할 때는 실측 무게와 부피 무게를 이해해야 한다. 실측 무게란 상품을 포장하고 박스에 넣었을 때의 무게를 말한다. 부피 무게란 상품의 크기에 따라 적용하는 무게를 말한다. 부피 무게 계산법은 다음 페이지의 이미지를 참고하자.

실측으로 확인되는 무게와 부피 무게로 계산하는 무게 중에 높은 것으로 배송비를 책정한다. 대부분의 상품은 부피 무게로 적용한다. 박스뿐만 아니라 택배봉투를 통해 발송해도 부피 무게를 적용한다.

상품의 실측 무게는 상품에 표기된 용량을 참고하여 박스 포장할 경우의 무게를 예측해서 적용한다. 박스 무게는 박스를 판매하는 사이트를 통해서 예측해볼 수 있다. 부피 무게는 상품의 크기도 중요하지만 그 상품을 포장하는 박스의 크기로 인해 무게가 적용된다. 박스 크기를 알면 무게 예측이 가능하다.

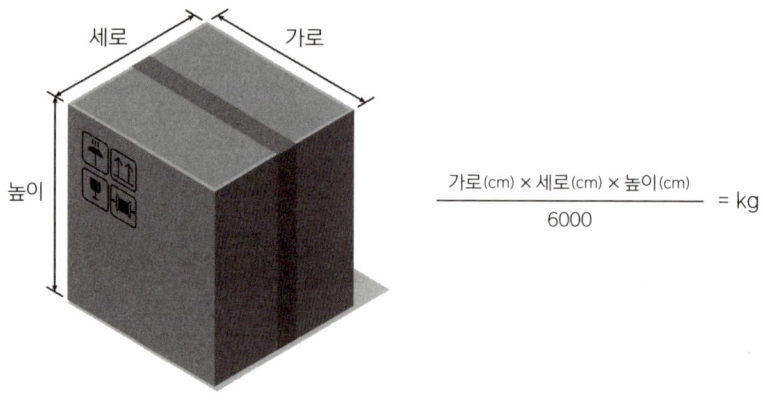

　우체국에서 상품 박스를 확인해보자. 직접 상품을 포장하는 경우 상품을 발송할 때 꼭 부피 무게를 계산해두고, 판매가 잘되는 상품을 포장하는 박스는 부피 무게를 미리 계산해서 메모한다. 박스 크기를 미리 계산해두면 무게를 예측하는 데 도움이 된다.

상품등록 3단계:
매력적인 상품으로 등록하기

상품 이미지와 상품 마진 설정을 끝냈다면 상품을 등록한다. 상품은 8개국 동시에 등록이 가능한 것이 Global SKU다. 등록 시 상품명, 상품 상세설명은 모두 영어로 등록한다. 영어로 등록하면 각 국가별 언어로 자동 번역된다. Global SKU를 통해 상품등록 후 각 국가별 언어로 변경되었는지 확인한다. 상품등록은 등록된 상품을 할인 적용까지 하면 마무리된다.

1. 상품등록을 위한 상품명

상품이 잘 판매되려면 어떻게 해야 할까? 먼저 상품이 잘 검색되어야 할 것이다. 검색이 잘된다는 것은 상품을 찾기 위해 특정 단어로 검색했을 때 노출이 잘되는 것이다. 상품명에 검색이 될 만한 단어를 포함하고 있다면 특정 키워드를 검색했을 때 상품이 노출되는 것이다.

예를 들어 얼마 전 괄사가 붓기를 빼는 데 좋다는 이야기를 듣게 되어 괄사를 검색해봤다. 그런데 내가 원하는 괄사는 얼굴이 아닌 바디를 마사지하는 제품이었다. 이때 필자는 바디 괄사, 바디 마사지 괄사 같은 단어로 검색했다.

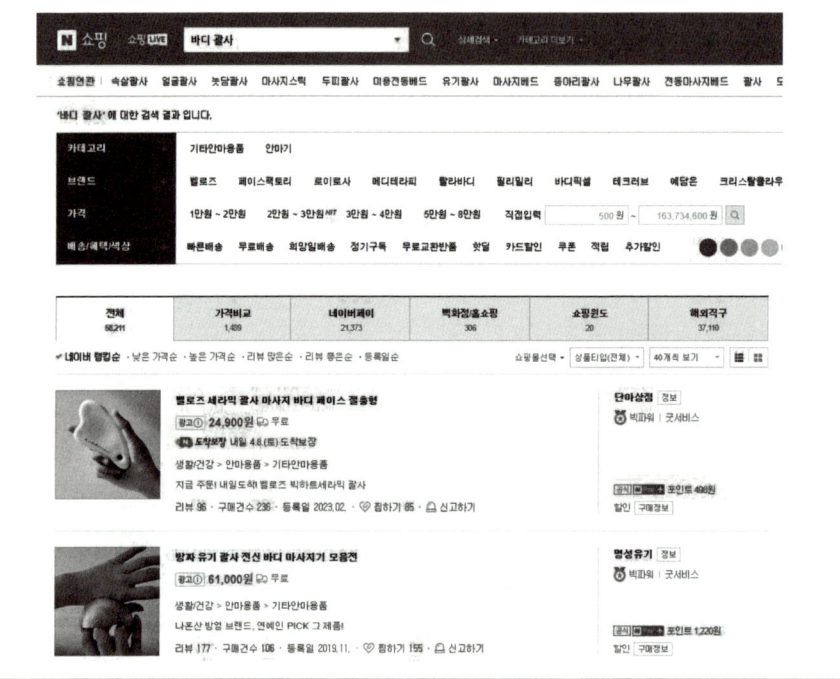

바디 괄사라는 단어가 포함된 상품을 찾을 수 있었다. 우리의 상품도 마찬가지로 소비자가 원하는 단어를 포함해서 상품명을 만든다면 검색이 잘될 수 있도록 만들 수 있다.

상품명을 만드는 기본은 다음과 같다.

> [브랜드 이름] 상품 이름 용량/크기
> 예) [INNISFREE] Bija Trouble Skin 200ml

이렇게 상품 이름을 만든다면 어떻게 될까? 수많은 상품 중에 내 상품을 찾기 어려워질 것이다. 이미 해당 상품을 많이 판매하여 상위 노출을 하는 판매자가 있고, 외에도 수많은 상품이 있다. 그렇기 때문에 상품명을 만들 때는 상품 이름을 명확하게 하는 것도 중요하지만 외적으로 검색이 될 만한 다른 단어를 포함하는 것도 중요하다. 처음부터 이런 단어를 찾아다니는 것보다 효율적인 방법은 바로 벤치마킹이다. 그렇다면 어떻게 벤치마킹하면 좋을까?

니는 한국인이고, 우리가 판매해야 할 소비자는 해외 사람이다. 같은 상품을 보고도 다른 방식으로 상품을 검색할 수 있다는 사실을 알아야 한다. 그래서 추천하는 방법은 해외 셀러들이 사용하고 있는 상품명을 확인하는 것이다.

내가 판매할 상품을 판매하는 해외 셀러를 찾아보자. 그리고 그들 중 판매량이 많은 셀러가 사용하고 있는 상품명을 2~3개 정도 복붙해서 메모장에 적어두자. 적어둔 상품명에 어떤 단어가 있는지 확인하고, 내가 등록할 상품명에도 추가한다.

2. 상품 상세설명은 어떻게 등록할까?

상품 상세설명을 등록해야 한다. 인기 있는 셀러들은 상품의 상세설명을 어떻게 등록하고 있는지 참고해서 작성하는 것도 좋은 방법이다. 쇼피에 상품을 등록할 때 가장 중요한 것은 소비자들이 어떤 루트를 활용해서 상품 구매를 하는지 고려해야 한다. 쇼피 소비자 대부분은 PC가 아닌 앱을 통해서 상품을 구매한다.

그렇기 때문에 스마트폰 앱을 통해 내 상품의 이미지나 내용이 어떻게 확인되고 있는지 알아야 한다. 즉 가독성을 생각해야 한다. 상품의 상세설명이 너무 길면 가독성은 떨어지고, 상품 페이지에서 빠르게 빠져나갈 것이다. 중요한 내용은 이미지를 만들어 사람들이 볼 수 있도록 해준다. 예를 들면 요즘은 '비건 상품'이 대세다. 이 내용을 글로 적는 것이 아닌 이미지를 활용해서 비건 상품임을 강조한다.

잘 파는 셀러들의 상품 상세설명 내용을 확인해보자. 대부분 상품의 성분 같은 것을 적거나, 사용 방법 같은 것을 적는 경우도 있다. 그리고 나의 숍을 이용하는 방법이나, 상품 배송 기간이 얼마나 걸리는지, 나에게 상품을 주문해야 하는 이유에 대해서 적어 놓는다. 소비자들이 자주 질문하는 부분을 상세설명에 적어주고, 미리 의문점을 풀어주는 내용이 많다. 그런 것들을 참고해서 나만의 상세설명을 만들어 지속적으로 이용하는 것을 추천한다.

3. 상품등록 따라 하기

한국셀러센터가 오픈되면서 Global SKU를 통해 오픈된 모든 국가에 한 번에 상품등록이 가능하게 되었다. 상품등록 전 각 국가의 수수료를 설정한다. 쇼피 판매 수수료와 같은 고정 수수료는 자동으로 적용되며, 다른 수수료는 수기로 설정한다. 중요한 것은 수수료 적용을 하더라도, 등록 전 상품 가격을 변경할 수 있으니 고민하지 말고 설정하자.

seller center ➜ Setting ➜ Mechant Setting ➜ Price calculation formula setting

Price Conversion between global SKU and Shop SKU
For more infomation about price calculation, please go to the Education Center

Market Price Adjustment Rate | Input | %   **Service fee rate** | Input | %   Batch input

Marketplace/Shop Name	Market Exchange Rate	Commission fee rate	Market Price Adjustment Rate	Service fee rate
Malaysia	1 KRW = 0.0038MYR	-	-	-
wefrienduv8.my	-	0%	100 %	8.2 % Current shop service fee rate is : 0%
Philippines	1 KRW = 0.044PHP			
wefrienduam.ph	-	0%	110 %	6.2 % Current shop service fee rate is : 0%
Vietnam	1 KRW = 18.2VND			
wefriendu0q.nv	-	0%	105 %	6.2 % Current shop service fee rate is : 0%

0shops are to be set   Start to upgrade to Global SKU

Marketplace	Number of Shop	Commission fee rate	Market Exchange Rate	Market Price Adjustment Rate	Service fee rate	Action
Malaysia	1shops	0%	1 KRW = 0.0038 MYR	100%	8.2%	Edit
Philippines	1shops	0%	1 KRW = 0.044 PHP	110%	6.2%	Edit
Vietnam	1shops	0%	1 KRW =18.2 VND	105%	6.2%	Edit
Taiwan Xiapi	1shops	0%	1 KRW =0.025 TWD	110%	4.5%	Edit
Thailand	1shops	0%	1 KRW =0.029 THB	105%	4.19%	Edit
Brazil	1shops	0%	1 KRW =0.04 BRL	120%	7.2%	Edit
Singapore	1shops	0%	1 KRW =0.0013 SGD	100%	6.54%	Edit

- Market Price Adjustment Rate : 상품등록 마진율
- Service fee rate : FSP 수수료와 같은 추가적인 수수료

앞의 이미지에서 Service fee rate에는 FSP 적용 수수료와 페이오니아 수수료를 더해서 적용한 내용이다. 상품을 등록할 때의 마진율은 설정한 대로 등록하지 않고 엑셀에서 정리한 파일의 가격을 참고해서 적용하기 때문에 중요하지 않다.

Global SKU를 클릭하거나 Add New Product를 클릭한다.

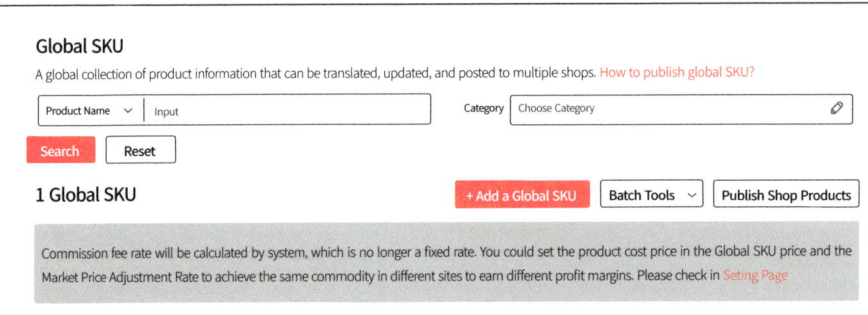

본격적으로 쇼피 대만을 겨냥한 상품등록을 해보자. 필자가 대만을 겨냥하는 이유는 대만 사람들이 한국 상품에 대한 관심도와 이해도가 높기 때문이다. 그동안의 경험을 통해 대만에서 팔리는 상품을 등록하는 방법을 순서대로 준비했다.

이미지 등록하기

미리 편집했던 이미지를 찾아서 등록한다. 동영상 촬영이 가능하거나 영상이 준비되어 있다면 영상을 첨부한다. 영상을 첨부하면 상품등록 지수가 올라가기 때문에 같은 상품이라도 노출이 더 잘될 확률이 높다. 영상은 10초 이상, 1분 미만으로 등록한다.

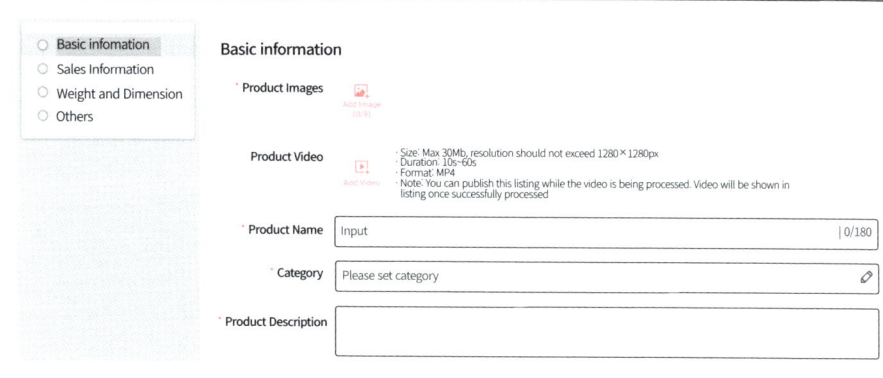

상품명 등록하기

쇼피 셀러센터는 모든 국가를 관리할 수 있도록 만들었기 때문에 상품을 등록할 때는 영어를 활용해야 한다. 상품명을 등록하면 자동으로 카테고리를 추천한다.

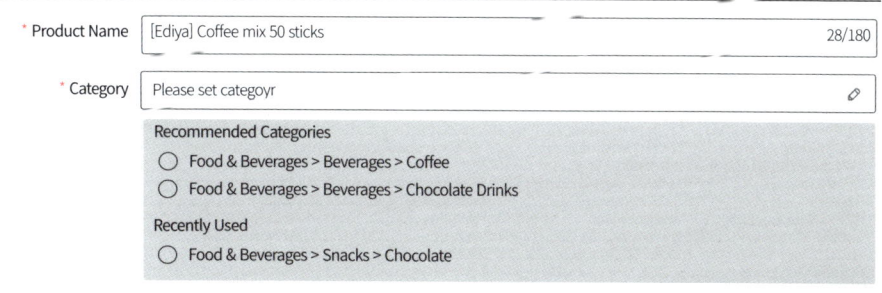

만약 추천 카테고리가 확인되지 않거나 내가 등록하는 상품의 카테고리와 다른 영역을 추천한다면 카테고리 가이드를 통해서 검색하거나, 다른 셀러가 어떤 카테고리로 등록했는지 확인한다.

카테고리 가이드

상품 상세설명 작성하기

카테고리도 잘 선택했다면 상품 상세설명을 작성한다. 상품의 스펙이나 성분, 사용 방법 등을 적어주는 것이 도움이 된다. 또한 우리가 자주 활용하는 스마트 스토어를 보면 다양한 내용이 있다. 그 내용들을 잘 살펴보고 내가 어떤 부분에서 믿음을 가지고 구매했는지에 대해 생각해본다면 상세설명을 작성하는 것에 도움이 된다.

필자는 상세설명을 따로 적어두고 항상 복사 붙여넣기를 한다. 이때 내 숍의 물건이 정품으로 한국에서 직접 발송한다는 내용과 상품을 수령할 수 있는 날짜에 대해서 알려준다. 이런 사항들은 보편적으로 어떤 상품을 등록하더라도 자연스럽게 활용할 수 있기 때문에 상품등록을 하는 시간을 줄일 수 있다.

나만의 숍 정보를 알릴 수 있는 내용을 간략하게 정리하여 메모해 두자. 너무 긴 글이 되면 구매자의 입장에서 가독성이 좋지 않기 때문에 간결하면서 임팩트 있는 문장을 적는 것을 추천한다.

*Product Name	[Ediya] Coffee mix 50 sticks	28/180
*Product Name	Food & Beverages > Beverages > Coffee	
*Product Description	👉 All products are shipped from Korea. 👉 All the products we sell are genuine. 👉 We try to sell all the products at the lowest possible price. 👉 We ship the latest manufactured goods. 👉 Follow my shop and get a discount voucher. 🔔 Notice ✓ Feel free to chat with me if you have any questions. ✓ Shipping usually takes 7-10 days. ✓ Only 100% genuine and lowest priced products are sold. ✓ Samples of various Korean products will be given as a free gift. (can be changed to random)	
		477/5000

카테고리 세부 속성 확인

카테고리 세부 속성을 확인한다. 이 부분은 *가 표기되어 있는 부분을 중점으로 등록하고, 최대한 알고 있는 내용을 적어주자. 입력이 많이 되면 키워드가 그만큼 많아지기 때문에 검색이 잘된다. 모두 다 입력해야 한다는 부담은 버리고 초기에는 * 표시를 채우는 것으로 시작하고, 차츰 익숙해지면 다른 것들을 채워본다.

Specification

Complete: 0 / 33 fill in more attributes to boost the exposure of your product.

항목	항목
* Brand	* Shelf Life
* Region of Origin	* Expiry Date
Specialty Diet	Pack Type
Weight	Warranty Duration
Volume	Flavour
Dietary Needs	Warranty Type
Dimension (l×W×H)	FDA Registration No.
Ingredient	Liable Company Name
Liable Company Address	Liable Company Tel No.
Liability Insurance	Food Business License No.
Quantity	Organin Food Certification No.
Days to Expire	Pack Size
FSSAI License No.	Warranty duration for entrepreneurs
Storage Condition	EAN
Manufacture Date	Manufacturer/trader name
Manufacturer/trader address	Shelf Life
INVIMA certification	

상품 가격 등록

가격은 상품을 구매하는 가격을 등록한다. 주문을 받게 되면 상품을 구매해야 하는데 그때 구매하게 될 금액을 넣어준다. 앞에서도 이야기했듯이 가격에 고민할 필요 없다. 우리는 마지막에 엑셀에 표기된 가격을 입력할 것이기 때문이다.

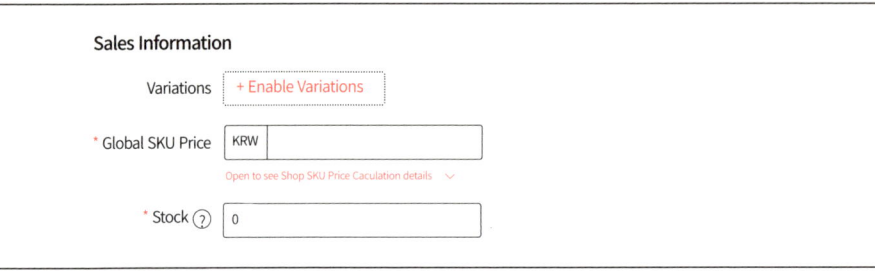

상품의 개수를 적어주고, 무게를 입력한다. 상자의 크기를 모른다면 넣지 않아도 된다. 상품의 무게는 kg 단위로 넣어야 하니 참고하자.

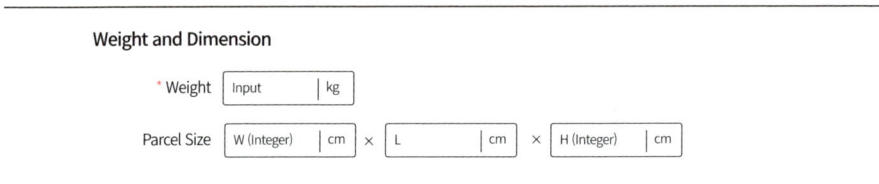

상품 준비기간

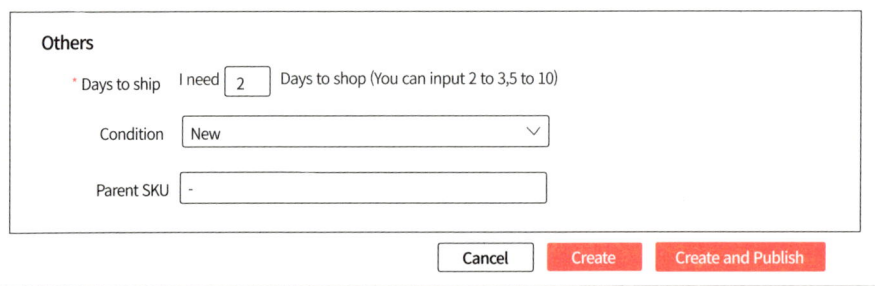

마지막은 상품의 준비기간을 넣는다. 상품의 준비기간은 2일로 적용한다. 그외로 최대 10일까지 적용이 가능한데 이것은 예약 판매를 하는 경우에 적용한다. 현재 우리는 바로 상품을 발송할 수 있기 때문에 예약 판매를 할 일이 거의 없다. 예약 판매는 아이돌의 앨범이나 수제로 만드는 공예품 같은 것들이 해당된다. 쇼피에서는 바로 발송이 가능한 상태의 상품을 선호하기 때문에 바로 배송이 가능한 '2일'로 설정한다.

Parent SKU는 상품의 고유번호 같은 것으로 상품을 관리하기 편하도록 나만의 상품 번호를 만들어서 적용하는 것이다. 비워두면 자동으로 생성된다. 이렇게 작성했다면 하단에 Creat and Publish를 눌러준다.

국가 설정(Select Shops to Publish)

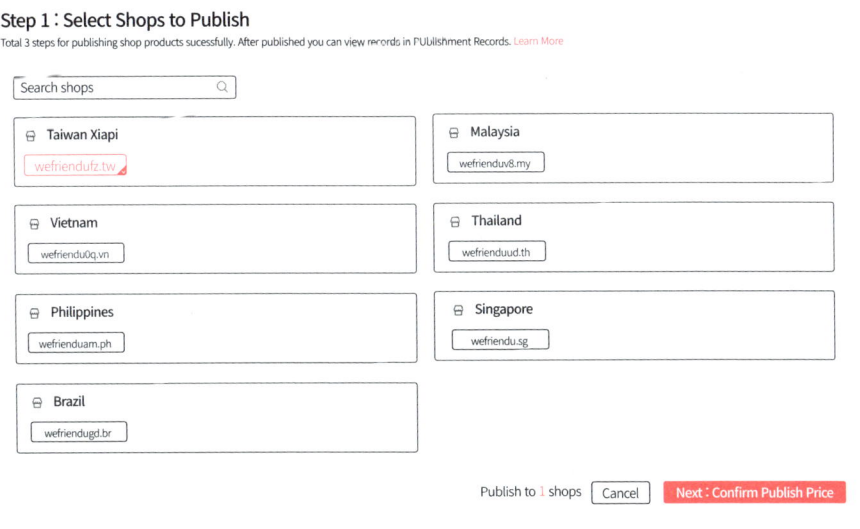

등록할 국가를 선택한다. 여기서는 주력국가인 대만을 선택한다(모든 국가를 원한다면 모두 등록해도 상관없다. 하지만 이 책은 대만을 최적화로 시작할 수 있다는 것을 명심하자).

최종 상품 가격 확인(Confirm Shop SKU Info)

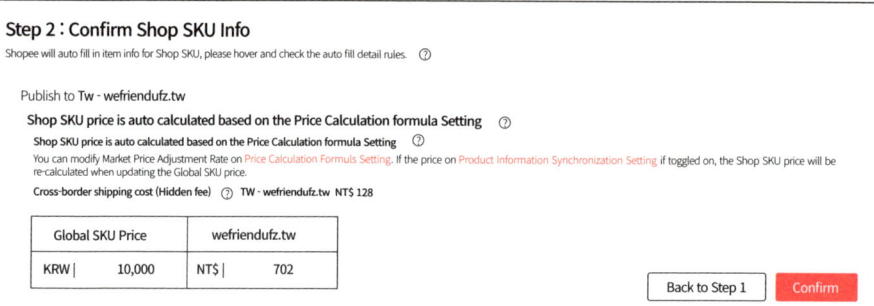

선택한 국가의 최종 상품 가격을 확인하는 창이 확인된다. 이 부분에 보면 상품의 가격을 변경할 수 있도록 되어 있다. 내가 미리 적어둔 엑셀을 통해서 각 국가의 상품 가격을 등록한다.

상품등록 확인

모든 국가에 상품등록을 했다면 이것을 확인해야 한다. 등록이 잘되었다면 Published Shop SKU에 내가 등록한 국가만큼의 Item 숫자가 확인될 것이다. 제대로 등록이 안 되는 경우 Cannot be published에 숫자가 표시된다. 이때 오른쪽 파란색으로 표기된 [Download the Publishment Result]를 눌러서 등록이 안 된 사유를 확인하고 수정한다.

상품등록을 완료했다면 제대로 등록이 잘되었는지 Shop SKU를 통해서 국가별로 상품을 확인한다.

Publish Time	Publish to Shop	Publish Result	Options
2022.06.27 14:36:17	VN	Published Shop SKU: 1 itmes	-
2022.06.09 02:59:59	VN	Published Shop SKU: 0 itmes / Cannot be published: 1 items	Download the Publishment Result
2022.06.02 16:39:25	TW	Published Shop SKU: 1 itmes	-
2022.06.02 15:53:26	TW	Published Shop SKU: 1 itmes	-
2022.05.31 16:32:36	MY/PH/TW/SG	Published Shop SKU: 1 itmes	-

다음 엑셀 파일을 열어 Global SKU cannot publish 탭에서 'Fail reaon'에 적혀 있는 내용을 번역하여 확인한다. 확인한 내용을 토대로 상품등록 화면으로 돌아가서 변경한다.

Market	User Name	Shop ID	Global SKU ID	Product Name	Global SKU Parent SKU	Result	Fail Reason
MY		288201040	20573918760	Good Manner Mask KF94 Mask Korea Good Manner Mask 5P Set Color Mask New Product Breathable Mask		This Global SKU cannot be published	SIRIM Certified is mandatory for MY market, please fill and retry

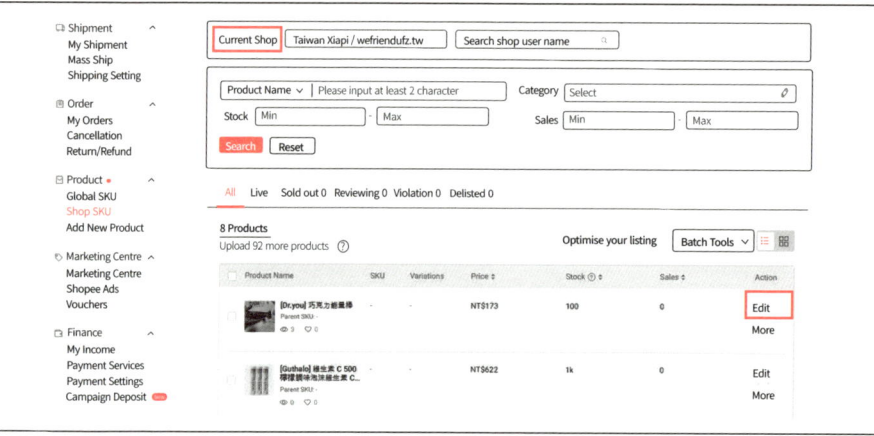

여러 국가를 등록했다면 등록된 상품의 상품명의 번역이 잘되었는지, 국가별로 추가 사항이 제대로 입력되었는지 확인한다. 대만은 특히 잘 확인해야 한다. 영어로 등록되는 경우 상품이 검수 처리되어 노출이 안 될 수 있는데 이것은 'banned'라고 한다. 적절한 키워드를 찾아서 상품명을 변경한다. 여기서 상단에 Current Shop을 누르면 각 국가별 셀러센터로 이동이 가능하니 참고하자. 상품의 'Edit'에서 각 국가별 상품 이름이나 상품 상세설명 등을 변경할 수 있다.

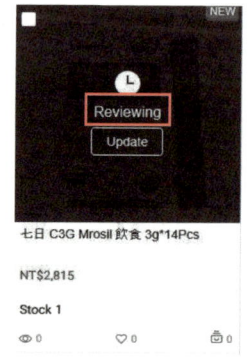

상품등록 후 Banned가 아닌 Reviewing이라고 표기되는 경우가 있다. 이것은 검수중이라는 표시다. 해당 국가에서 판매해도 되는건지 여부를 검사하는 중이다. 정상적으로 판매가 가능한 상품이라 판단하면 자동으로 상품이 등록되어 나타날 것이다. 만약 판매 불가인 경우에는 삭제 처리를 요청하거나 Banned를 통해 상품명, 이미지, 설명 등의 변경을 요청할 수 있다.

등록된 상품을 확인하고 싶다면 'more' 탭을 클릭한 후 Live Preview를 누르면 내 상품 페이지로 이동한다.

상품의 옵션을 등록하자

상품을 등록할 때 여러 옵션을 등록하게 되면 상품이 더욱 다양해 보이고, 여러 종류를 판매하기 때문에 판매량을 올릴 수 있는 방법이다.

이렇게 한 상품에 여러 가지 색상이 구성되어 있거나, 다양한 맛이 있다면 한 번에 등록하고 옵션을 추가한다. 또는 라인이 같은 상품을 모아서 옵션으로 만들 수 있다.

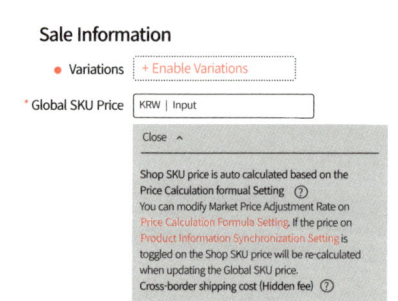

Variations에서 옵션 추가가 가능하다. 옵션의 이름은 임의로 정하면 된다.

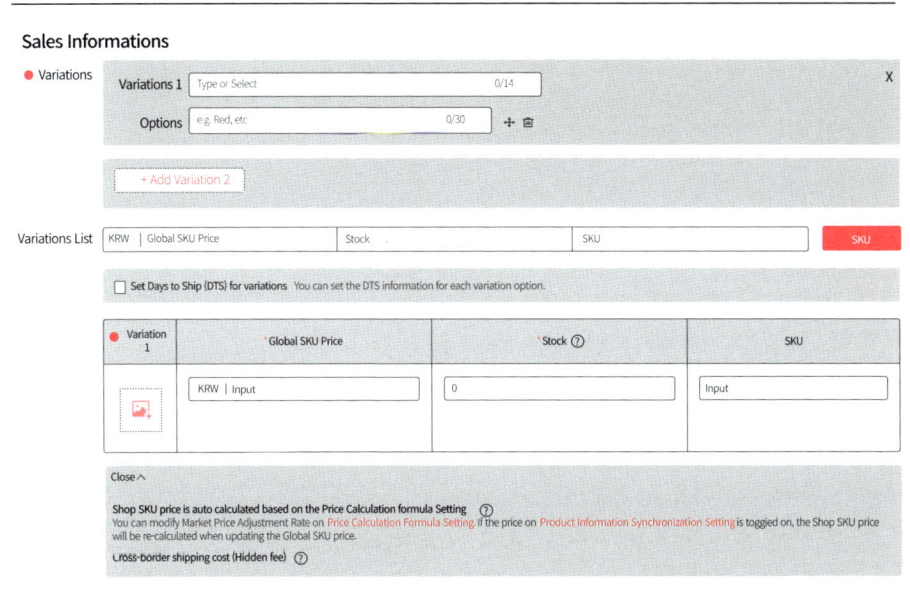

옵션의 이름은 'Option'으로 설정해도 된다. 원하는 옵션명을 입력하고 자동으로 다음 입력 값을 넣을 수 있는 칸이 생성되면 각 옵션에 맞는 사진을 등록한다. 이후 상품 주문 시 어떤 것을 주문했는지 쉽게 확인 가능하기 때문에 옵션 이미지는 등록하는 것을 추천한다.

책 속 부록

쇼피 셀러라면
반드시 확인하자!

1. 판매자 정책 확인하기

쇼피 판매자 정책은 상점과 벌점이 있다. 쇼피의 기준에 맞게 행동하고 규정을 잘 지키는 판매자에게는 상점을 주고, 그렇지 않은 경우에는 페널티를 부과한다. 상점은 판매자가 더욱 성장할 수 있도록 돕는 역할을 한다. 즉 판매자 상점은 판매가 많이 된 셀러이면서도 소비자에게 서비스도 좋은 셀러에게 부여한다. 그것을 'Preferred Seller(프리퍼드 셀러)'라고 부른다. 프리퍼드 셀러는 쇼피가 보증해주는 숍이라는 의미로 우리나라 스토어로 비교하자면 파워셀러 같은 등급이다.

프리퍼드 셀러가 되면 상품 섬네일에 프리퍼드라고 표시된다. 더불어 프리퍼드 셀러만 선택해서 검색하는 기능이 있기 때문에 판매에 유리하다.

쇼피는 벌점에도 엄격하다. 쇼피에서 규제하는 일을 하게 되면 페널티 점수를 준다. 페널티가 쌓이게 되면 점수에 따라 캠페인 참여 불가 및 상품 검색 불가 같은 불이익이 생긴다. 페널티 점수가 적용되었다고 걱정할 필요없다. 1월, 4월, 7월, 10월 첫째 주 월요일에 페널티 점수가 없어지고 다시 시작이 가능하다.

예외적으로 페널티 점수가 많이 부과된 경우에는 리셋이 늦어지는 경우가 있으니 페널티 점수가 리셋되는 날짜에 리셋이 되지 않았다면 고객센터에 꼭 문의하여 일정을 확인하자.

2. 페널티를 조심하자

페널티 포인트는 셀러센터에서 확인 가능하다.

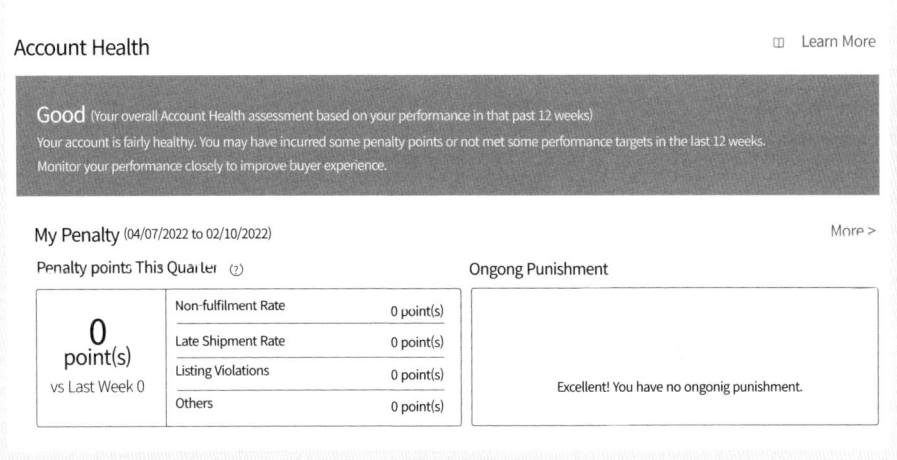

페널티를 받는 경우는 크게 상품 리스팅, 배송 관련, CS, 구매자 기만행위의 4가지로 나뉜다. 4가지 중에서 판매자가 가장 유의해야 하는 것은 상품 리스팅과 배송 관련이다.

CS는 당연히 중요하다. 소비자가 채팅을 보내는 경우 판매자가 채팅하다가 욕을 할 일도 없고, 부적절한 언어를 구사할 일이 없다(예를 들면 성적 표현). 다만, CS

를 할 때 판매자는 소비자에게 먼저 Cancel이라는 단어를 언급할 수 없다. 이것만 주의한다면 CS 관련한 페널티를 부과받는 경우는 없다.

구매자 기만행위도 마찬가지다. 판매자는 판매할 상품을 등록하고, 판매되는 경우 당연히 판매하기로 했던 상품을 발송할 것이다. 그렇지 않은 경우가 기만행위에 해당한다. 이런 상황은 일부러 자초할 일은 없다.

상품 리스팅 관련한 페널티 사항 중 다음 3가지는 꼭 기억하자.

첫째, 동일한 상품을 중복해서 등록하는 것이다. 이때 상품명, 상품 사진, 설명 등의 내용이 동일하면서 카테고리만 다르게 등록하는 것이 이에 해당된다.

둘째, 상품명에 관련 없는 단어를 포함하는 경우다. 예를 들면 이렇다. 상품의 사진과 상품명은 샴푸로 등록해놓고, 상품 상세설명에 헤어 왁스에 대한 내용을 등록한 경우가 이에 해당한다. 상품 사진과 상품명, 상세설명의 내용을 알맞게 등록해야 한다.

셋째, 상품을 등록하는 국가에 허용되지 않는 언어를 사용하는 경우다. 예를 들면 대만의 경우 상품등록은 중국어 번체로 해야 한다. 그런데 영어가 필요 이상으로 많이 포함되어 있는 경우 이에 해당한다. 마찬가지로 베트남은 영어와 베트남어를 사용한다. 이때 중국어를 포함한 경우라면 페널티 부과 대상이 된다.

이외에도 상품을 등록한 후에 상품 가격을 상향 조정하는 경우 또한 자주 발생하는 일이다. 상품등록을 할 때 종종 가격을 제대로 등록하지 않고, 높게 변경하는 일이 발생한다. 이때 상품 가격을 올렸다가 다시 디스카운트로 적용하게 되면 경고문이 뜬다. 그대로 방치하면 페널티가 부과된다. 이때는 상품을 삭제 후 재등록하거나 일주일 후에 디스카운트 프로모션을 적용하는 것이 방법이다. 리스팅 관련한 페널티는 규정을 지키지 못했다고 바로 페널티를 부과하지 않는다. 먼저 경고를 주고, Banned 처리를 통해 수정할 수 있는 시간을 준다. 그때 수정하지 않고 방치하면 페널티가 부과된다.

상품 배송 관련 페널티는 매우 중요하다. 배송 관련 페널티의 본질은 상품을 빨리 배송하라는 의미라고 볼 수 있다. 상품 주문을 받으면 Arrange Shipment부터 빠르게 확인해야 한다. 주문 생성일 +2일 이내에 확인해야 한다. 기일이 지나면 자동으로 주문이 취소된다. 그리고 이 횟수가 늘어나고, 주문 건수 비율로 따졌을 때 쇼피가 정한 기준보다 많으면 페널티가 부과된다.

실제 초보 셀러가 가장 페널티를 받기 쉬운 것이 바로 상품 배송 관련 페널티다. 이때 페널티를 피하는 방법은 처음에 설명한 것처럼 주문을 빠르게 확인하고 빠르게 발송하는 것이다.

그렇지만 상품 주문을 받았다고 해서 상품을 바로 발송할 수 없는 경우도 있다. 상품을 직접 가지고 있지 않은 경우 온라인을 통해 주문해야 하는 상황이 발생한다. 보통 빠른 발송은 2일 이내 수령이 가능하지만 늦어지게 되면 3일 이상 걸릴 수 있다. 이때 주말이 끼어 있다면 더욱 늦어질 수 있다. 보통은 주문생성 5일 이내에 집하지(쇼피물류)로 발송하면 문제없지만, 그 날짜가 지나게 되면 자동으로 주문이 취소된다. DTS를 맞추지 못했다고 하여 바로 취소되지 않고, 약 2일 정도 더 기간을 준다. 그때 잘 도착해서 스캔이 된다면 주문은 취소되지 않지만 페널티는 부과될 수 있다.

주문 건에 대한 늦게 발송한 비율과 건수로 부과하기 때문에 주문의 발송이 늦어지면 페널티가 부과될 수 있다. 주문 건수가 많은 경우에는 이 부분이 유리할 수 있다. 자세한 페널티 관련한 사항은 다음 QR 코드를 통해 확인하자.

쇼피 페널티 정책
(쇼피코리아)

3. 페널티 어필

페널티가 부가되었다면 페널티 어필을 요청할 수 있다. Account Health를 통해서 페널티를 확인 후 최근 14일 이내에 페널티가 부가되었다면 페널티 조정을 신청할 수 있다. 어떤 내용으로 페널티를 받았는지 확인 후 신청할 수 있으니 기간 내라고 한다면 조정 신청을 해보자.

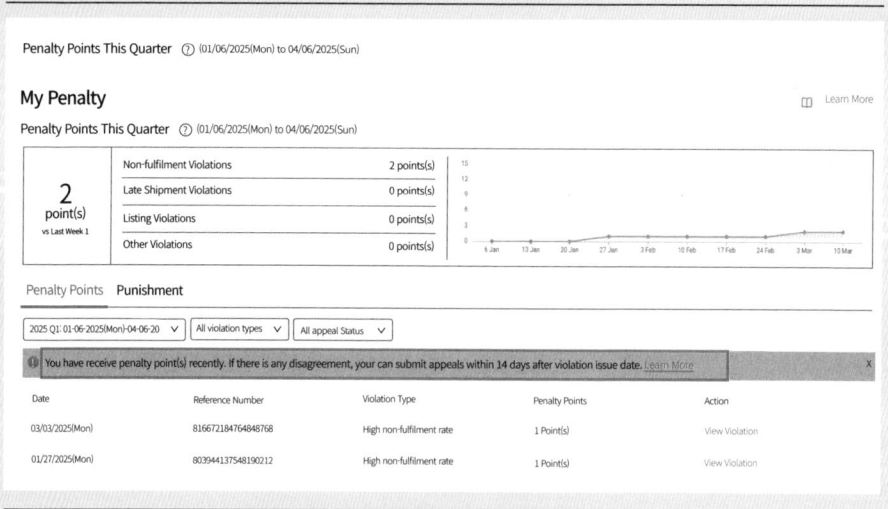

3. 프리퍼드 셀러를 목표로 하자

쇼피에서 보증해주는 프리퍼드 셀러를 첫 목표로 정하는 것이 좋다. 처음 시작하는 셀러들의 경우 큰 목표를 세우는 것도 중요하지만 단기간에 프리퍼드 셀러가 되는 것이 중요하다. 프리퍼드 셀러가 되려면 어떻게 해야 할까? 그 기준은 국가마다 다르다. 싱가포르를 기준으로 살펴보자.

Metric	My Shop	Onboard Target	Status	Actions
Unique Buyers	253	≥ 25	Passed	-
Net Orders	266	≥ 50	Passed	-
NMV	NT$ 289133	≥ NT$ 30000	Passed	-
Chat Response Rate	80.57%	≥ 70.00%	Passed	-
Shop Rating	4.97	≥ 4.75	Passed	-
Non-fulfilment Rate	0.00%	≤ 9.99%	Passed	View Details
Late Shipment Rate	0.00%	≤ 9.99%	Passed	View Details
Credit Card Activation	YES	YES	Passed	-
Penalty Points	0	≤ 0	Passed	View Details
Days of Pre-Order Listing Violation	0	≤ 5	Passed	-
Ongoing Penalty	NO	NO	Passed	View Details

매주 화요일마다 달성 내용을 확인하고 리셋된다.

· Unique Buyers : 구매자

· Net Orders : 판매량

- NMV : 30일간의 판매금액
- Chat Response Rate : 채팅 응답률
- Shop Rating : 숍 리뷰 점수
- Non-fulfilment Rate : 재고가 없어서 주문이 취소되거나 주문 처리가 늦어진 비율
- Late Shipment Rate : 주문한 상품이 집하지에 늦게 배송된 비율
- Penalty Points : 페널티 점수
- Days of Pre-Order Listing Violation : 선주문 예약을 통해 판매하는 상품
- Ongoing Penalty : 현재 적용된 페널티 점수

여기서 채팅 응답률은 처음 시작하는 셀러는 무조건 57%로 동일하다. 이것은 채팅을 주고받으며 자연스럽게 높아질 것이다. 이 기준을 30일간 잘 유지하면 프리퍼드 셀러가 된다. 그렇지 않은 경우 화요일마다 업데이트되어 프리퍼드 셀러 자격이 사라지게 된다.

쇼피 대량등록 사이트 활용해서 상품등록 시간을 단축해보자

쇼피를 시작하는 초보셀러들이 대형 셀러를 이길 수 있는 방법은 사실 많지 않을 것이다. 필자가 쇼피를 시작한 후 많은 선배셀러들을 인터뷰하며 그들의 공통점을 알아냈다. 그것은 바로 상품을 많이 등록했던 것이다. 해외판매로 연 100억 원대 매출을 내는 선배님도 처음 시작하는 사람들의 매출은 상품 개수와 어느 정도 연관성이 있다고 설명했다. 물론 매출이 어느 정도 나올 때는 소싱 능력이 필요한 것이 맞다. 하지만 처음부터 소싱 능력을 초보 셀러가 갖추는 것은 어쩌면 불가능할 것이다. 그렇기 때문에 지금 당장 우리가 할 수 있는 것을 해야 한다. 그것은 바로 상품등록을 많이 하는 것이다.

많은 초보셀러가 필자에게 왜 쇼피는 대량 등록 사이트가 없느냐는 질문을 할 때가 종종 많았다. 그래서 이번에 꼭 이런 분들의 고민을 해결해드리기 위해 공동 개발한 사이트를 소개한다. 필수로 사용할 필요는 없지만 내가 현재 환경상 상품등록이 어렵고, 힘들다면 추천한다.

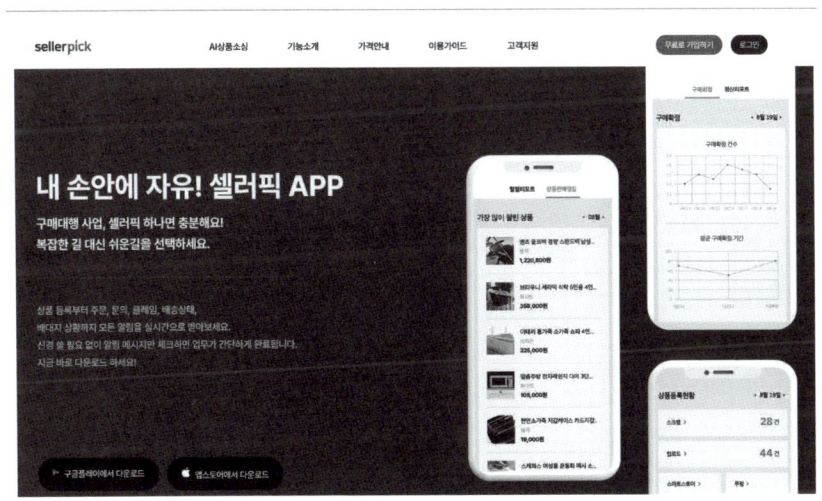

셀러픽

사이트는 크롬브라우저를 사용하는 것을 권장한다. 특히 사이트를 사용하기 전에 '구글 웹스토어'에서 셀러픽을 검색하고 확장프로그램의 설치를 먼저 진행하자.

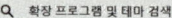
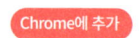

쿠팡 등의 수집 가능 사이트에 접속한 후 원하는 상품을 클릭하면 오른쪽 상단에 수집 버튼이 있다. 클릭만 하면 바로 사이트로 상품을 수집해온다. 자세한 사용 방법 및 세팅 방법은 해당 사이트에서 확인이 가능하다.

이렇게 클릭 한 번으로 상품을 수집해오면 간단한 수정만으로 쇼피로 상품 등록이 가능하다. 쇼피셀러들의 최적화 솔루션을 위해 상품 소싱부터 인기 키워드 확인까지 가능하도록 업데이트 예정이다.

책을 구매한 모든 분에게 15일 무료 체험 +1개월 무료 이용 쿠폰을 제공하니 상품등록 시간을 줄여보자 (ssgsellpick.com)!

셀픽 홈페이지

숍 꾸미기를 통한 브랜딩

나의 스토어를 꾸미는 방법은 다양하다. 그렇지만 대부분 전문 디자이너가 아니기 때문에 어떻게 꾸미는 것이 효과적인지 알 수 없다. 이럴 때 가장 좋은 방법은 벤치마킹이다. 벤치마킹은 어떻게 하는 것이 좋을까?

우리나라에도 수많은 쇼핑몰이 있다. 올리브영, 다이소몰, 무신사, 10×10 등의 온라인 쇼핑몰 또는 알고 있는 어떤 사이트도 좋다. 그런 사이트나 앱을 확인해보고 내 숍을 어떻게 꾸미면 좋을지 생각한다. 모든 좋은 것을 따라 해서 그럴듯한 숍으로 보이게 하는 것보다는 어떤 부분을 봤을 때 좀 더 숍에 머물러 구경하고 싶은 마음이 드는지를 생각한다. 특히, 어떤 부분을 봤을 때 '뒤로 가기' 버튼을 누르고 나와 버렸는지를 알면 그런 요소들을 제외하고 끌리는 요소들을 수집한다.

숍을 꾸미는 것은 단순하게 나의 숍을 예쁘게 소개하는 것도 맞지만, 나의 숍에 대표적인 상품과 숍의 콘셉트를 알려주는 좋은 방법 중 하나다. 또한, 나의 주력 상품과 인기 상품을 한 번 더 강조할 수 있는 동선을 짜주는 것이 포인트다.

여기서 이야기하는 동선이란 내 숍에 들어와서 소비자가 봤으면 하는 상품을 순서대로 나열하고, 나열한 순서대로 소비자가 나의 상품을 클릭해서 보는 것이다. 한마디로 내가 의도한 대로 소비자가 상품을 구경하게 만들 수 있는 최적의 숍 구성을 말한다.

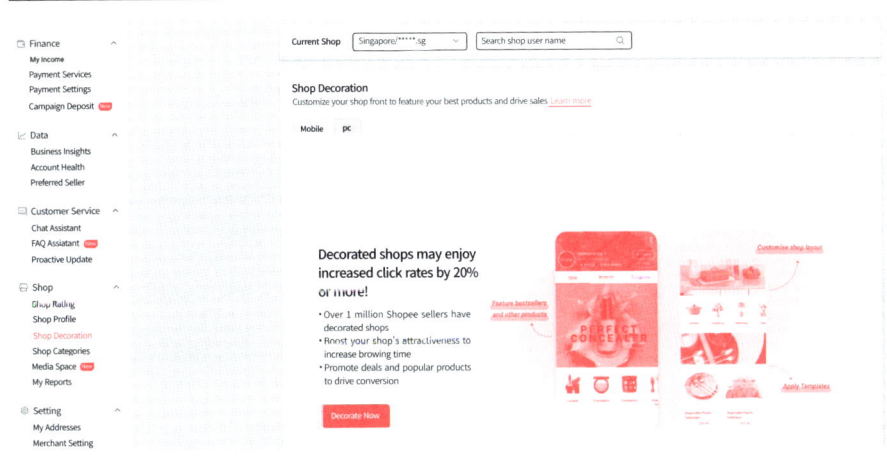

다음은 PC로 보는 쇼핑몰이다. 이런 모습과 똑같이 꾸밀 수는 없지만 상단에 위치한 배너의 이미지를 토대로 나의 배너를 만들 수 있다. 그리고 현재 보이는 배너들은 추천하는 아이템을 기반으로 만들어졌다. 이것을 잘 확인해서 내가 어떤 상품에, 어떻게 적용해서 만들어볼지를 생각한다.

PC로 보는 쇼핑몰

모바일을 통해서 확인한 온라인 숍이다. 이런 것들을 보면서 어떻게 숍에 오래 머물고 내 숍에서 더 많은 것을 구경하게 할지 생각한다. 그리고 나는 어떤 동선으로 숍을 구성할지 생각해본다.

동선을 짜고 구성한다는 것을 복잡하고 어렵게 생각할 필요는 없다. 말 그대로 내가 팔고 싶은 상품을 몇 가지 정해두고 그것을 더 돋보이게 만들면 된다.

모바일 숍 구성 예시

1. 모바일 데코레이션

모바일 Decorate Now를 누르면 다양한 템플릿을 확인할 수 있다.

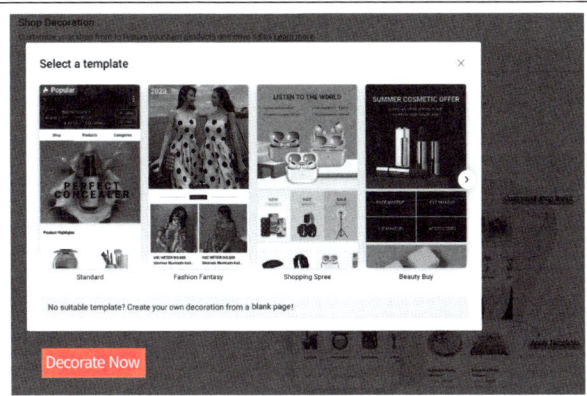

원하는 템플릿이 없다면 [blank page]를 눌러서 기본화면으로 이동한다.

- Visual and Text : 다양한 꾸미기 요소들이 있다. 이미지를 어떤 구성으로 보여줄 것인지 선택한다.

원하는 구성 요소를 드래그하여 추가할 수 있다.

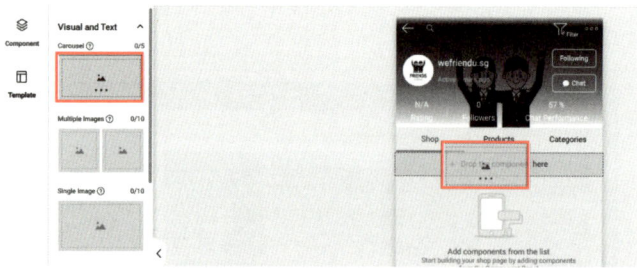

다음과 같이 다양한 크기의 이미지를 등록할 수 있다. 이미지의 사이즈도 상세하게 확인이 가능하다.

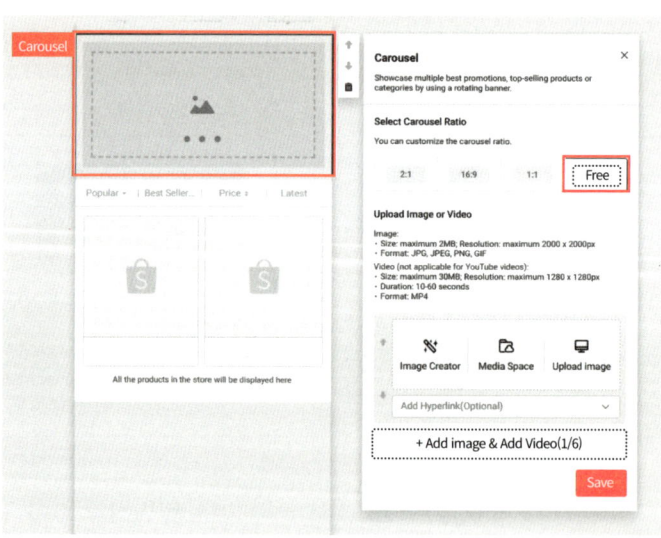

크기에 맞춰서 이미지를 만들어 적용한다. 적용했다면 오른쪽 상단에 'Preview'를 통해서 미리보기가 가능하다. 스마트폰에서 미리보기를 통해 숍이 어떻게 보이는지 확인해가면서 변경하면 좋다.

2. PC 데코레이션

모바일과 마찬가지로 꾸밀 수 있다. 쇼피는 모바일에서 보는 숍과 PC에서 보는 숍이 다르다. 그래서 숍의 데코레이션도 각각 해야 한다. PC나 모바일용 이미지를 만들었다면 같은 구성으로 같은 이미지를 추가해서 적용하면 된다.

PC 숍은 숍 프로필에 등록한 이미지나 텍스트가 있다면 자동으로 끌어온다. 동선을 구성할 때 기억할 것은 어떤 상품을 노출할 것인지, 그리고 그 상품을 본 사람들이 어떤 상품을 추가로 보면 좋을지를 생각해서 구성하는 것이다.

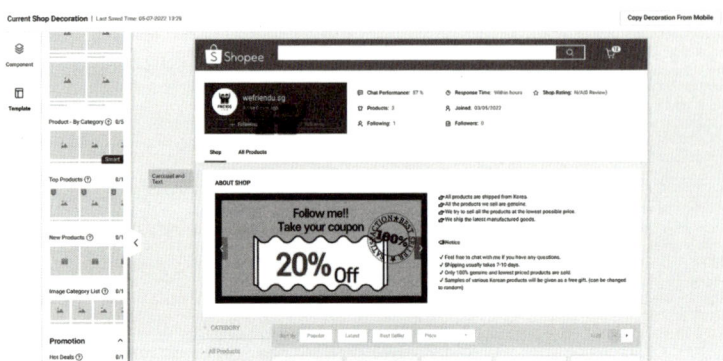

숍 꾸미기는 언제 하는 것이 좋을까?

언제가 적절한지에 대한 정확한 정답은 없다. 다만, 추천하는 시기는 어느 정도 상품이 등록된 후에 하는 것을 추천한다. 상품을 몇 개 올리지도 않고 숍을 꾸미는 것은 전혀 도움이 되지 않는다. 숍 꾸미기를 하려고 이것저것 검색하고 디자인하고 배너를 만드는 시간에 상품을 더 등록하는 것이 효과적이다. 일단 숍을 꾸미는 것의 목적은 내 숍에 들어왔을 때 더욱 다양한 상품을 구경하게 하는 것인데, 정작 들어와도 볼 것도 없고, 상품이 다양하지 않다면 숍에 머무는 시간이 늘어나지 않을 것이다.

그렇게 목적에 부합되지 않으면 괜히 시간을 허투루 보낸 것과 마찬가지다. 그러니 내 숍에 어느 정도 상품의 개수를 채웠다고 생각된다면 그때 카테고리를 나누고 배너를 만들어서 숍을 목적에 맞게 꾸며보는 것을 추천한다. 필자가 생각하는 리셀러의 기본 상품등록 개수는 100개 이상이니 생각하니 참고하자.

Shop Rating(숍 레이팅) 관리하기

상품을 판매했을 때 우리가 가장 원하는 것은 바로 구매자의 리뷰다. 리뷰를 많이 받은 상품과 그렇지 않은 상품은 다르다. 우리도 상품을 구매할 때 다른 사람의 리뷰를 보고 결정하는 경우가 많다.

   배달의민족이나 요기요 같은 배달 앱을 활용해서 음식을 배달해 먹은 경험이 있는 사람은 알 것이다. 배달 음식의 사진을 찍어서 리뷰를 좋게 남겨주면 추가 서비스를 지급해준다. 신뢰를 바탕으로 약속을 통해서 미리 서비스를 배달한다. 그렇게 서비스를 받은 사람들은 대부분 이 약속을 충실히 이행하고 싶어 한다. 왜냐하면 음식을 다시 주문하고 이런 공짜 서비스를 또 받고 싶기 때문이다. 마찬가지로 이러한 방법을 이용해볼 수 있다.

   상품을 구매한 사람에게 작은 카드를 보내서 리뷰를 쓰면 추가적인 바우처를 지급한다고 적어보거나, 사은품을 줄 때 메시지를 넣어 5점 리뷰를 요청한다.

실제 필자는 스티커를 제작해서 서비스 상품에 리뷰 5점을 요구하는 짧은 메시지를 함께 보낸다. 그럼 재미있게도 대부분 아무 말도 없이 5점 리뷰를 해주는 경우가 많다. 대부분의 소비자가 요청하지 않아도 리뷰를 써주는 경우가 많다. 그렇지만 이처럼 한 번 더 요청한다면 더 많은 리뷰를 받을 수 있을 것이다.

1. 리뷰에 댓글을 써주기

리뷰를 받았다면 리뷰에 대한 댓글을 써줄 수 있다. 이때 소비자는 판매자의 리뷰 댓글을 꼼꼼히 확인하는 경우가 많다. 리뷰는 별점만 주는 경우, 별점과 코멘트만 짧게 적어주는 경우, 동영상이나 사진도 함께 등록하는 경우가 있다. 혹은 코멘트 없이 별점과 이미지나 동영상만 첨부하는 경우도 있다. 내가 상품을 판매하고 첫 리뷰를 받으면 어떤 기분일까? 아마도 너무 고맙고 감동적일 것이다. 이 마음을 그대로 리뷰 댓글에 남겨주자.

반대로 5점보다 낮은 리뷰를 받았다면 어떻게 해야 할까? 당신이 다음번에는 꼭 5점을 줄 수 있도록 더욱 노력하겠다는 댓글을 달아주면 제삼자가 봤을 때 노력하는 모습이 보일 것이다.

Shop Rating을 통해서 리뷰를 확인할 수 있다. 다음 그림에서 오른쪽의 Reply를 눌러서 적절한 댓글을 적어준다. 여기서 셀러의 댓글을 보고 친근감을 느끼는 소비자가 생긴다. 그런 사람은 나에게 구매할 확률이 높아진다.

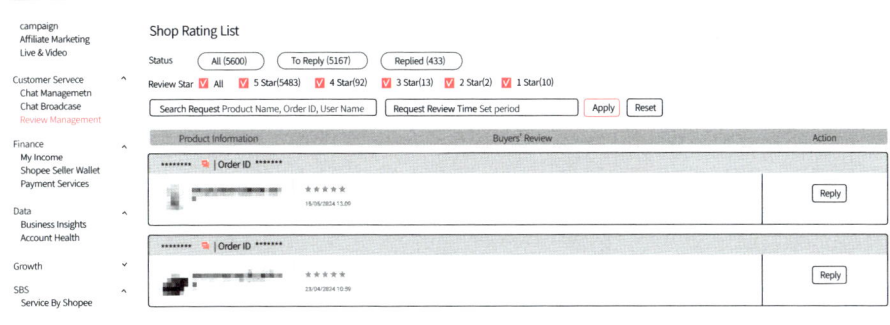

2. Buyer Rating 주기

구매자만 판매자를 평가하지 않는다. 쇼피에서는 판매자도 구매자를 평가한다. 쇼피는 특성상 상품을 주문할 때 COD를 통해서 주문하는 경우가 많다. 그때 주문 후 상품을 제대로 수령하지 않아 반송된다면 하면 셀러는 손해를 보게 된다. 그래서 판매자도 이런 상황에서 구매자 리뷰를 할 수 있다. 판매하기 전에 내 상품이 고가이고, 구매자가 믿을 만한지 궁금할 때 구매자 리뷰를 확인한다.

셀러센터에서 My Order → Order ID를 누르면 Order Detail 확인이 가능하다.

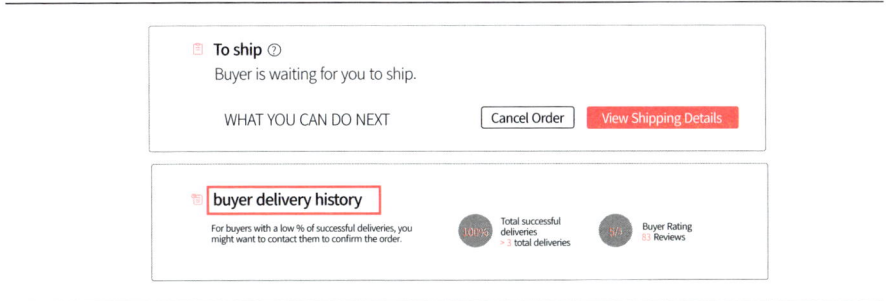

Buyer delivery history를 보면 Buyer Rating 점수가 확인된다.

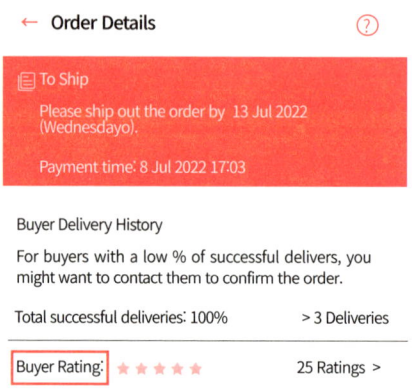

Buyer Rating을 누르면 자세한 리뷰 확인이 가능하다.

구매자 평가는 상품이 도착하고 구매자가 상품을 수령했다는 알림을 받은 후 할 수 있다. 상품 배송이 완료된 후 My Order에서 Completed를 확인해보면 Rate 를 할 수 있게 확인된다.

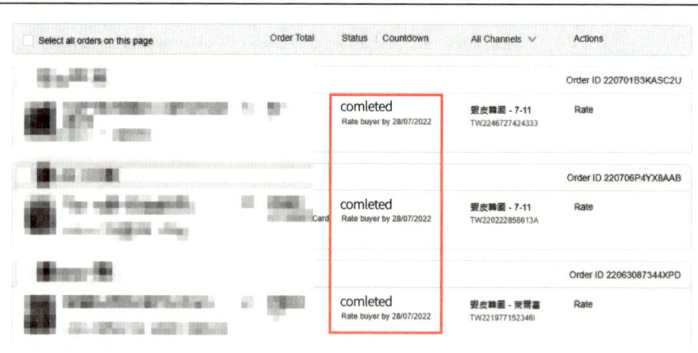

앱을 통해서도 확인이 가능하다.

Notifications에서 Ratings를 눌러서 Order completed를 보면 확인할 수 있다.

앱에서 확인하기

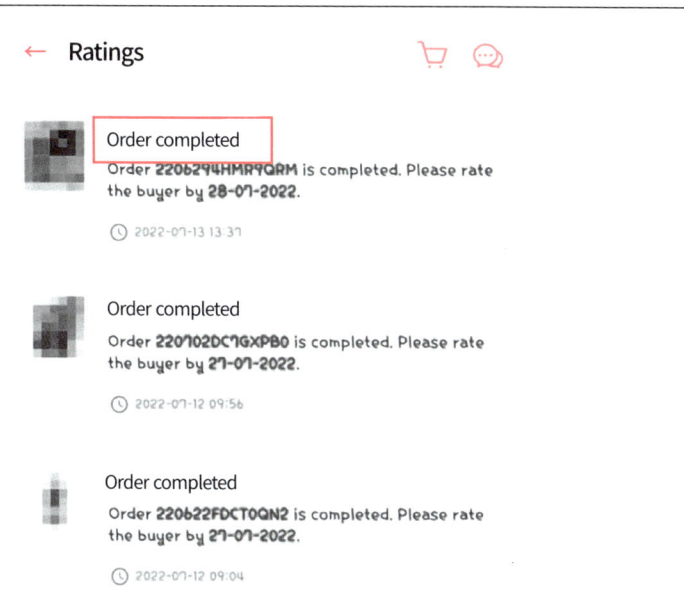

판매자 평점을 중요하게 생각하는 구매자가 종종 있어서 꼭 리뷰를 5점 달라고 메시지로 요구하는 경우가 있다. 이때 구매자의 평가를 원하는 대로 해주고, 나를 기억하도록 해주자.

책 속 부록

쇼피 셀러센터에서도 이미지 편집이 가능하다!
-Media Space

쇼피는 셀러의 편의를 위한 다양한 기능을 만들고 있다. 그중에 새롭게 추가된 기능이 바로 Media Space이다. Media Space는 간단한 상품 이미지를 편집할 수 있는 기능이다.

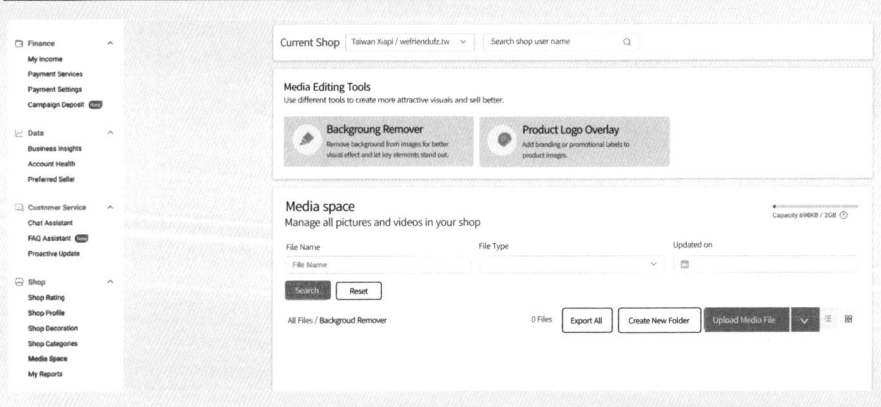

상품 사진의 배경을 지우거나 이미지에 내 숍의 로고를 추가할 수 있는 기능이 있다. 폴더를 만들어서 상품을 구분하여 저장할 수 있고 편집 후 바로 상품 이미지로 추가할 수 있다. 그러나 상품 이미지를 편집해야 한다면 미리캔버스나 Canva, 포토샵 같은 외부 프로그램을 추천한다. 단순하기 때문에 다양한 활용이 어렵다.

상품 섬네일로 브랜딩하기

상품의 섬네일을 획일화하는 것도 브랜딩에 도움이 된다. 벤치마킹을 위해 여러 숍을 찾아보고 분석해보았다면 판매를 잘하는 숍의 섬네일을 봤을 것이다. 나의 숍 특성을 살려 섬네일을 통일감 있게 만들면 내 물건을 구매했던 소비자가 다시 한번 같은 종류의 섬네일을 보고 나를 다시 찾아올 확률이 높다. 또한, 상품을 구매하고 이탈했더라도 다른 상품을 둘러보다가 같은 종류의 섬네일을 보고 미처 더 구경하지 못했던 나의 숍의 다른 상품을 보고 배송비를 아끼기 위해 추가로 구매할 확률도 높다. 섬네일 디자인 2가지 템플릿을 샘플로 만들었다. 샘플을 보고 아이디어를 얻어 나만의 섬네일 템플릿을 만들어 활용해보자.

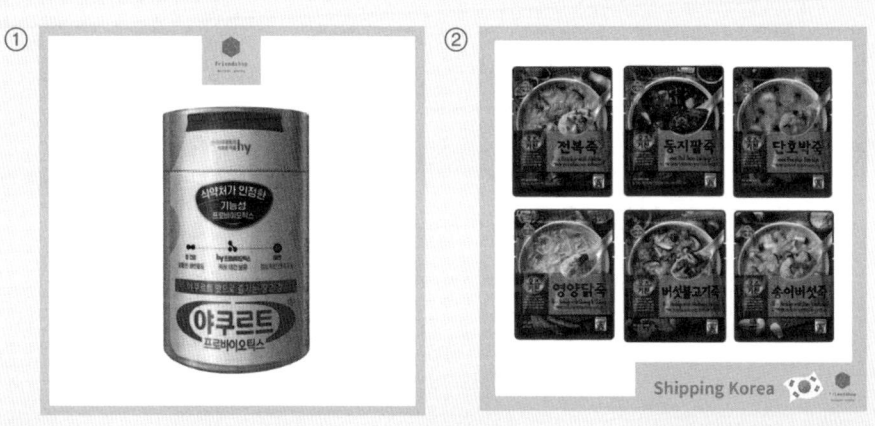

섬네일 중앙 위에 로고를 활용하고 테두리를 적용하였다(①). 테두리 색상은 로고 색상과 맞추고 중앙에 상품을 배치했다. 대만의 FSP 배너를 맞춰서 오른쪽 하단에 로고를 배치하고 메시지를 입력했다(②). 테두리 또한 로고 색상과 동일하게 만들었다.

chapter 6.

판매 증진을 위한

마케팅 활용하기

무료 마케팅 활용하기

쇼피의 소비자뿐만 아니라 대부분의 소비자는 상품을 저렴한 가격으로 구매하고 싶어 한다. 소비자 가격보다 할인된 가격으로 상품을 구매하길 원한다. 이런 부분을 채워주기 위한 도구가 바로 마케팅 센터를 활용하는 것이다. 쇼피 마케팅 센터를 간단하게 살펴보자.

쇼피 마케팅 센터

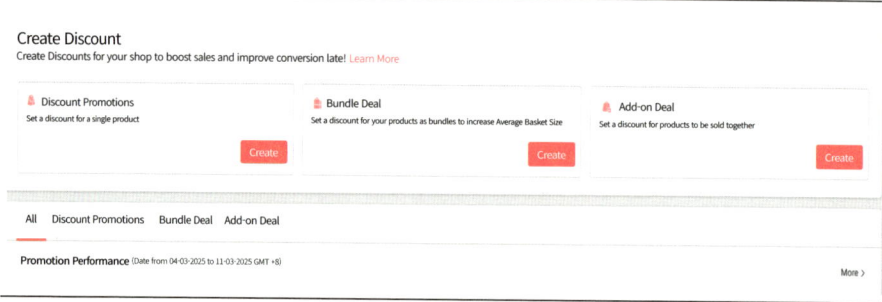

Shopee Events 영역에서는 매달 진행되는 캠페인이 확인된다. 캠페인에 관한 내용은 232쪽 '책 속 부록'을 통해서 자세하게 다뤘다. 현재 셀러들이 가장 많이 활용하는 부분은 Discount 탭에 있다. 앞서 상품등록을 했을 때 상품등록의 마무리가 바로 Discount Promotion를 적용하는 것이라고 했다.

그렇다면 다양한 마케팅 툴을 어떻게 활용하고 적용할 것인지 확인해보자.

1. 할인을 위한 Discount Promotion

대만 쇼피를 운영할 때 꼭 주의할 사항이 있다. 바로 대만의 할인을 이해하는 것이다. 대만은 예외적으로 할인을 절(折)로 표기한다. 예를 들면 우리나라는 30% 할인 상품이라고 하면 상품의 원가에서 30%를 할인한다고 생각하는데, 대반은 반대이다. 3折(절)이라고 표기되어 있다면 상품을 원가의 30% 가격으로 판매하겠다는 의미로 70% 세일이 되는 것이다. 그래서 대만은 꼭 셀러센터를 이용할 때 초기 세팅이 영어로 되어 있어야 한다. 영어로 되어 있을 경우 우리가 아는 내용으로 할인을 적용하면 된다.

상품등록과 세트라고 봐도 좋을 마케팅 툴의 기초는 바로 Discount Promotion

이다. 상품을 등록할 때 우리는 이미 상품을 판매할 금액보다 더 큰 금액으로 등록하게 된다. 등록된 가격을 소비자가 결제할 금액으로 변경하기 위해 만드는 것을 Discount Promotion에서 적용한다.

    Discount Promotion의 Create를 눌러준다. 이때 주의사항은 상품이 1개라도 등록되어 있지 않으면 만들 수 없다. 때문에 꼭 상품을 등록한 후 만든다.

    모든 마케팅 툴을 만들기 위해서는 이름(Discount Promotion Name)을 등록해야 한다. 이름은 내가 알아보기 쉬운 것으로 적어주면 된다. 영어, 한글, 숫자로만 적어도 가능하다. 날짜(Discount Promotion Period)는 최대 180일까지 지정이 가능하다. 최대한 길게 적용하는 것이 좋다. 여기서 설정 팁은 선택 가능 날짜는 검은색 숫자로 표기되고, 선택 불가능한 날짜는 회색으로 표시된다. 프로모션 기간은 시간까지 지정해야 하기 때문에 시간을 같이 바꿔주거나 날짜의 지정일을 최대 종료 1일 전으로 설정한다.

프로모션 설정

프로모션 기간 지정

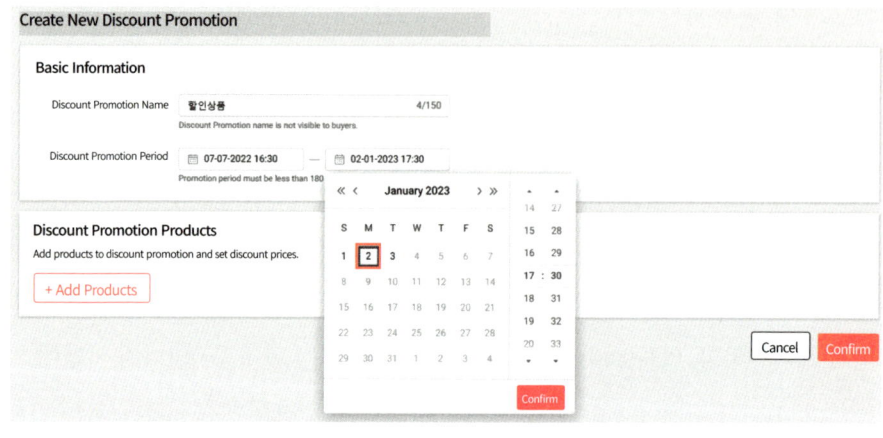

기간을 설정한 후에 Add Products를 통해 할인 설정할 상품을 선택한다.

할인할 상품 선택

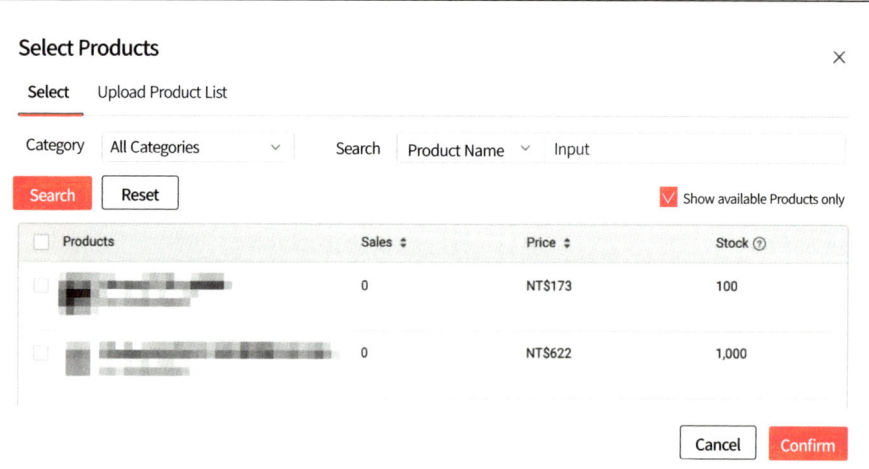

원하는 상품을 선택하고 상품의 가격을 조정해준다.

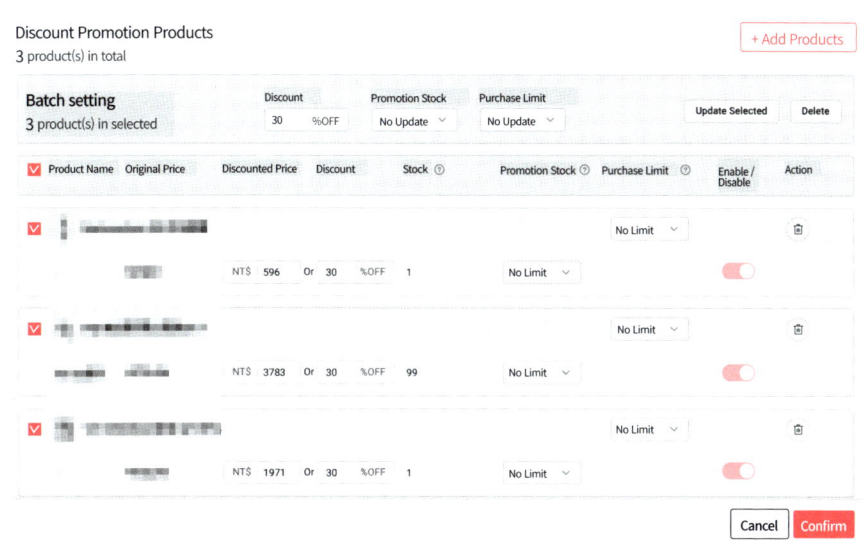

이때 엑셀파일을 확인하여 상품 가격을 직접 변경해도 되고, %로 일괄 적용도 가능하다. 모든 상품을 선택하거나 몇몇 상품을 선택하고 상단에 원하는 할인율을 설정하여 'Update Selected'를 눌러주면 완성된다.

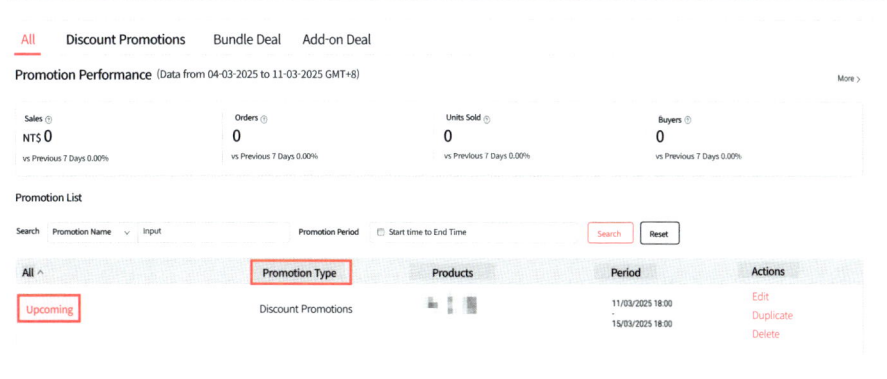

프로모션은 날짜와 시간을 모두 지정하여 만들기 때문에 시작 시간 전에 만들어진 경우 'Upcomming'으로 확인된다. 이때 상품을 조회하더라도 아직 할인 적용 전인 것을 알 수 있다. 시작되면 'On-going'으로 조회된다. 그리고 상품 할인 적용도 확인할 수 있다.

Discount 탭에 Bundle Deal과 Add on Deal이 같이 보이기 때문에 각각의 마케팅을 찾기 쉽게 Promotion Type에서 어떠한 종류의 마케팅인지 확인한다.

상품 추가 등록 시 프로모션 적용하기

상품을 등록할 때마다 프로모션을 계속 만들 필요 없이 'Edit'를 통해서 추가 등록한 상품 적용이 가능하다.

이렇게 오른쪽 상단의 'Edit Discount Promotion'을 통해서 상품을 추가로 등록할 수 있다.

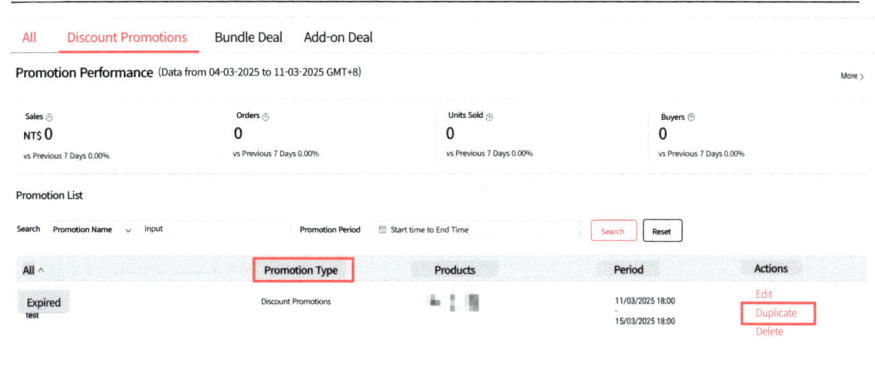

프로모션 기간은 지정된 날짜에 종료된다. 이때 종료된 프로모션을 Duplicate를 통해서 복사하여 다시 생성할 수 있다. 이때 모든 상품이 복사되고, 가격이 조절된 것도 그대로 붙여넣기 되어 따로 손볼 필요 없이 만들 수 있다. 붙여넣기 된 프로모션은 기간 설정을 다시 정비하여 바로 만들기가 가능하다. Discount로 통합되어 여러 가지 프로모션이 확인되는데, 상단의 Discount Promotion을 선택하면 쉽게 찾을 수 있다.

2. 바우처를 통한 상품 판매 증진

상품등록이 완료되고 Discount Promotion까지 잘 적용했다면 내 숍에서 물건을 구매하는 구매자들에게 작은 혜택을 줄 수 있는 바우처를 만들어보자.

바우처는 숍 바우처와 프로덕트 바우처로 나뉜다. 우리가 가장 많이 활용하는 바우처는 바로 숍 바우처이다. 숍 바우처는 말 그대로 내 숍의 모든 상품을 구매할 때 할인을 적용받을 수 있는 바우처다. 그렇기 때문에 일정금액 이상 상품 구매를 유도할 수 있는 방법 중 하나다.

우리도 어딘가에서 쇼핑할 때를 생각해보면 이해가 빠를 것이다. 필자가 아울렛에서 옷을 구매했을 때의 일이다. 어떤 품목이든 3가지를 구매하는 경우 15%를 추가 할인해준다는 직원의 말을 들었다. 그때 구매하려고 했던 상품이 티셔츠 1장이었지만 15% 추가 할인을 받기 위해 저렴한 상품으로 2개를 더 구매하기 위해 상품을 둘러보고 결국 티셔츠를 3장 구매했다.

이처럼 사람들에게 상품을 조금 더 많이 구매하도록 유도할 수 있는 것이 바우처다. 그리고 많이 구매하게 되면 상대적으로 같은 상자에 많은 상품을 담아서 보낼 수 있어 배송비에서 마진이 추가로 남는 경우가 많다.

이렇게 추가 구매를 유도하는 첫 번째 방법인 숍 바우처를 만들어보자.

Voucher를 클릭하면 여러 가지 종류의 Voucher를 확인할 수 있다. 많은 종류가 있는 것 같지만 결국 숍의 전체 상품으로 바우처를 만들 건지, 특정상품의 바우처를 만들 건지, 어떤 구매자를 위한 바우처를 만들 건지 선택하여 만들 수 있다.

바우처 설정

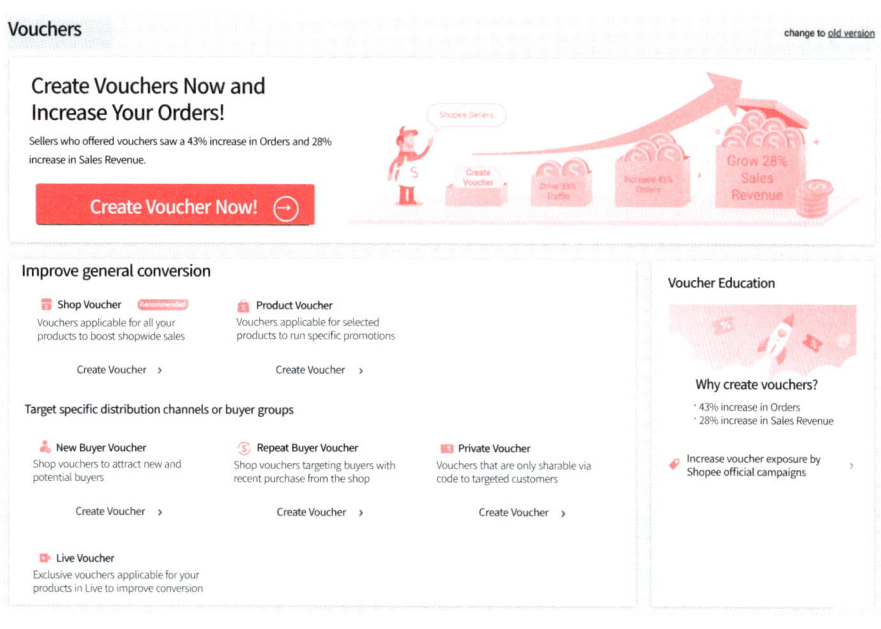

　예를 들어 가장 보편적인 방법인 숍 바우처는 다음과 같이 만들 수 있다. % 할인 설정을 할 때는 'Maximum Discount Price' 부분을 Set Amount 설정을 해주면 도움이 된다. 아무리 큰 금액을 사더라도 최대 할인해주는 금액이 설정되어 있다면 큰 할인을 해줘도 부담이 없다. 할인율이 작을 때는 No Limit를 통해서 할인을 주면서 객단가를 높일 수 있는 방법도 도움이 된다.

　바우처를 얼마만큼 할인해줄지는 어떤 상품을 판매하고 있고, 각자의 마진이 다르기 때문에 적절하게 진행하는 것을 권한다. 이때 가장 중요한 것은 이렇게 최대 할인해주는 가격 설정을 잘 해두면 할인을 많이 해주는 것처럼 보이는 효과가 있다는 것이다.

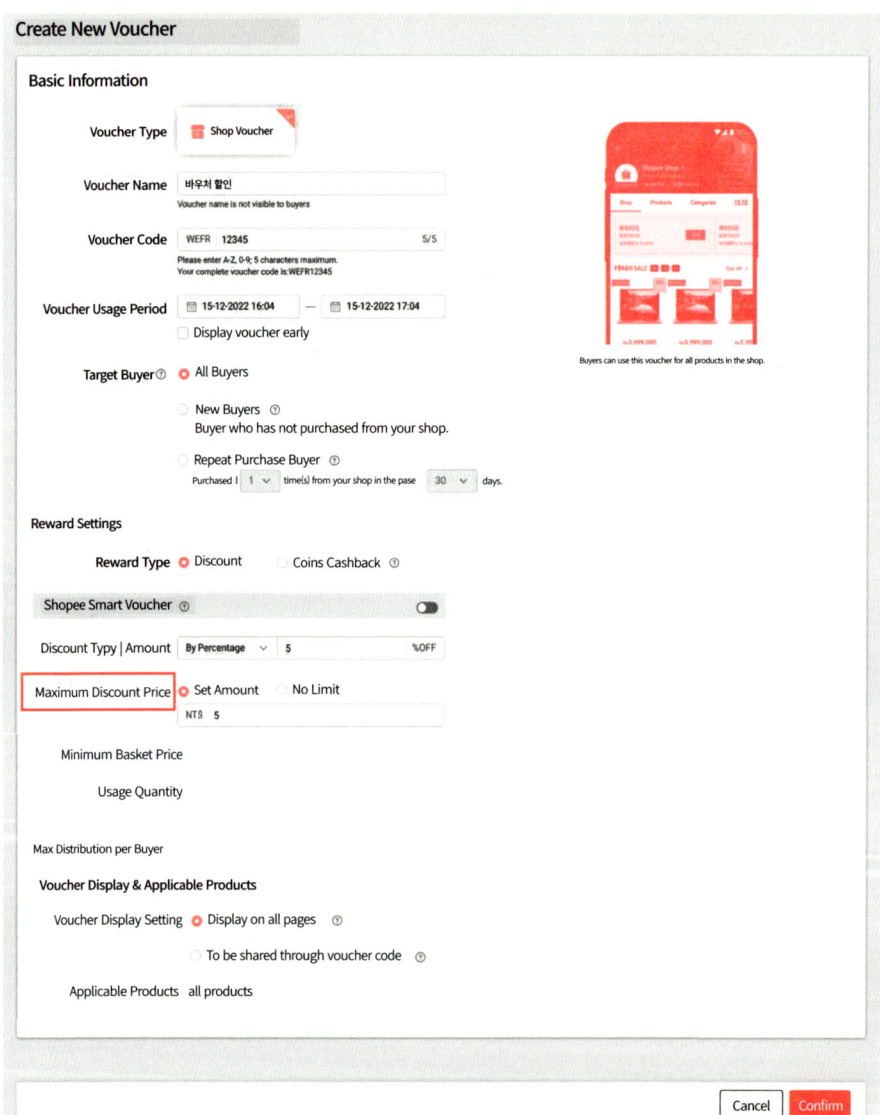

- Voucher Name : 바우처의 이름(내가 알기 쉬운 이름으로 만들기 가능)
- Voucher Code : 바우처를 이용할 때 사용될 코드 번호(원하는 숫자 및 알파벳으로 만들기 가능)
- Voucher Usage Period : 바우처 기간 정하기(최대 90일 가능)
- Display Voucher early : 바우처 생성 시간 이전에 미리 상품에 노출이 가능하다.
- Target Buyer : 모든 구매자인지, 새로운 구매자인지, 내 숍을 자주 이용한 구매자인지 구분하여 할인을 줄 수 있다.
- Reward Type : 할인을 적용하는 방법 설정(할인을 받을지, 캐시백을 받을지 설정 가능)
- Shopee Smart Voucher : 쇼피에서 자동으로 추천해주는 바우처 값
- Discount Type : %로 할인할지, 금액으로 할인할지 설정
- Minimum Basket Price : 최소 얼마 이상 구매하는 경우에 할인해줄지 설정
- Usage Quantity : 총 바우처 개수 설정
- Max Distribution per Buyer : 한 사람에게 줄 수 있는 최대 바우처 개수
- Voucher Display Setting : 바우처를 어떻게 노출할 것인지 선택 가능
- Display on all pages : 모든 상품 페이지에서 확인 가능
- To be shared through voucher code : 노출하지 않고, 원하는 사람에게만 알려줄 수 있음

To be shared through voucher code로 발급한 바우처는 어떻게 활용할 것인가?

1. 구매자가 구매 후 리뷰를 잘 작성해준 게 고마워서 할인 쿠폰을 주고 싶을 때
2. 주문 실수가 있어서 미안함에 할인 쿠폰을 주고 싶을 때
3. 단골 주문자에게 앞으로도 자주 이용하라는 의미로 할인 쿠폰을 주고 싶을 때

이런 목적 외에도 셀러 일을 하다 보면 종종 필요한 경우가 발생한다. 그때 만들어서 챗을 보내는 방법이다. 특정 구매자에게 'chat' 기능을 활용하여 바우처를 발송할 수 있다. 이때 셀러는 나에게 구매한 이력이 있는 소비자이거나 나에게 챗을 먼저 보냈던 소비자에게만 먼저 챗을 발송할 수 있으니 참고하자. PC를 통해서만 발송이 가능하다.

3. 번들딜(bundle deal)

묶음판매를 할 수 있고, 상품을 다양하게 노출할 수 있는 방법 중 하나가 번들딜이다. 번들딜을 하는 이유는 두 가지로 이야기해볼 수 있다.

첫 번째는 상품을 직접 보내지 못하는 리셀러들은 상품 여러 개를 한 번에 구매하게 되면 배송 대행비를 아낄 수 있고, 그것을 적절하게 상품 가격에서 **빼줄 수 있**으니 상품 가격을 좀 더 저렴하게 만들 수 있다. 또는 주문받은 상품을 우리가 온라

인으로 구매할 경우 여러 가지를 많이 구매하게 되면 배송비를 아낄 수 있다. 배송비를 아끼게 되면 그만큼 상품의 가격에서 빼줄 수 있으니 할인을 받는 것처럼 느낄 수 있다.

두 번째는 바로 번들딜로 묶이는 상품은 상품 페이지에서 한 번 더 소비자에게 노출이 가능하다.

번들딜 1

이렇게 상품 페이지에서 하단에 Bundle Deals에 어떤 상품을 함께 구매하면 할인받을 수 있는지를 볼 수 있다. 그리고 See more를 누르면 다음과 같이 묶여 있는 상품 확인이 가능하다.

같이 묶음으로 되어 있는 상품은 모두 확인이 가능하기 때문에 나의 상품을 홍보하는 방법 중 하나로 활용이 가능하다.

번들딜 2

　　번들을 설정할 때 내가 구매 후 발송할 때를 고려해서 상품의 배송비를 얼마나 절약할 수 있을지, 배송 대행지를 이용할 경우 한 번에 발송할 때 얼마나 더 할인해주면 좋을지를 고려해서 설정한다.

・Bundle Deal Name : 이름 정하기(내가 알아보기 쉽게 만들기)

・Bundle Deal Period : 기간 설정

・Bundle Deal Type : 어떤 방법으로 할인할 것인지 설정

・Percentage Off : % 할인

번들딜 설정하기

- Fixed Amount Off : 특정 금액으로 할인
- Bundle Price : 정해진 금액으로 구매 가능
- Purchase Limit : 구매자가 구매할 수 있는 최대 개수

번들딜을 설정할 때 다른 판매자들의 번들딜을 참고해서 설정하면 도움이 된다. 번들로 지정하면 안 되는 상품은 부피가 크고 상품의 무게가 무거운 것이다. 그런 상품은 묶음으로 구매하게 되면 무게나 부피가 더 커지기 때문에 오히려 마진이 줄거나 마이너스가 된다.

Bundle Price 활용하기

현재 저자가 자주 활용하는 방법 중 하나는 Bundle Price이다.

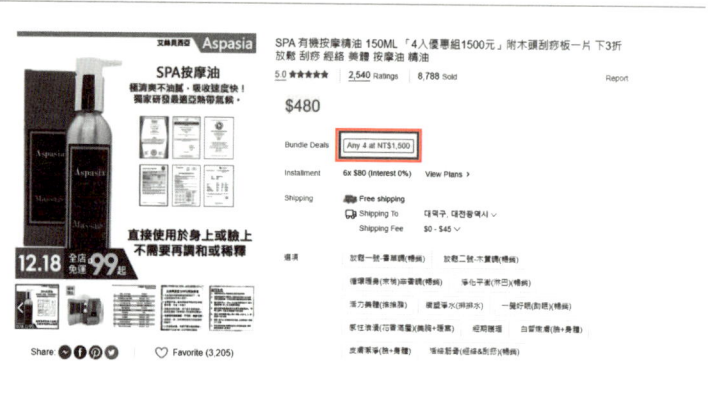

상품의 할인을 %나 현금을 깎아주는 것이 아닌 결정된 금액으로 구매할 수 있도록 적용하는 기능이다. 이렇게 셀러가 원하는 개수를 설정해서 원하는 금액을 정하여 판매가를 조절할 수 있다. 보통 경쟁 상품이 많을 때 활용하는 방법인데 부피가 작고, 무게가 가벼운 상품으로 설정하는 것을 추천한다. 그리고 섬네일 또한 구매 개수와 가격을 표기해서 만들어 주면 효과가 좋다.

4. 애드온딜(Add on deal)

애드온딜과 번들딜은 비슷한 개념으로 볼 수 있다. 애드온딜은 특정 상품을 구매할 때 추가로 정해진 상품을 할인받을 수 있는 마케팅 툴이다. 예를 들면 판매하는 상품이 컵이라면 컵을 구매하는 소비자에게 컵과 함께 사용할 수 있는 스푼과 컵받침을 할인하여 세트로 구매하도록 유도하는 것이다. 그런데 애드온딜에서 도움이 가장 많이 되는 마케팅 방법은 바로 사은품을 주는 것이다.

에드온딜

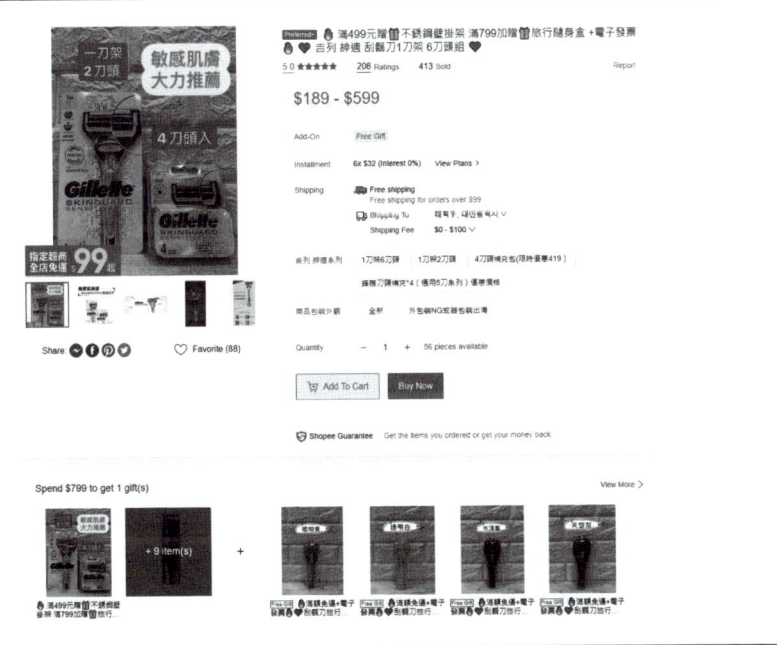

이렇게 기준 가격을 설정하고 그 이상을 결제하면 원하는 상품을 사은품으로

받을 수 있게 만드는 것이 가능하다. 사은품을 주는 Free Gift를 만들기 위해서는 사은품으로 줄 상품을 등록해야 한다. 사은품으로 활용할 상품을 등록한 후에 애드온딜 설정이 가능하다.

사은품 상품등록 후 에드온딜 설정하기

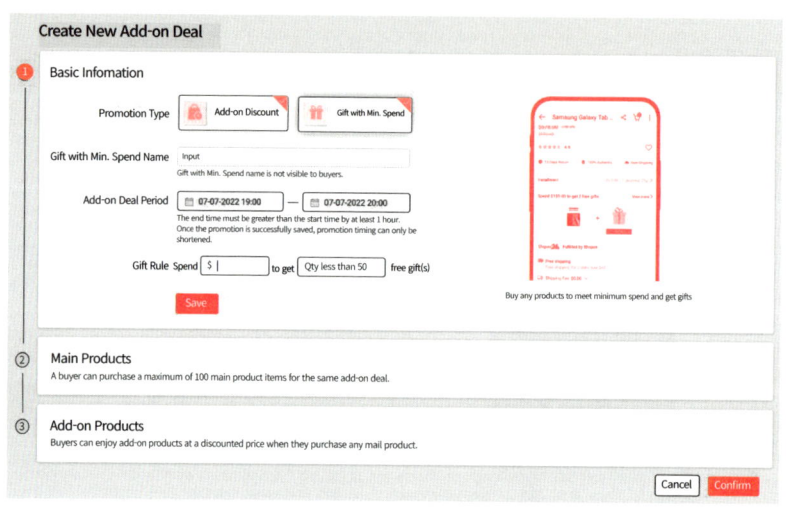

- Promotion Type을 Gift with Min.Spend로 선택한다.

- Gift with Min. Spend Name : 알아보기 쉬운 것으로 설정

- Add-on Deal Period : 기간 설정

- Gift Rule : 얼마를 결제하면 몇 개를 줄 것인가

- Main Products : 구매를 유도할 상품

- Add-On Products : 사은품 상품

설정할 때는 미리 메인으로 지정할 상품의 가격을 확인한다. 그 상품을 한 개만 구매해도 사은품을 줄 거라면 최저가의 상품 가격에 맞춰 Rule 금액에 적는다

에드온딜 가격 설정하기

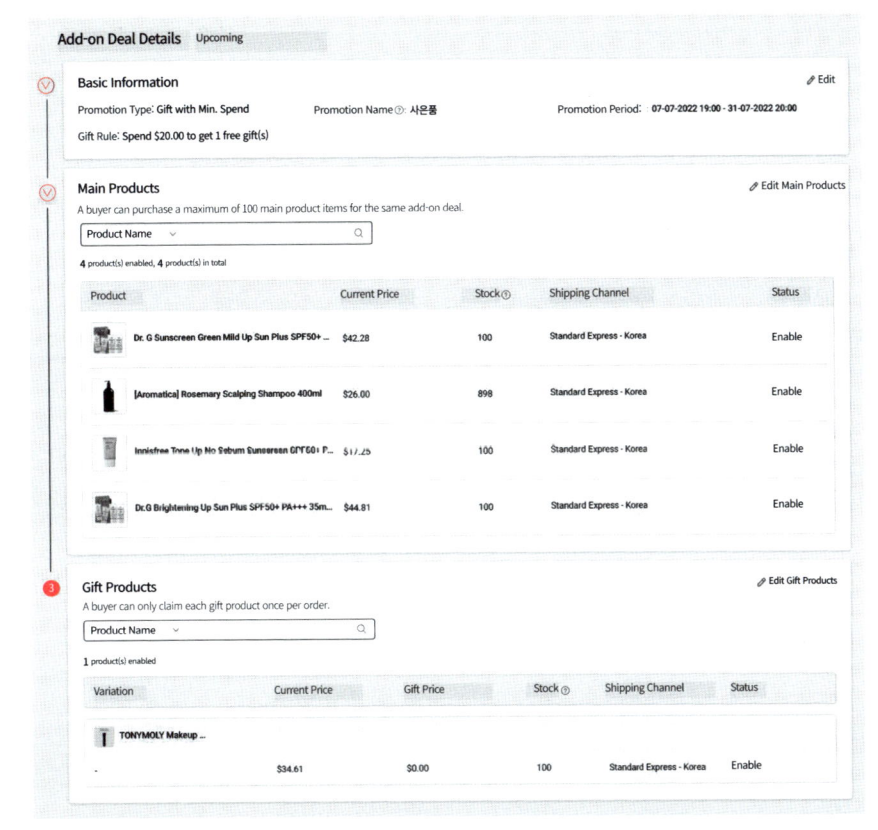

메인 상품을 설정한 후 사은품으로 줄 상품을 차례로 설정한다.

5. 팔로워를 늘리는 팔로우 바우처

쇼피를 할 때 팔로워는 중요하다. 팔로워가 늘어나면 많은 알림을 보낼 수 있기 때문이다. 그렇다면 팔로우 바우처를 통해서 팔로우 만들기를 해보자.

팔로우 만들기

Create New Follow Prize를 통해 만들 수 있다.

- Follow Prize Name : 내가 확인하기 편한 이름으로 설정
- Follow Prize Claim Period : 기간 설정하기
- Reward Type : 할인 적용 방법과 캐시백을 주는 방법
- Discount Type : % 할인과 금액 할인 중 설정 가능
- Minimum Basket Price : 최소 구매 금액 설정
- Usage Quantity : 바우처 개수

팔로우 프라이즈는 팔로우를 하는 최초 1회만 발급받을 수 있는 바우처다. 또한 바우처는 발급일로부터 7일까지만 활용 가능하다. 이렇게 바우처를 만들었다면 이 바우처를 발급받도록 알려주는 것도 셀러의 일이다. 숍 디스크립션이나 상품 상세설명에 나를 팔로우하라고 적어보자. 그리고 팔로우 바우처를 받아서 물건을 저렴하게 구매하라는 메시지를 넣어보자.

팔로우 바우처가 있다는 것은 대부분의 구매자는 알 수 있다. 그럼에도 제대로 활용하지 못하는 경우가 많다. 셀러가 이것을 한 번 더 알려준다면 활용할 확률이 높아질 것이다.

6. My shop's flash deal을 활용한 판매율 올리기

My Shop's Flash Deal은 쉽게 말하자면 타임세일에 해당한다. 원하는 날짜와 시간을 설정하여 상품을 세일해주는 기능이다. 이 기능은 모두 사용할 수 있는 기능이 아니고 몇 가지 조건이 있다. 각 국가별 조건이 다르기 때문에 각각 확인해야 한다. 웨일 브라우저를 사용한다면 상단의 붉은 상자의 글자를 드래그해서 내용을 번역해서 확인한다.

앞의 이미지에서는 판매된 상품의 리뷰가 4점 이상이 되어야 활성화 가능한 것으로 확인된다. 그렇기 때문에 어느 정도 판매가 된 상품을 활용하는 것이 좋다. 특히 캠페인 기간에 맞춰서 설정해주면 판매에 도움이 된다.

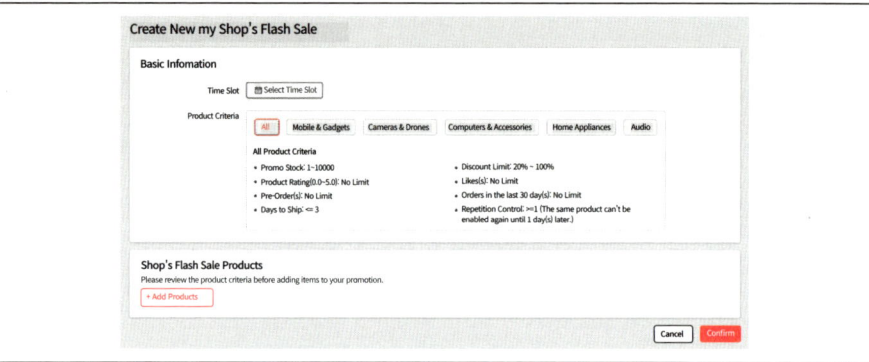

Select Time Slot을 눌러서 타임세일을 원하는 날짜와 시간을 선택한다.

날짜와 시간 선택

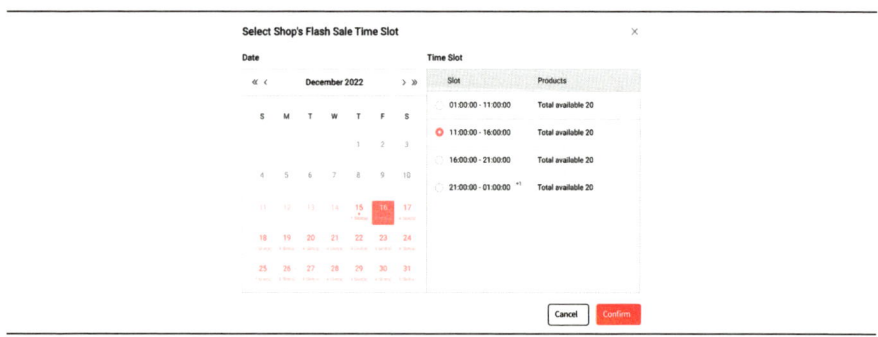

원하는 날짜와 시간을 선택했다면 상품을 선택한다.

상품 선택

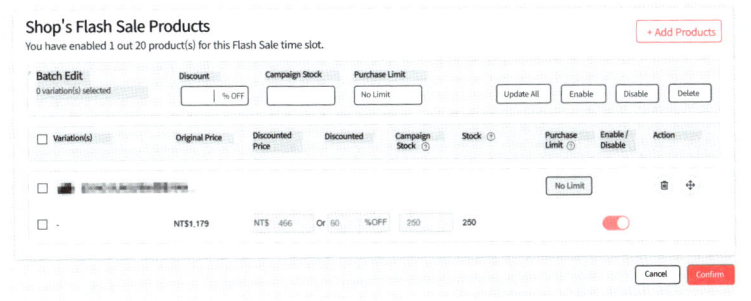

　상품의 할인을 설정할 때는 현재 판매되는 가격보다 저렴해야 한다. 상품의 개수를 설정할 때 주의할 것은 모든 개수를 설정하면 타임세일을 위해 재고를 시스템에서 '재고 없음'으로 표기한다. 그러므로 현재 재고로 되어 있는 수량보다 적게 등록한다.

　설정이 잘되었다면 앱을 통해 내 숍을 확인해보면 이렇게 타임세일 내용을 확인할 수 있다. 소비자가 Remind Me를 누르게 되면 세일 시간에 알림을 보내준다.

타임세일 내용 확인

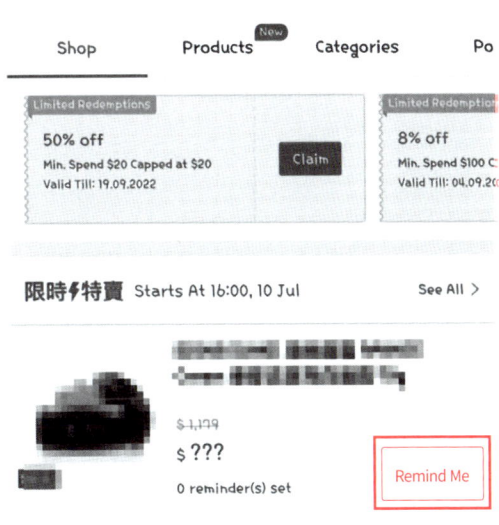

이 외의 다양한 마케팅을 활용해보자

Review Prize로 리뷰 받기

소비자가 구매를 결정하는 가장 중요한 요인으로 이전 구매자들의 리뷰를 꼽았다. 좋은 리뷰를 받기위해 소비자에게 쇼피에 사용 가능한 코인을 미끼로 리뷰를 남길 수 있도록 만들 수 있는 기능이 바로 Review Prize다.

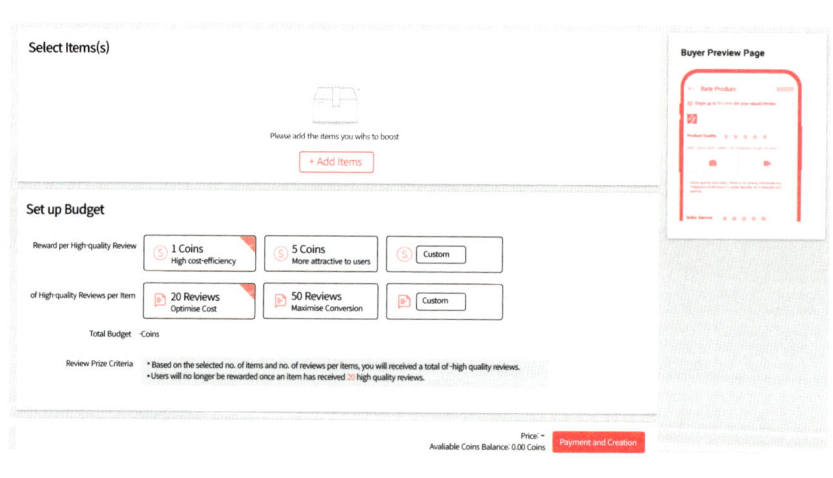

리뷰를 원하는 제품을 선택하고 하단에 리뷰 작성시 어떠한 리뷰에 어떤 혜택을 줄것인지 선택한다. 리뷰를 작성하게 되면 쇼피에서 사용할 수 있는 쇼피코인을 지급한다. 하지만 이것은 유료로 진행하기 때문에 꼭 필요한 상황에 활용하는 것을 추천한다.

어떤 상품을 추가로 노출하는 것이 좋을까? 번들딜처럼 많은 상품을 선택하고 싶지만, 최대 8개까지 선택이 가능하다. 따라서 아무 상품이나 선택하는 것이 아니라 사람들이 관심 있어 하는 상품을 선택하는 것이 바람직하다.

내 숍에서 판매가 잘되는 상품이나 상품 가격이 저렴한 상품을 넣어보자. 인기 상품은 당연히 소비자들이 원하는 상품인 경우가 많으니 구경해볼 확률이 높고, 가격이 저렴한 상품은 상품을 구매하다가 최소 할인 금액을 맞추지 못해 적당한 가격의 상품을 찾는 경우에 판매될 확률이 높다.

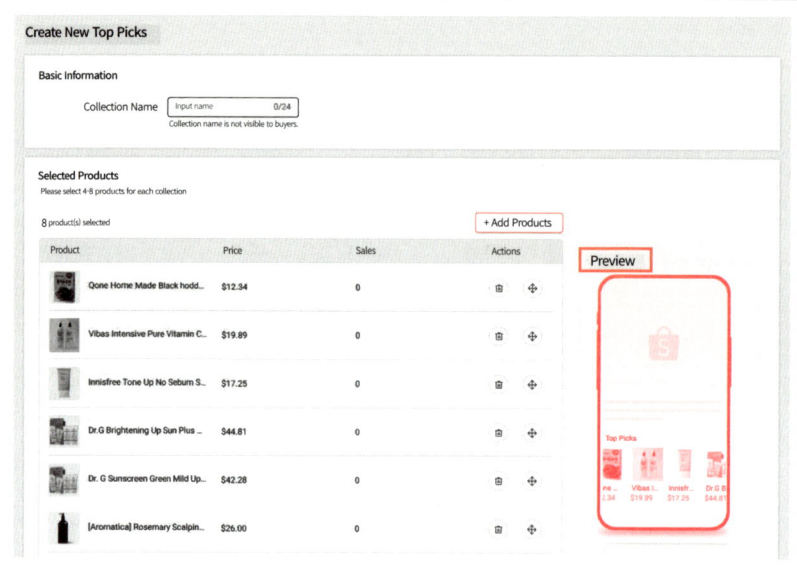

상품을 선택하면 오른쪽에 미리보기를 통해 어떻게 보이는지 확인한다. 확인 후 원하는 상품이 눈에 잘 보이도록 상품의 위치를 바꿔준다.

할인과 재미를 동시에 Shop Prize

쇼피는 싱가포르의 Sea그룹에서 만든 온라인 쇼핑몰이다. Sea그룹은 유명 IT 기업으로 게임을 만드는 것으로도 유명하다. 그래서인지 몇몇 국가(말레이시아, 필리핀, 베트남, 브라질 등)에는 간단한 룰렛 돌리기 같은 게임을 통해서 할인쿠폰을 줄 수 있는 기능이 있다.

Shop prize

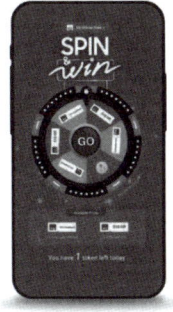

게임을 통해서 할인을 적용하거나 캐시백을 줄 수 있다.

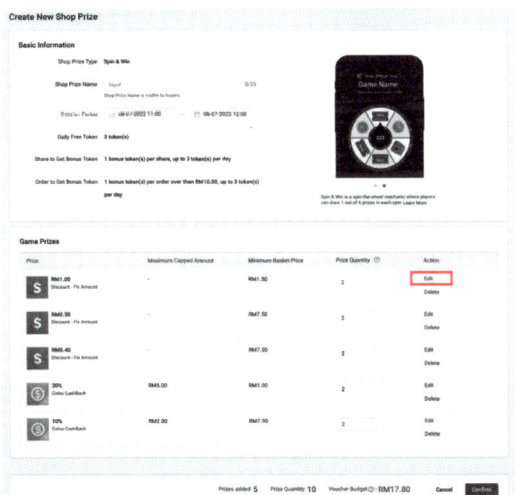

위 이미지는 기본으로 설정된 것인데 Edit를 통해서 원하는 할인 방법으로 변경이 가능하다.

할인 내용 설정

Edit Prize ×

Prize Type
● Shop Voucher ○ Shopee Coins

Reward Type
● Discount ○ Coins Cashback ⓘ

Discount Type | Amount

| Fix Amount ∨ | RM 1.00 |

Discounted price is less than 505 of original price

Minimum Basket Price

| RM 1.50 |

Usage Quantity

| 2 |

Expiration Date   Vouchers will be valid for 7 days from the time buyers receive it.

Cancel Confirm

원하는 할인 내용을 설정한다. 게임을 통한 할인은 재미 요소도 있기 때문에 큰 금액을 할인하는 것보다는 작은 금액을 여러 가지로 만드는 것을 추천한다. 게임을 통해서 받은 바우처는 7일 동안 사용할 수 있으니 참고하자.

FSP & CCB 신청하기

숍을 운영할 때 기본으로 세팅해야 하는 것은 단연 상품의 개수 채우기만이 아니다. 소비자에서 줄 수 있는 혜택은 여러 가지다. 예를 들면 상품에 대한 사은품이라든가, 추가적인 구매를 위한 할인 바우처라든가, 무료 배송 같은 것들이다. 쇼피에서도 구매하는 소비자를 위한 무료 배송 서비스를 적용할 수 있다. 각 국가별 적용 및 신청 방법이 다르기 때문에 자세히 살펴보자.

1. FSP란 무엇일까?

FSP는 Free Shipping Promotion의 줄임말이다. 셀러의 숍이 FSP를 신청하게 되면 구매자는 해외집하지부터 구매자 주소지까지 무료 배송을 받을 수 있다. 이처럼 각 국가별로 구매금액은 다르지만 특정금액 이상 주문하는 경우 무료 배송을 받을 수 있다.

국내 온라인 쇼핑몰과 다르게 구매 즉시 무료 배송을 받는 것이 아니라 무료 배송을 위한 바우처가 필요하다.

국가	FSP 기준 주문 금액	바우처
싱가포르	SDG 15	바우처 없이 적용
말레이시아	MYR 1	무료 배송 바우처 필요 / 캠페인마다 수량 상이
필리핀	PH P249	
베트남	• VND 45,000 이상 구매 시 구매자에게 VND 15,000 배송비 지원 • VND 100,000 이상 구매 시 구매자에게 최대 VND 30,000 배송비 지원	구매자 바우처 사용 개수 제한 없음
태국	THB 49(구매자에게 최대 37 THB 배송비 지원)	구매자 10개 바우처 사용 가능
대만	7-11 NTD299 / Hi-Life NTD99	• 구매자는 매월 최초 2개 사용 가능 • 구매자의 쇼피 멤버십 Rank에 따라 최대 5개 사용가능
브라질	RS39 이상 구매 시 무료 배송	• FSP 가입 시 구매자 5개 사용 가능 • FSP 미가입 시 구매자는 2개 사용 가능

국가별로 무료 배송 적용 방식이 다르니 표를 확인하자.

빨간색으로 12.18이라고 표기된 것은 캠페인에 따라 달라지는 문구다. 그다음의 문구가 무료 배송이나 캐시백을 뜻하는데 사진에서는 무료 배송만 적용된 것이다.

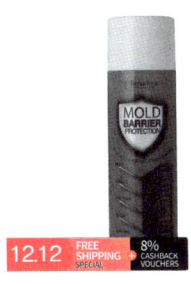

이 이미지는 싱가포르의 FSP & CCB가 적용된 상품이다. 마찬가지로 맨 앞에 12.12는 캠페인 내용에 따라 변동되며, Free Shipping은 무료 배송을 의미하고, 8% Cashback Vouchers는 캐시백이 가능하다는 의미다.

2. CCB란 무엇일까?

우리도 쇼핑몰에서 쇼핑을 하거나 집 앞의 슈퍼에서 물건을 구매해도 구매 금액의 1~2%가량의 포인트를 지급해주고, 얼마 이상 모이게 되면 현금처럼 사용할 수 있는 혜택이 있다. 쇼피도 마찬가지로 온라인으로 물건을 구매하면 이런 멤버십 포인트를 캐시백의 형태로 지급받는다. 이렇게 쌓은 캐시백으로 물건을 구매할 때 가격을 할인받는 것으로 이용한다.

CCB는 Coin Cashback의 약자다. 보통 구매한 상품의 13~18%를 지급한다. CCB에 가입된 셀러의 상품을 구매하는 경우 캐시백이 쌓인다. 구매자는 최소 주문 금액의 제한이 없이 100coin에 TWD$1로 활용할 수 있다.

캐시백을 통한 상품 가격 할인은 셀러가 아닌 쇼피가 부담한다.

3. 각 국가별 수수료 확인하기

FSP/CCB는 판매수수료와는 별도로 수수료가 부과된다. 현재 FSP와 CCB 같은 경우는 싱가포르를 제외한 모든 국가든 각각 신청할 수 있다.

나라	FSP	CCB	FSP + CCB
싱가포르	-	-	판매 수수료에 포함
말레이시아	-	-	판매 수수료에 포함
필리핀	-	3.36%	FSP 자동 적용되어 수수료에 포함
베트남	-	3%	9%
태국	5.35%	-	7.49%
대만	3%	• 5X CCB 1.5% • 10X CCB -3.0%	• 5X CCB 4.5% • 10X CCB -5%
브라질	6%		
멕시코	-	3%	FSP 없음

수수료는 차후 변동될 수 있기 때으니 꼭 QR을 통해 확인하자.

쇼피 수수료 안내
(쇼피코리아)

shopee Incubation		국가별 CCB/FSP 수수료 & FSP 무료 배송 최소 주문 금액 1	
		싱가포르	멕시코
Service Fee(%) 서비스 수수료(%)	Cashback	(개별 신청 불가)	3.00 (멕시코 CCB 서비스 론칭: CCB 서비스 소개서)
	Free Shipping	(개별 신청 불가)	6.00
	CCB+FSP	6.42	7.00
FSP 무료 배송 최소 주문 금액 기준		SGD 15	100 MXN (2022년 11월 1일부터 99 MXN)
FSV(Free Shipping Voucher)		2022년 12월 16일부터 모든 구매자에게 FSV(최소 주문 금액 45달러) 발행 중단되며, 무료 배송은 FSP 프로그램의 판매자에게만 적용될 예정임	FSV 없이는 FSP 혜택 적용 불가
Non-FSP 무료 배송 최소 주문 금액 기준		무료 배송 없음	확인되면 내용 업데이트 예정

CCB & FSP
(쇼피코리아)

shopee Incubation		국가별 CCB/FSP 수수료 & FSP 무료 배송 최소 주문 금액 2			
		말레이시아	필리핀	태국	베트남
Service Fee(%) 서비스 수수료(%)	Cashback	3.24	3.36	4.28%(max 321 THB per item)	3.00
	Free Shipping	5.40	3.36	5.35%(max 321 THB per item)	5.00
	CCB+FSP	7.56	6.72	6.42%(max 321 THB per item)	9.00
FSP 무료 배송 최소 주문 금액 기준		MYR 15	PHP 249	THB 49(구매자에게 최대 37 THB 배송비 지원)	• VND 45,000 이상 구매 시 구매자에게 VND 15,000 배송비 지원 • VND 100,000 이상 구매 시 구매자에게 VND 300,000 배송비 지원
FSV(Free Shipping Voucher)		FSV 없이는 FSP 혜택 적용 불가 (FSV 수량은 캠페인에 따라 상이함)	FSV 없이는 FSP 혜택 적용 불가 (구매자가 T&C 조건 충족 시 FSV 사용 수량 제한 없음)	FSV 없이는 FSP 혜택 적용 불가 (구매자가 10개 FSV 사용 가능)	FSV 없이는 FSP 혜택 적용 불가 (구매자는 FSV 사용 개수에 제한 없음)
Non-FSP 무료 배송 최소 주문 금액 기준		무료배송 없음 (단, New user voucher 혹은 특정 신용카드 사용 등과 같이 Payment 조건 충족 시 FSP 미가입 숍에서도 사용 가능한 바우처 있음. 배송비 지원 금액 등은 T&C에 따라 상이)	PHP 500 이상 구매 시 지원하며 바우처 T&C에 따라 지원 금액 상이 Private & confidential	무료 배송 없음	VND 250,000 이상 구매 시 VND 25,000 지원

shopee Incubation		국가별 CCB/FSP 수수료 & FSP 무료 배송 최소 주문 금액 3	
		브라질	대만
Service Fee(%) 서비스 수수료(%)	Cashback	N/A	•5×CCB(판매자가 모든 오더에 대해서 수수료 1.5% 납부 시, 구매자는 5%의 캐시백 획득 가능) •10×CCB(판매자가 모든 오더에 대해서 수수료 3.0% 납부 시, 구매자는 10%의 캐시백 획득 가능)
	Free Shipping	6.00	3.00
	CCB+FSP	N/A	5×CCB+FSP=4.50 10×CCB+FSP=6.00
FSP 무료 배송 최소 주문 금액 기준		R$39 이상 구매 시 무료배송	7-11: NTD299 / Hi-life: NTD 99
FSV(Free Shipping Voucher)		FSV 없이는 FSP 혜택 적용 불가 •FSP 가입 시 구매자는 5개 FSV 사용 가능 •FSP 미가입 시 구매자는 2개 FSV 사용 가능	FSV 없이는 FSP 혜택 불가 (구매자는 매월 최소 2개 FSV 사용 가능, 구매자의 쇼피 멤버십 Rank에 따라 최대 5개 FSV 사용 가능 https://shopee.tw/m/Loyalty)
Non-FSP 무료 배송 최소 주문 금액 기준		R$69 이상 구매 시 R$20 지원	무료 배송 없음

쇼피는 소비자의 구매를 위해 여러 가지 캠페인과 이벤트 행사를 한다. 그때 FSP와 CCB를 가입한 셀러는 모든 이벤트 행사에 참여가 가능하다. 또한, 내 상품이 경쟁력이 있다고 판단이 되면 쇼피에서 임의로 선택하여 이런 이벤트 페이지에 상품을 노출하는 경우가 있다. 그래서 이런 추가 혜택은 신청하는 것이 좋다.

4. 프로모션 신청하기

프로모션은 상품 5개 등록된 셀러부터 신청 가능하다. 신청하는 방법은 국가마다 다르다. 신청 후 별도의 적용 여부를 알려주지 않는다. 싱가포르는 1~2주 정도 후에 적용되고, 이외의 마켓은 약 4~6주 정도 소요될 수 있다. 샵 단위로 적용 되며 상품 썸네일 왼쪽 하단에 태그로 부착된다. 앞서 확인된 바와 같이 싱가포르와 말레이시아는 별도로 신청할 필요없이 모든 셀러에게 FSP&CCB가 적용된다.

　이외의 국가 중 한국셀러센터 내에 Seller Programmes을 통해 직접 적용할 수 있는 국가는 현재 필리핀, 베트남, 대만이다. 태국, 브라질, 멕시코는 따로 신청서를 작성하여 신청해야 한다.

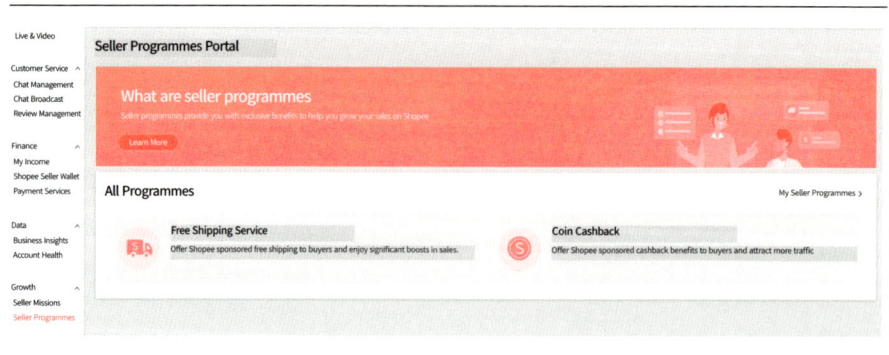

국가별로 Seller Programmes에서 해당 탭을 누르면 Sign up할 수 있는 부분이 있다. Sign up을 눌러서 신청할 수 있다. 만약 해지를 원한다면 같은 방법으로 해지를 요청하면 된다.

[Free Shipping Programme / Coin Cash Back]

✔ 1. **정확하지 않은 계정 정보를 제출할 경우 신청이 자동 반려**되며 별도 안내 메일은 발송되지 않습니다.
2. 서비스 가입 이후 서비스 해지 접수를 해주셔야만 해지 가능합니다.
3. 신청서 제출 이후 반영 여부에 대해 별도 공지 드리지 않습니다.
4. **신청서 제출 후 서비스 가입 / 해지 반영까지 최소 1개월 이상 소요**될 수 있습니다.

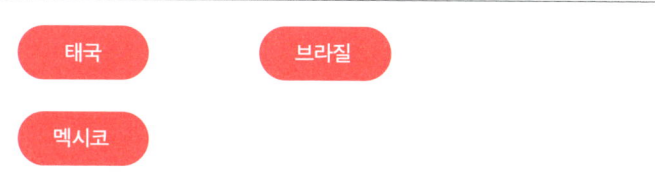

신청서를 작성해야 하는 국가는 다음 QR을 통해 확인해서 신청하자.

신청서
(쇼피코리아)

쇼피를 통해 외부 마케팅 해보기

우리나라에 쿠팡파트너스라고 있다. 쿠팡에서 판매하는 물품을 SNS 채널을 통해 홍보하고 내가 안내한 링크를 통해 상품을 구매하게 되면 상품 판매 수수료를 받을 수 있는 시스템이다. 이렇게 내가 상품을 가지고 있거나 직접 판매하는 판매자가 아니라도 홍보를 하면서 수익을 얻을 수 있기 때문에 요즘 많은 사람이 숏폼이나 블로그를 활용한 리뷰가 늘어나고 있다.

쇼피에도 이러한 기능이 있다. 이것이 바로 'Affiliate Marketing Solution', 줄여서 AMS라고 한다. 즉 AMS는 동남아 전역 약 50만 개 이상의 쇼피 외부 제휴 파트너사를 통해 숍, 제품, 바우처 등을 노출하여 구매 전환을 높일 수 있는 마케팅 방법이다. 제휴 파트너사는 SNS 인플루언서뿐만 아니라 여러 로컬의 플랫폼이 해당된다.

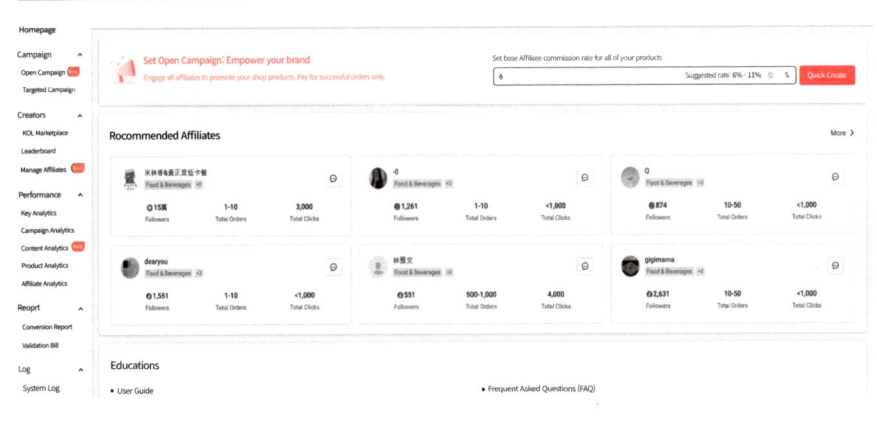

Marketing Center > Affiliate Marketing Solution

원하는 홍보 채널을 직접 선택하거나 원하는 인플루언서를 직접 선택할 수 있다.

이용을 위해서는 먼저 Open Campaign을 먼저 설정해야 한다. 이때 쇼피에서는 내 숍을 홍보하기 위한 최적의 커미션을 추천한다. 원하는 %를 설정하면 되는데 이때 너무 적으면 노출될 확률도 적어진다.

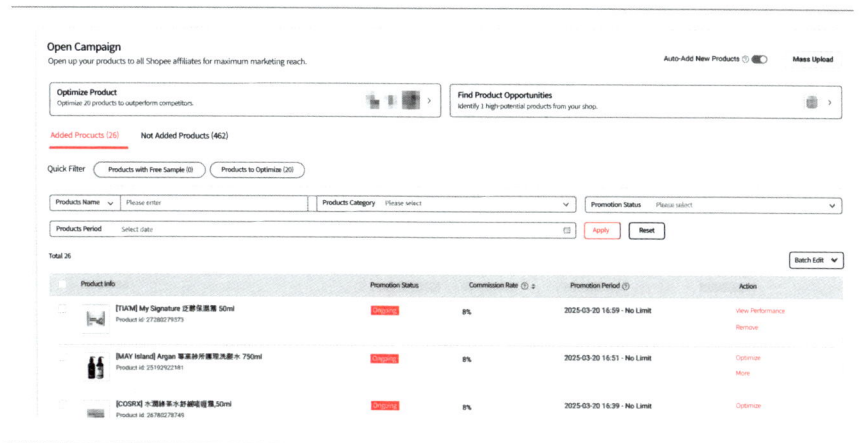

원하는 상품은 추가할 수 있고, 설정을 삭제할 수도 있다.

Targeted Campaign을 통해서 원하는 상품을 따로 홍보할 수 있도록 만들 수 있다. 이 때 홍보를 위한 인플루언서를 직접 선택할 수 있다.

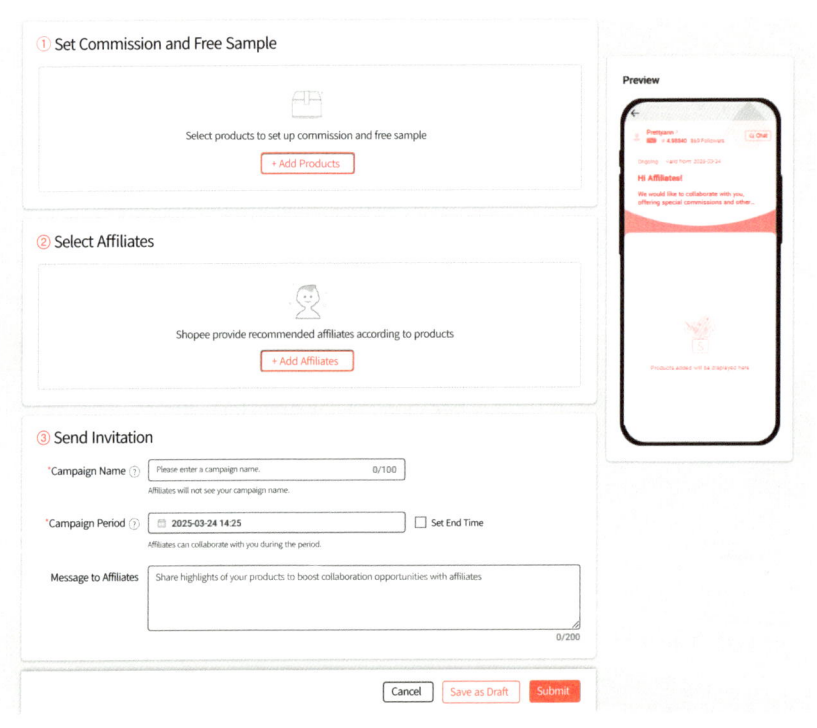

AMS 마케팅을 잘 활용하기 위한 팁을 주자면 인기있는 제품 판매가 잘 되는 제품을 활용해야 한다. 왜냐하면 결국 판매가 되어야 돈이 되기 때문에 커미션을 많이 줘도 인기가 없어 판매가 안 되는 제품은 홍보가 잘되지 않는다.

결국 제품 홍보를 하는 파트너, 즉 인플루언서는 제품 홍보를 위해 쇼피사이트 내에서 검색을 할 것이다. 그 후 검색된 제품이 홍보가 되면 얼마나 판매가 되고, 본인은 어느정도의 수익을 가져갈 수 있는지 등을 검토한다. 그래서 어느 정도 인지도가 있으면서 판매가 잘되어 리뷰가 좋은 제품일 수록 선택될 확률이 높다.

 지금 쇼피 내에서는 라이브 탭을 통해서 다른 사람의 상품을 직접 라이브 방송을 통해 홍보하는 방식으로 판매하는 경우도 점점 많아지고 있다. 단순 외부 채널을 활용한 홍보가 아니라도 쇼피 내에서 얼마든지 홍보하는 방법이 많기 때문에 소싱을 저렴하게 할 수 있는 제품들을 AMS를 통해 판매를 늘려보는 것도 매출을 올리기 아주 좋은 방법이다. 이외에 책에 쓸 수 없었던 쇼피라이브, 쇼피비디오 등도 홍보에 좋은 방법이긴 하다. 초보셀러가 해외로 라이브나 비디오를 제작해서 등록하는 일은 쉽지 않기 때문에 현재 일부 수강생들과만 진행하는 중이다. 이 효과에 대해서 언젠가 이야기할 수 있는 날이 올 것이다.

책 속 부록

쇼피는
1년 내내 행사 중!

1. 쇼피 캠페인이란?

블랙 프라이데이라고 들어봤을 것이다. 미국은 연말 큰 세일을 진행하는데 이때 진행하는 세일이 블랙 프라이데이다. 이 세일 기간에는 상품 가격이 아주 저렴하게 판매되기 때문에 많은 사람이 쇼핑을 하기 위해 이날을 기다린다.

쇼피에서는 이처럼 블랙 프라이데이 같은 이벤트를 매달 진행한다. 1월 1일, 2월 2일… 이렇게 달과 날짜가 같은 날을 더블데이라는 명칭으로 세일을 한다. 이때를 기준으로 많은 소비자가 상품을 구매하기 위해 쇼피를 방문한다. 하지만 유입되는 소비자의 수는 늘어나는데 판매로 이어지지 않는다. 왜냐하면 상품을 세일 기간에 맞춰 저렴한 가격으로 구매하고 싶기 때문이다.

더블데이를 기점으로 일주일 전부터 방문자가 늘어난다. 그런데 유입자 수만큼 판매가 없고, 장바구니에 담기는 상품은 많아도 결제로 이어지지 않는다. 그러나 판매가 없다고 해서 걱정할 필요는 없다. 오히려 구매가 되지 않았지만 장바구니에 담아놓았다는 건 세일 기간에 결제해 구매하겠다는 뜻이다.

이처럼 세일 기간에는 수많은 사람이 쇼피를 방문하고 구매한다. 이 기간이 많은 셀러가 판매량이 늘어나는 시기이고, 나아가 매출이 급격히 증가하는 시기이기도 하다.

쇼피에서는 이런 행사를 진행하기 전에 많은 셀러가 이 행사를 통해 판매하기를 원한다. 마케팅 센터에서 쇼피에서 진행하는 캠페인 확인이 가능하다. 진행하는 캠페인을 잘 확인하여 다가올 캠페인을 준비한다면 상품 소싱까지 가능하다. 어떤 캠페인이 있고, 어떻게 참여할지 확인한다. 캠페인에 참여하게 되면 세일 기간 당시에 캠페인 전용 페이지에 노출이 된다. 하지만 신청한 모든 상품이 페이지에 노출되는 것은 아니다. 꾸준하게 참여해서 노출될 확률을 높여보자.

2. 쇼피에서 진행하는 캠페인 참여하기

캠페인의 종류는 크게 Product Campaign과 Voucher Campaign으로 나뉜다. 상품 캠페인과 바우처 캠페인이다. 참여할 수 있는 것들이 있는지 각각의 탭을 확인하여 참여한다. 셀러들이 많이 참여하는 캠페인은 상품 캠페인이다. 참여가 가능한 캠페인은 [Nominate Now]로 표기된다.

쇼피 캠페인

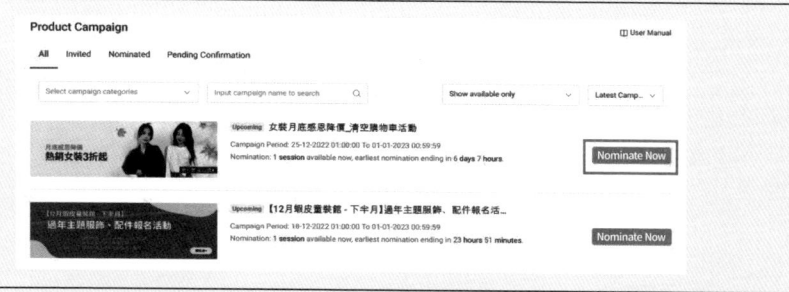

이렇게 등록 가능한 여러 가지 캠페인을 확인한 후 원하는 캠페인을 눌러서 등록 가능 조건을 잘 확인한다.

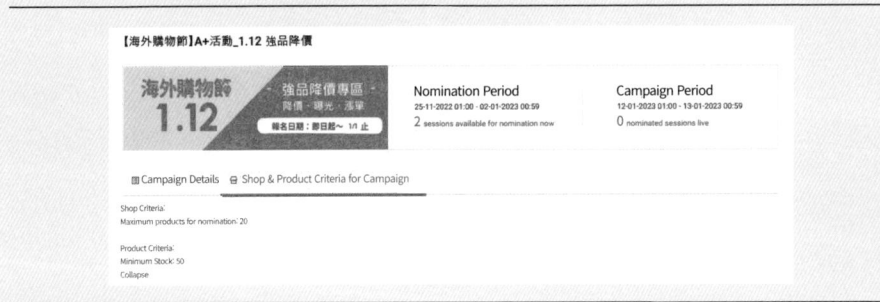

Shop & Product Criteria for Campaign 하단 내용이 캠페인 등록 가능한 조건이다. 확인하여 해당하는 상품을 신청하면 된다. Add Products를 눌렀을 때 캠페인에 해당하지 않는 상품은 조회되지 않는다.

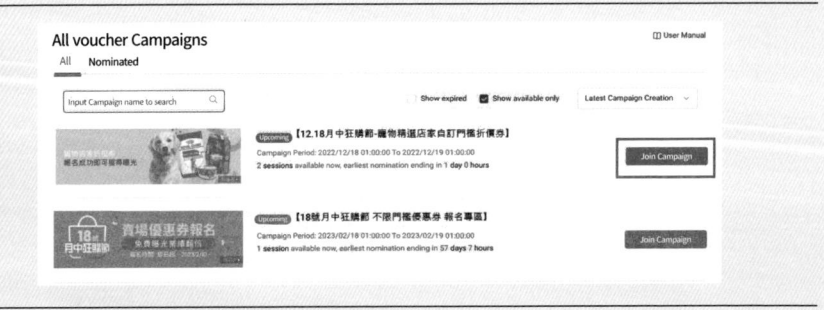

바우처 캠페인 역시 가능 여부 확인 후 만든다. Join Campaign을 눌러서 이동하여 바우처를 만들면 캠페인에서 원하는 조건으로 만들 수 있다.

바우처 발급

이동하면 자동으로 바우처 시작 시간과 끝나는 시간이 설정되어 있다. 특히 Discount 내용도 쇼피가 정해놓은 범위가 있으니 잘 확인해서 해당 범위를 기준으로 할인을 설정한다. 이렇게 바우처를 발급해두면 구매자는 바우처 생성일에 맞춰서 할인을 받아 물건을 저렴하게 구매할 수 있다.

chapter 7.

Shopee Ads

활용하는 방법

상품 광고하는 방법

내 상품을 효과적으로 판매하기 위해서 어떻게 해야 할까? 상품이 잘 보여야 클릭을 할 것이고, 그렇게 상품을 보다가 구매가 이루어진다. 상품을 잘 검색되게 하려면 광고를 통해서 만들어줄 수 있다.

상품 광고는 어떻게 진행하면 좋을까? 광고를 위해서는 몇 가지 조건이 필요하다. 특히 리셀러의 광고는 일반 브랜드사의 광고와는 다르다. 광고를 하게 되면 상품이 상단에 노출될 확률이 높아진다. 그러나 광고만 한다고 바로 내 상품이 구매로 이어질까? 그렇지 않다. 우리가 상품을 구매할 때를 생각해보면 상단에 검색되는 광고 상품을 구매할 때도 있지만 그렇지 않을 때도 있다.

소비자는 광고로 인해 노출되는 상품을 우선 확인할 것이다. 그리고 합리적인 가격이라 생각하고, 믿을 만한 셀러라는 생각을 하게 되면 구매로 이어질 것이다. 또는 이렇게 검색해서 들어왔지만 내가 판매하는 다른 상품이 마음에 들어서 그것을 결제할 수도 있다. 그래서 광고를 할 때 리셀러들은 어느 정도 상품을 많이 진열, 즉 등록한 후에 광고를 하는 것을 추천한다.

상품은 몇 개가 적당한지는 항상 이야기하고 있다. 일단 100개 이상으로 등록하는 것이 좋다. 그렇게 구경할 거리를 많이 만들어주면 소비자는 자연스럽게 내 숍에 머무는 시간이 늘어난다. 그러면서 마음에 든다면 나를 팔로우할 것이고, 내 숍의 상품이 할인을 한다는 알림을 받게 되면 다시 한번 들어와볼 것이다.

광고를 하게 되었을 때 무조건 저렴한 상품으로 하는 것이 과연 답일까? 그럴 때도 있고, 아닐 때도 있다. 우선 브랜드 제품과 같이 유명한 제품의 경우 광고를 하게 되면 많은 상품과 경쟁하게 된다. 그때 나보다 저렴한 상품이 등록되어 있는데 리뷰나 판매 개수가 많다면 당연히 그 상품이 판매될 것이다. 이때 최저가로 등록하더라도 리뷰가 없다면 구매하지 않을 수 있다. 그렇지만 내 상품이 최저가라면 경쟁해볼 수는 있다. 그렇게 되려면 광고비용이 많이 필요할 것이다. 더불어 상품을 손해보고 판매하게 되기 때문에 손해가 더 크다.

만약 인기가 없는 상품을 광고한다면 어떻게 될까? 인기 없는 상품은 상대적으로 경쟁이 없다. 이 상품을 왜 사야 하는지에 대한 정확한 메시지를 담고 있어야 한다. 그리고 합리적인 가격이 중요한데 이때는 시간이 필요하다. 유명하지 않기 때문에 사람들이 이 상품이 과연 좋은지 안 좋은지 고민은 많이 할 것이기 때문이다. 그러므로 광고를 꾸준히 해줘야 하고, 상품 리뷰를 많이 받으면 좋다.

가장 확실한 상품 광고는 어떻게 하는 게 좋은가? 필자의 추천은 이미 판매가 이루어진 상품을 열심히 광고하기이다. 마치 삼성이라는 대기업을 우리가 알고, 어떤 제품이 인기 있는지 알지만 지속적인 상품 광고를 하는 것처럼 말이다.

이미 판매가 일어난 상품을 광고하게 되면 최저가가 아니더라도 리뷰자 판매 개수를 보고 사람들이 구매하는 경우가 많다. 아무것도 없는 상태에서 광고를 하는 것보다 효과가 더 클 것이다. 이번 챕터에서는 광고를 어떻게 할 것인지 그리고 Ads의 숨은 기능 키워드 보는 방법을 확인해서 상품을 더 잘 검색되게 만들어보자.

1. 광고비 충전

광고를 하기 위해서는 광고비 충전이 필요하다. Top up 기능을 이용해 충전을 진행하면 된다.

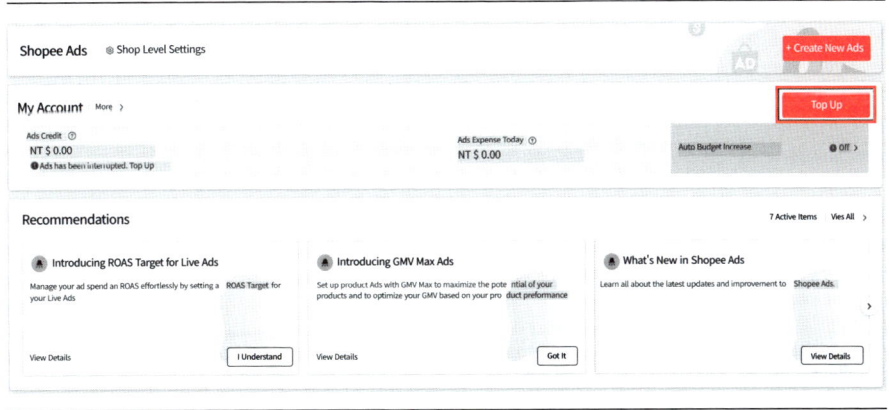

이때 Auto Budget Increase를 활용하면 광고비용이 내가 정한 예산보다 적어지면 자동으로 광고비를 충전해준다. 광고비용이 모두 차감되어 광고가 중지되는 것을 방지하기 위한 방법으로 활용하면 좋다.

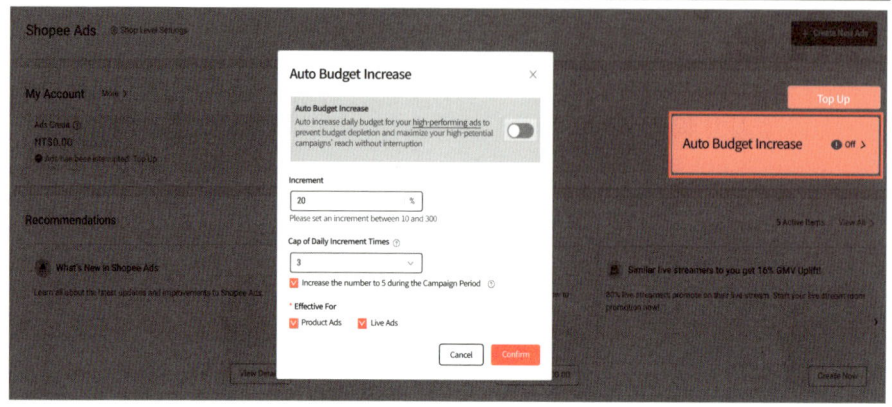

2. 광고 적용하기

광고비를 충전했다면 광고를 직접 진행한다. Create를 누르면 Promote My Products, Promote My Shop, Promote Live의 3개로 나뉜 것을 볼 수 있다. 참고로 기본적으로 진행할 수 있는 광고는 Promote My Products와 Promote Live 두 가지다. Promote My Shop은 프리퍼드 셀러 적용된 후에 사용할 수 있다.

우리가 먼저 알아볼 광고는 Promote My Products이다. 가장 많이 이용하는 광고로 검색광고(키워드 광고)와 추천광고(디스커버리 광고)로 설정한다.

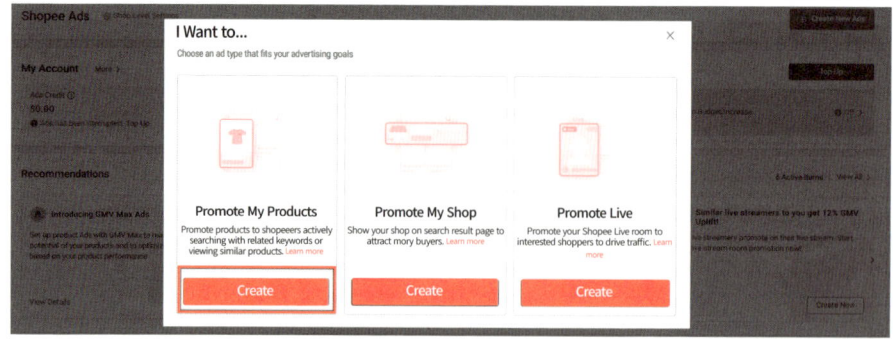

우리가 먼저 알아볼 광고는 Promote My Products이다. 광고 적용 방식은 두 가지다. 오토 모드로 숍 제품을 자동화하여 광고하는 방법과 특정 제품을 선택하여 개별적으로 홍보하는 방법이다.

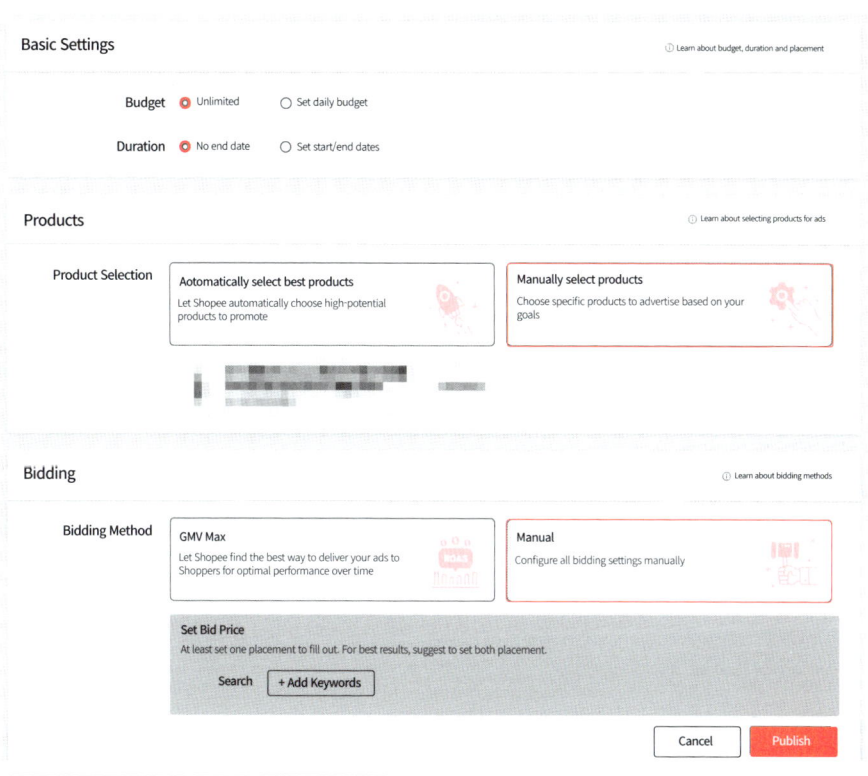

- Budget : 예산은 직접 설정을 하거나 제한없이 진행할 수 있다.
- Unlimited : 예산 제한없이 광고 진행
- Set daily budget : 일일 예산을 정할 수 있고, 정해진 예산이 모두 소진된 경우 광고 중단

- Duration : 시작일과 종료일을 따로 지정할 수 있다.
- No end date : 광고 종료일 설정없이 광고진행
- Set start/end dates : 시작일과 종료일 설정

Automatically select best products

내 숍의 상품들을 광고가 가능한 여러 위치에 자동으로 연관성 높은 고객에게 노출해주는 광고다. 설정하게 되면 2주 동안의 머신 러닝 과정을 통해 여러 가지 제품과 광고 방법을 최적화 하는 Learning 기간을 거치게 된다. 그래서 이 기간은 광고가 진행되는 기간이라기보다는 학습하는 기간으로 봐야 한다. 초기 러닝 단계를 거쳐 이후 광고가 최적화 되기 때문에 만약 해당 광고를 시작했다면 2주 이내로는 변경이나 중지하지 않는 것이 도움이 된다.

Manually select products

원하는 상품을 직접 선택해서 광고할 수 있다. 쇼피 시스템에서 숍 부선을 통해 판매 전환이 높은 제품을 추천해준다. 그러나 꼭 추천 상품이 아니더라도 광고를 할 수 있다.

- Best Selling : 내 상품 중 판매수가 높은 제품
- Good ROAS : 시스템에서 분석한 데이터 기반으로 광고비 대비 수익율이 높다고 예상되는 제품
- Top Searched : 많이 검색되는 검색어의 연관 검색어로 판매량과 노출량을 높일 수 있는 제품

이러한 제품들을 쇼피 시스템이 내 상품 중에서 추천한다.

추천 상품

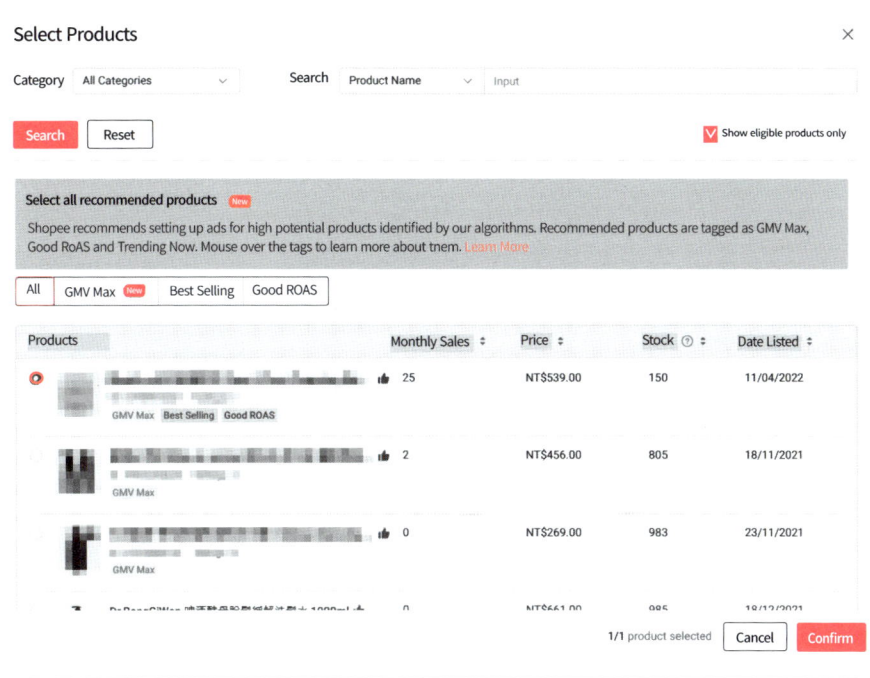

- GMV Max : 쇼피 시스템에서 최적의 광고를 진행하는 방식
- GMV Max Auto Bidding : 자동으로 설정됨
- GMV Max Custom ROAS : 셀러가 원하는 목표 직접 설정 가능
- Manual : 제품에 대한 키워드 및 광고 비용을 셀러가 원하는 가격으로 설정하는 방식

광고 매뉴얼

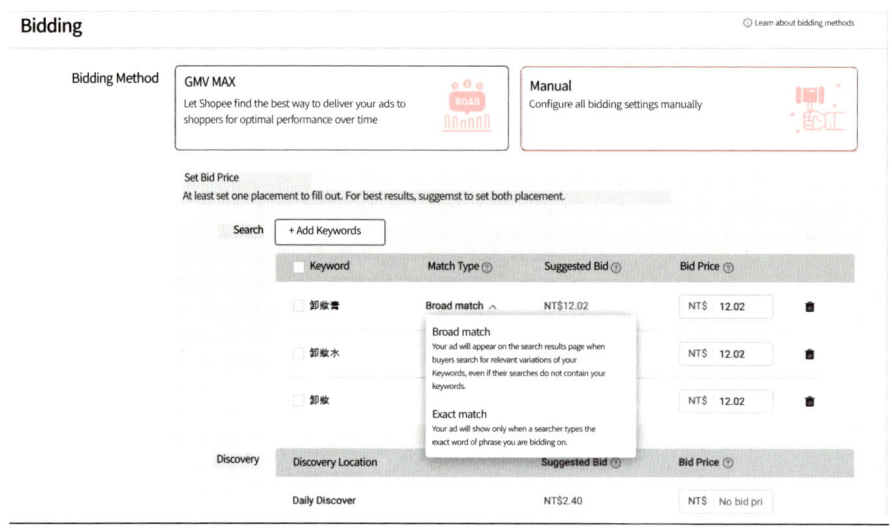

내가 원하는 제품으로 광고를 진행할 경우 원하는 키워드를 선택할 수 있고, Discovery 영역 광고도 직접 광고비 설정이 가능하다.

Search 광고는 키워드를 활용한 광고이다.

Discovery는 소비자의 알고리즘에 추천되게 만들어주는 광고로 쇼피에 처음 접속해서 보이는 페이지와 상품 페이지 하단에 추천되는 상품에 광고가 게재된다.

원하는 키워드 선택

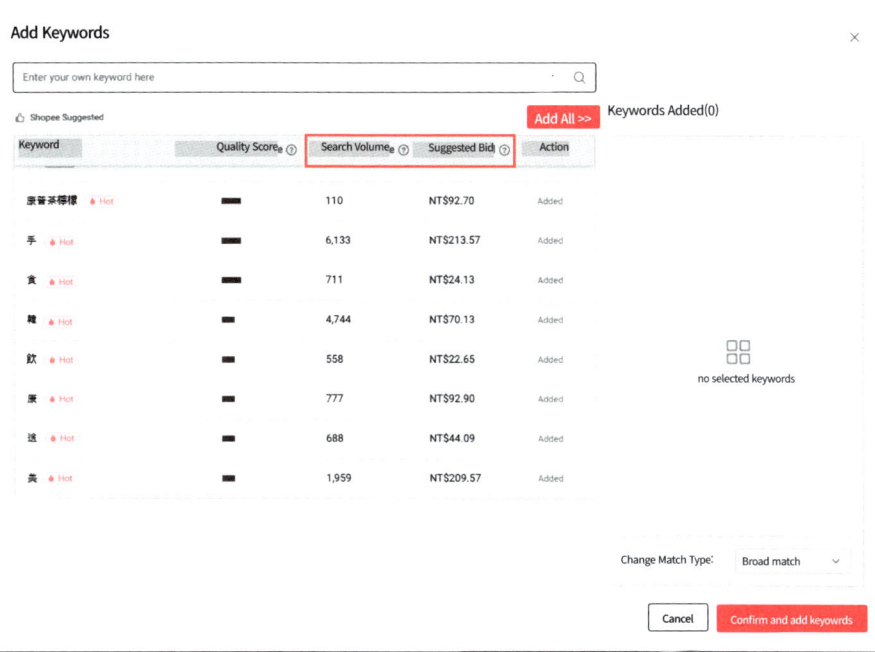

이렇게 원하는 키워드만 추가해서 광고를 할 수 있다.

· Search Volume : 지난 30일 동안 쇼피에서 키워드를 검색한 횟수

· Suggested Bid : 키워드 클릭당 차감되는 광고 비용

상품 검색을 위한
키워드 찾기

　상품을 효과적으로 노출하기 위해서 사람들이 어떤 키워드를 활용하여 상품을 검색하는지 알아보자. 광고를 통해서 확인했던 것처럼 쇼피에서는 Search Ads를 통해서 키워드를 확인할 수 있다. 사람들이 어떤 키워드를 통해서 상품을 많이 검색하고 있는지 확인하고 내가 쓰려고 하는 키워드에 얼마나 많이 등록되어 있는지 확인해서 상품명에 적용해보자.

　상품을 등록했다면 판매를 위해 상품이 잘 검색되도록 만들어주는 것이 중요하다. 그동안 상품만 등록했다면 이제는 상품을 검색되도록 키워드를 섞어서 상품명을 만들어주자.

　대만은 한자를 사용하기 때문에 영어와 다르다. 그래서 번역을 하더라도 정말 사람들이 사용하고 있는 글자가 맞는지 확인이 꼭 필요하다. 예를 들면 라면이라는 단어를 번역하면 이렇게 확인된다.

그렇지만 대만에서 사용하는 단어는 [拉麵]이다. 이것은 대만 셀러들이 사용하는 언어를 찾아서 알게 된 것이다. 그럼 상품명을 어떻게 찾아야 할까? 답은 브랜드명을 찾아보는 것이다. 브랜드명으로 상품을 검색하면 로컬 셀러의 상품을 확인할 수 있다. 로컬 셀러의 상품명을 단어별로 혹은 전체를 번역하면서 적합한 단어를 찾아 활용한다.

로컬 셀러의 상품명

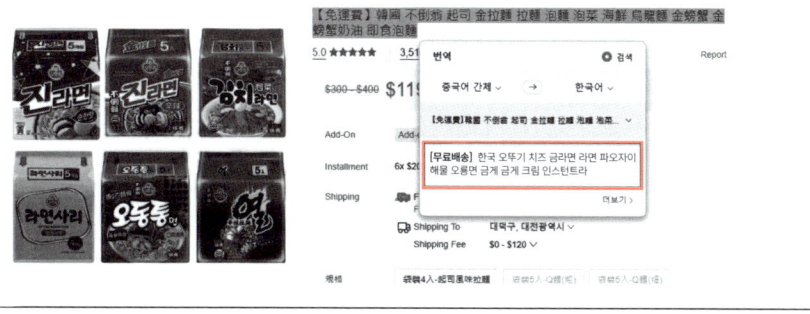

키워드 광고를 할 때도 활용하면 좋다.

대만 이외의 국가에서 활용해보자!

검색량이 많은 키워드 찾기

광고 키워드 탭을 통해서 키워드를 찾는다. 중요한 것은 광고를 하려는 것이 아니라 키워드를 찾는다는 것이다. 키워드의 가격은 눈여겨볼 것이 아니라, 얼마만큼 조회를 많이 하고 있는지를 봐야 한다. 적어도 Search volume이 100 이상인 키워드를 찾는다.

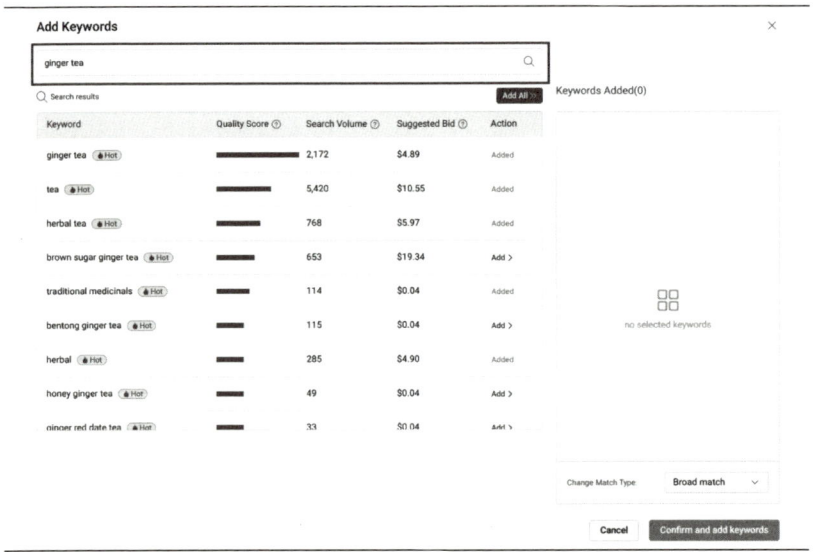

일단 내가 판매하는 상품명을 활용해서 키워드를 확인한다. 그리고 쇼피에서 추천하는 다른 키워드도 확인한다. 상품 키워드를 확인할 때는 단어를 2~3개 정도를 적절하게 조합해서 찾아보는 것이 좋다. 왜냐하면 키워드를 한 단어로 확인하면 그 단어를 포함한 상품이 상품이 많이 검색될 것이고, 그렇게 되면 내가 원하는 목적인 내 상품이 검색되도록 하는 데 제대로 역할을 다하지 못할 것이기 때문이다.

쇼피에서 추천해주는 단어 외에 키워드를 확인해보는 또 다른 방법은 바로 다른 사람의 상품을 검색해보는 것이다. 우리는 해외의 소비자 입장에서 보면 외국인 판매자다. 외국인 판매자는 그 나라의 문화나 언어에 능숙하지 않다. 때문에 우리 같은 외국인들은 로컬 셀러, 즉 해당 국가에 거주하는 셀러가 어떤 키워드를 활용해서 상품을 등록했는지 확인할 필요가 있다.

이런 국내 판매 셀러들의 언어는 바로 그 나라 사람들의 문화나 키워드를 직접 반영하고 있기 때문에 내 상품을 판매하는 여러 로컬 셀러를 검색하고 그 사람들의 단어를 찾아보고 키워드 Search volume을 확인한다.

반대로 키워드를 보다 보면 어떤 상품이 현재 검색되고 있는지 확인할 수 있어서 상품 소싱에도 도움이 된다. 여러 가지로 키워드를 조합하고 확인하다 보면 뜻하지 않은 키워드를 만난다. 또한 의외로 검색량은 많은데 상품등록이 많이 되지 않는 상품을 찾을 수 있다.

키워드를 찾고 적용하는 것은 단시간에 되지 않는다. 그렇지만 연습하고 자주 적용하다보면 상품을 많이 등록하는 것보다 키워드를 활용해서 상품을 찾아 적은 상품으로도 판매량을 늘릴 수 있게 된다. 그러기 위해서는 많은 연습과 노력이 필요하다. 지금 등록한 상품이 있다면 검색되는 키워드를 찾아서 상품명에 적용해보자.

키워드 분석하기

찾은 키워드는 그대로 쇼피에서 검색해보고 상품이 어느 정도 등록되어 있는지 본다. 예를 들어 Search volume이 커서 키워드를 활용하려고 했는데 막상 키워드를 조회해보니 상품이 너무 많이 등록되어 있어서 내 상품이 제대로 검색되지 않을 수 있다.

키워드를 찾았다고 해서 끝이 아니라 분석이 필요하다. 분석이라고 하면 갑자기 할 일이 많아진 것 같고 뭔가 어려워서 할 수 없을 것이란 생각이 들 수도 있다. 그러나 여기서 해야 하는 분석은 단순히 쇼피에 상품이 어느 정도 등록되어 있는지를 확인하는 단순한 작업이다.

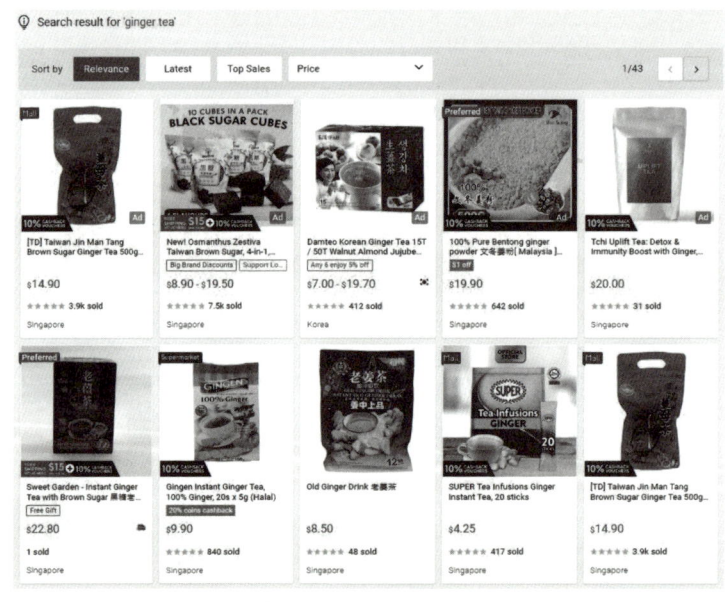

이 이미지에 보이는 것처럼 내가 원하는 키워드를 검색했을 때 상품은 총 43페이지가 검색되었다. 한 페이지당 50개의 상품이 보인다면 총 2,150개의 상품이 등록된 것으로 예측할 수 있다. 예측이라고 말한 것은 마지막 페이지까지 이동했을 때 한 페이지에 50개가

다 채워지지 않은 페이지가 있을 수도 있기 때문이다.

검색량이 2,170 정도로 지난 페이지에서 확인이 가능하다. 그렇다면 키워드 검색이 많이 되면서 상품도 개수가 비슷하게 등록되어 있다. 이때 총 상품 개수에서 검색량을 나누면 대략 0.9907 정도의 숫자가 확인된다. 이때 1을 넘지 않는 경우, 좋은 키워드로 생각하여 그 키워드를 적용한다.

이렇게 키워드를 찾았다고 해서 바로바로 적용하는 것이 아니라 상품이 어느 정도 등록되어 있는지, 어떤 상품이 등록되어 있는지 잘 확인하여 적용해야 한다. 앞서 이야기했듯이는 시간이 오래 걸리는 작업이고, 능숙해지기 위해서는 많은 시행착오가 필요하다. 하지만 분명 꾸준히 하다 보면 상품의 키워드를 분석하지 않고도 적용하면 잘될 것들이 보이게 될 것이다.

chapter 8.

첫 주문!

쇼피의 주문 배송 처리하기

먼저 배송 프로세스를 제대로 이해하자

첫 주문의 설렘은 잊을 수 없다. 그런데 막상 첫 주문을 받게 되면 어떻게 해야 하는지 걱정된다. 왜냐하면 한 번도 해외로 물건을 발송해본 적이 없기 때문이다. 그리고 쇼피에서는 주문 이후 언제까지 두라 물류지로 발송해야 하는 날짜를 정해놓았는데, DTS(Day To Ship)라고 한다. 일자를 맞추지 못하는 경우에는 자동으로 주문 취소가 될 수 있고, 페널티의 원인이 될 수 있으므로 꼭 확인하자. 주문일자에 따른 최종 도착 및 택배 스캔 기간의 표를 확인하고 기간 안에 발송하자.

DTS 기간

주문일	발송 처리 기한일 (2영업일)	집하지 도착 및 스캔 완료 기한 (2영업일 +1달력일)
싱가포르, 인도네시아, 필리핀, 말레이시아, 베트남, 태국, 대만		
월	수요일	목요일
화	목요일	금요일
수	금요일	토요일
목	(차주) 월요일	(차주) 화요일
금,토,일	(차주) 화요일	(차주) 수요일

쇼피 셀러라면 이런 걱정은 없다. 일단 쇼피는 자체 SLS(쇼피 로지스틱스 시스템)을 보유하고 있다. 현재 두라로지스틱스라는 해외 배송을 전문으로 하는 회사와 독점으로 해외 배송을 진행하고 있다. 해외 물류 배송 회사인 두라로지스틱스는 국내에서 해외로 택배를 발송한다. 그러니 어디로 보낼지 고민하지 않아도 된다. 판매가 되었다면 어떻게 두라 물류지로 안전하게 발송할지 선택하면 된다.

이때 쇼피 배송 물류지로 발송하는 방법은 직접 방문하는 것 외에 택배로 발송하거나, 내가 직접 상품을 보낼 수 없는 경우에는 이 작업을 대신해주는 배송 대행 서비스를 이용하여 발송한다. 그리고 상품을 구매하는 경우 어떤 단계를 통해 발송되는지 흐름을 알 필요가 있다. 내가 직접 발송하는 것이 아니라도 이러한 흐름을 알고 있다면 배송을 쉽게 이해할 수 있을 것이다.

1. 구매자에게 물건이 발송되는 단계 확인하기

주문이 들어오고 배송이 되기까지의 4단계로 나눈다. 소비자가 주문을 하면 1단계, 주문한 상품을 셀러가 사입했다면 상품을 포장한다. 만약 가지고 있는 상품이 아니라면 온라인 또는 오프라인을 통해 상품을 구매한다.

2단계, 구매한 상품을 배송 대행지로 발송하거나, 배송 대행지가 아닌 쇼피 물류지인 두라 익스프레스로 직접 택배를 보낸다. 배송 대행지를 이용할 경우에는 상품을 1단계에서 주문할 때 상품 수령 주소지를 배송대행지로 입력하면 된다.

3단계는 두라익스프레스에서 상품이 스캔되고, 스캔된 상품이 비행기로 이동된다. 마지막 단계는 각 고객의 국가에 택배가 해당 국가의 공항에 도착하고, 그것을 현지 택배회사에서 수령하여 소비자에게 발송해주면 구매자에게 안전하게 배송이 완료된다.

배송이 진행되는 과정을 정확히 이해하면 첫 주문이 들어왔을 때 당황하지 않고 프로세스대로 처리할 수 있다. 때문에 쇼피에서 주문을 한 후 소비자에게 전달되는 과정을 한 번쯤 제대로 상상해봐야 한다. 셀러 대부분은 처음 시작할 때 판매하는 것에만 집중한다. 상품이 판매된 이후 이것을 어떻게 처리해야 하는지 어떤 방식으로 소비자가 배송받는 것인지 알아야 한다. 셀러의 업무는 예상할 수 있는 것들도 막연히 생각할 것이 아닌 제대로 업무를 이해하는 것이 중요하다.

2. 주문 상품 확인하기

주문이 들어오면 쇼피 앱이나 이메일을 통해서 주문 알림을 발송한다. 주문을 확인할 때는 셀러센터 내에 각 국가별 숍을 선택해서 확인한다.

주문 확인

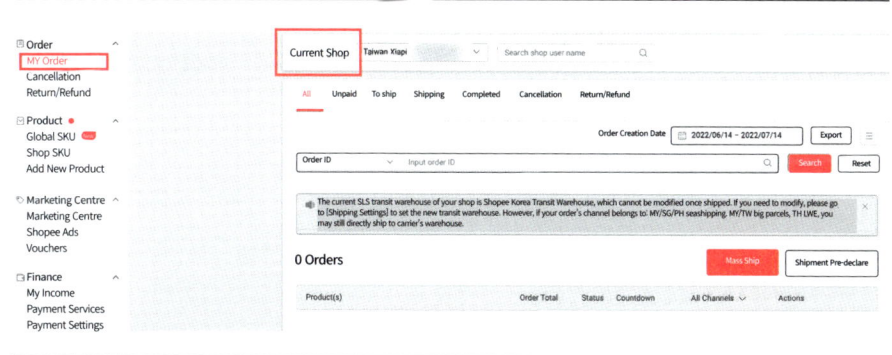

My Order를 통해서 주문 확인이 가능한데 Current Shop을 활용하여 국가별로 확인한다.

국가별로 주문 확인

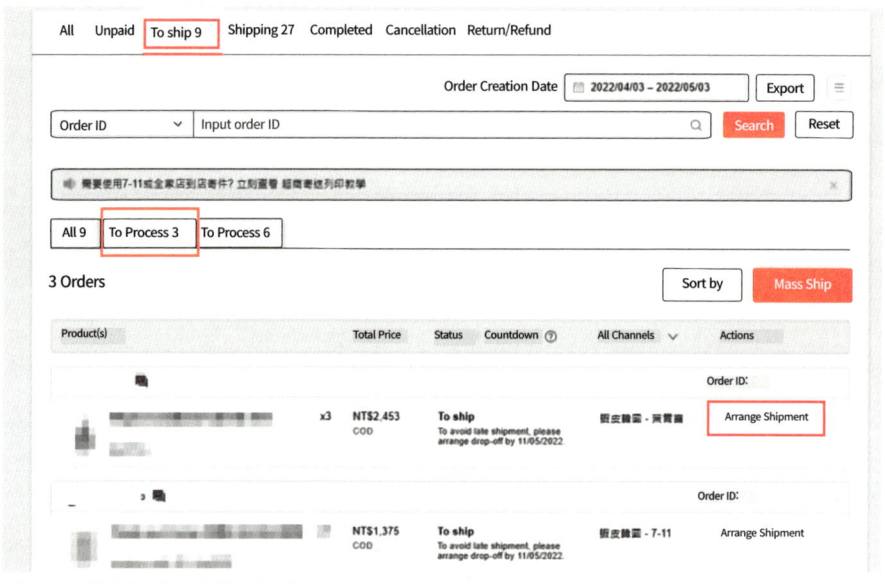

- All : 모든 주문 건 확인

- Unpaid : 주문을 했지만 아직 결제하지 않은 것

- To Ship : 주문 확인을 완료한 것

- Shipping : 주문한 상품이 배송되는 것

- Complete : 주문한 상품이 소비자에게 배송 완료된 상태

- Cancellation : 주문 취소

- Return/Refund : 교환 환불 건

주문이 확인되면 해당 주문 건 처리를 위해 Arrange Shipment를 눌러야 한다. 이 부분을 주문 후 2일 이내에 처리하지 않을 경우 주문이 자동 취소될 수 있으므

로 주의한다. 자동 취소가 되면 상품의 재고 보유가 되지 않는 것으로 간주되어 페널티 대상이 될 수 있으므로 꼭 확인하자.

이렇게 주문을 확인하게 되면 주문 건의 배송 송장을 확인할 수 있다.

배송 송장 확인

여기서 중요한 것은 바코드다. 물류로 발송하게 되면 해당 바코드를 스캔하여 업무가 진행된다. 바코드가 손상되지 않도록 주의하고, 출력을 해야 하는 경우 바코드가 정확하게 인쇄되도록 사이즈를 잘 조절한다.

    이렇게 한 건만 송장을 출력하는 경우가 있지만 여러 건이 주문되었을 경우에는 여러 건을 모두 출력 가능하다. 여러 건의 송장을 출력할 때는 My Order ➔ Mass ship을 눌러준다.

여러 건 주문 확인하기

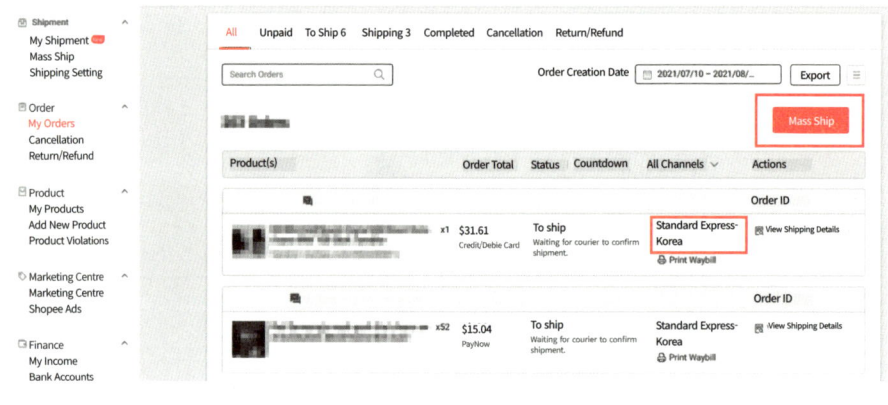

Ship My Orders가 확인된다. 이때 [Standard Express-Korea]를 선택하면 출력 가능한 주문 건이 확인된다. 원하는 주문 건을 체크한다.

주문 건 체크

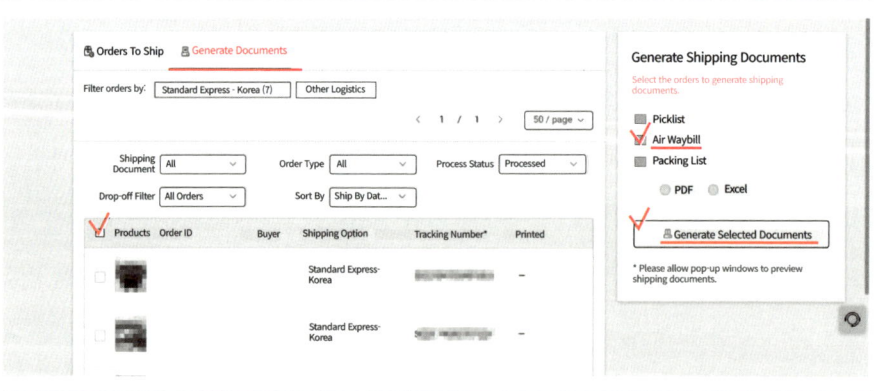

택배 발송을 위한 송장 출력을 위해 [Air Waybill]과 [Generate Selected Documents]를 선택한다.

송장 출력

이렇게 선택한 송장이 모두 확인된다. 상단에 [Print the Document]를 누르면 여러 장 출력이 가능하다.

3. 주문 상품 이동 경로 확인

주문한 상품의 이동 경로를 확인할 수 있다. [Check Details]를 통해서 상품의 위치를 확인한다.

상품 위치 확인

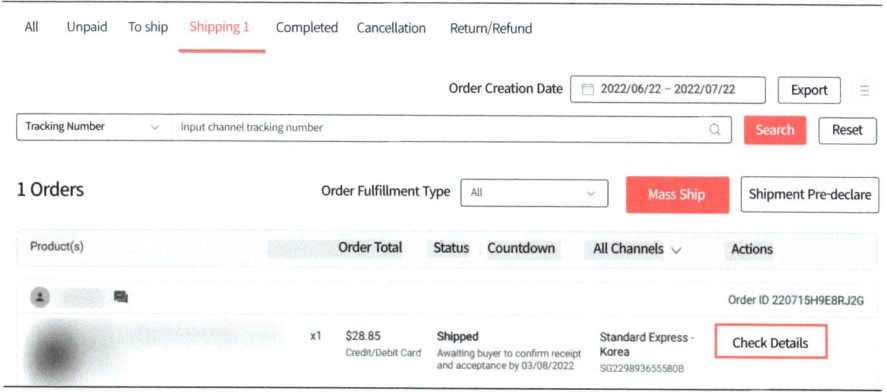

상품이 제대로 도착한 것이 맞는지, 한국에서 해당 국가에 배송이 제대로 되었는지, 아니면 아직 배송되지 않은 상태인지 파악이 가능하다. 소비자가 채팅을 통해서 배송 문의를 할 경우에도 이를 통해 배송의 자세한 사항을 확인해서 전달해준다.

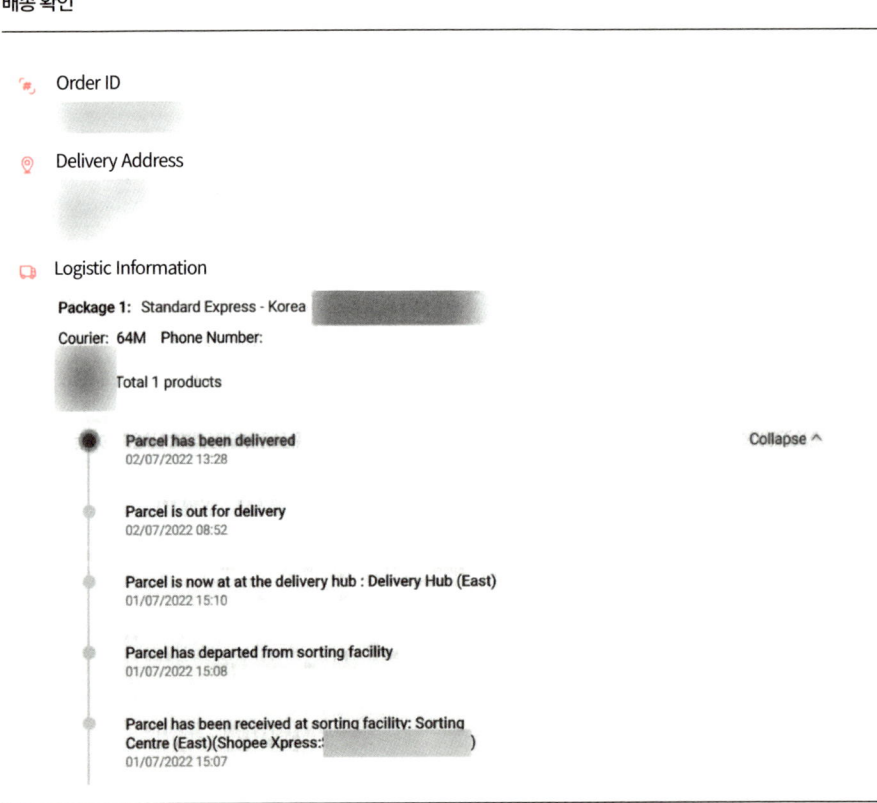

필자는 Detail 부분을 캡처해서 채팅으로 전달하는 경우가 많다. 이것을 그대로 전달하면 구구절절한 설명을 따로 하지 않아도 쉽게 이해할 수 있기 때문이다.

책 속 부록

대만 셀러가
알아야 할 사항

대만 셀러라면 KYC(Know Your Customer) 인증을 알아야 한다. 대만 구매자는 대만 세관을 통과하는 모든 상품에 대해 반드시 물품 수입 시 EZWAY 앱을 통해 본인 실명인증을 받아야 한다. 인증 기한은 상품이 대만 현지 공항에 도착하기 전까지 완료해야 한다. 만약 대만 공항에 상품이 도착한 이후에도 구매자가 인증을 완료하지 않았다면 통관이 불가하다. 이런 경우 쇼피 대만 통관사에서 직접 구매자 인증을 위해 연락을 취하고, 입항일 이후 영업일 3일 이내 연락이 안 되어 인증이 실패하는 경우 상품은 반송되거나 폐기된다.

대만 세관에서 일부 구매자를 대상으로 추가 인증 제도를 도입했으나 현재는 점점 그 대상이 확대되고 있다. 구매자는 EZWAY 앱을 통해 물품 통관을 위한 추가 사전 인증을 받아 각 구매 건별 수입 인증 처리를 해야 한다. 구매자는 구매 즉시 사전 인증을 해야 한다. 만약 인증이 되지 않은 경우에는 셀러센터의 My Order에서 Pending으로 표기가 된다. 이때는 구매자에게 메시지를 발송하여 신속하게 사전 인증을 할 수 있도록 알려야 한다.

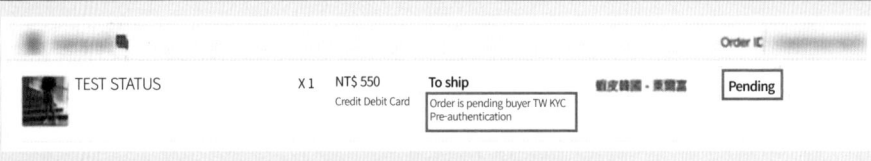

출처: 쇼피코리아

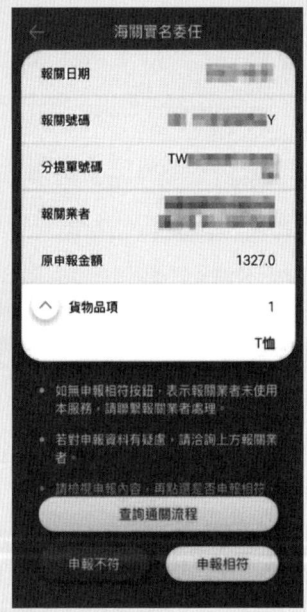

사전 인증이 완료된 이후에 My Order에서 보면 Arrange Shipment로 정상 표시되고, 정상 발송이 가능하다.

구매자는 상품을 수령하기 이전 EZWAY 앱을 통해서 세관 신고한 내용에 대해 다시 한번 알림을 받는다. 앱을 통해 세관 신고 내용을 확인하고 본인이 구매한 상품이 맞는지 재확인하게 된다.

확인이 제대로 되지 않을 경우 상품 수령을 할 수 없기 때문에 만약 상품이 도착하지 않았다는 연락이 왔다면 EZWAY 앱을 통해 세관 신고 내용을 확인한 후 인증하라고 안내하여 상품을 받을 수 있도록 안내한다.

이 이미지는 배송 추적 내용으로 EZWAY 앱을 통한 사전 인증이 제대로 완료되지 않아 소포가 통관되지 못해 세관에 있다는 의미이다. 구매자가 물건을 받지 못했다고 연락왔을 때 해당 내용을 그대로 캡처해서 발송하거나, 인증 여부에 대해서 이야기하여 해결한다. [Logistic Information]은 My Order ➡ Shipping에서 확인이 가능하다.

직접 배송 vs 배송 대행지 배송

주문이 들어오면 두라 물류지로 배송을 보내는 방법은 크게 세 가지가 있다. 두라 물류지와 같은 지역이라면 제품을 직접 배송하는 방법이 있다. 지방에서 일하는 셀러라면 택배 발송이나 배송 대행지를 통해서 발송한다. 그리고 쇼피 픽업 서비스를 활용해서 두라 물류지에서 직접 수거해가는 방법도 있다. 많은 셀러가 이용하는 방법은 직접 배송과 배송대행지를 통한 배송 방법이다. 두 가지 방법의 장단점을 비교해보고 처음 시작하는 셀러가 이용하면 좋은 배송 방법은 어떤 것인지 확인해보자.

1. 배송대행지가 뭐죠?

지방에서 일을 하는 셀러뿐만이 아니라 부업으로 하는 셀러라면 대부분 배송 대행지를 이용하여 상품을 발송하는 경우가 많다. 그렇지 않은 경우라도 주문을 급히 발송해야 하는 경우이거나, 직접 포장이나 발송이 어려운 상품의 경우에는 종종 배송 대행지를 이용하게 된다.

배송 대행지는 말 그대로 배송을 대행해주는 서비스를 뜻한다. 원래라면 주문을 받았을때 상품을 배송하는 일 또한 셀러의 업무 중 하나다. 배송 대행지가 셀러의 업무 중 상품을 포장하고, 포장한 상품을 두라 물류지로 보내는 일을 대신해주는 것이다. 이런 경우 셀러는 택배를 직접 받을 필요 없이 온라인 쇼핑몰을 통해 구매한 상품을 직접 배송 대행지로 보낸다. 배송 대행지에 발송한 상품은 대행 서비스 회사에서 제공하는 양식의 신청서를 작성하고 배송할 상품의 쇼피 송장을 파일로 첨부하면 업무를 해야 하는 셀러를 대신해서 택배를 두라 물류지로 안전하게 발송한다.

2. 직접 배송의 장단점과 배송 대행지의 장단점

초보 셀러라면 주문을 처리하면서 이런 고민이 시작된다. 배송 대행지를 이용하려고 하니 추가적으로 최소 1,800원부터 많게는 3,000원까지 부담해야 한다. 그렇다면 직접 배송을 하게 되면 비용이 어느 정도 절감될까? 어떤 것이 합리적인 방법일까 고민이 된다. 실제로 필자에게 많은 초보 셀러가 문의했던 내용이기도 하다. 우선 처음 시작하는 셀러를 기준으로 결론만 이야기하자면 처음은 마진이 적더라도 내 상품의 가격이 비싸게 등록되더라도 배송 대행지를 이용하는 것을 추천한다.

직접 배송을 하는 경우 상품 크기에 맞는 박스, 상품을 포장해줄 완충제, 박스 포장할 테이프, 송장 출력을 위한 프린트 등이 필요하다. 이런 부자재의 비용을 무시할 수 없다. 특히 박스는 대부분 대량으로 구매해야 한다. 어떤 크기의 상품이 얼마만큼 판매될지 알 수 없기 때문에 박스를 미리 주문해서 가지고 있는 것은 어렵다. 이렇게 박스를 준비했다고 해도 상품 한 건을 두라 물류지로 택배 발송을 하려고 할 때 제일 저렴한 편의점 택배를 이용한다고 해도 2,900원의 비용이 추가된다.

주문량이 꾸준히 하루에 한 건 이상 발생하게 된다면 2~3일 정도 택배를 모아서 한 번에 박스로 넣어 발송할 수도 있다. 이렇게 상품을 직접 발송하는 것보다는 배송 대행지를 이용하는 것이 합리적일 수 있다. 그러나 어느 정도 판매가 되는 상황이고 택배를 직접 보내는 것이 비용절감이 가능한 시기가 온다. 그때는 당연히 잘 판매되는 제품을 기준으로 박스를 주문하고, 부자재를 구매하여 직접 배송을 하는 것이 옳다.

직접 발송을 하다가도 주문을 급히 보내야 하는 경우나, 직접 배송하기에 부피가 큰 경우에는 배송대행지를 활용하는 것이 합리적이다.

직접 발송을 할 때의 가장 큰 장점은 내가 원하는 사은품을 보낼 수 있다는 점이다. 그렇게 되면 주문을 자주하는 단골에게는 나만의 스페셜 사은품을 보내줄 수 있고, 저렴하면서 무게도 적고, 부피도 작은 사은품을 줄 수 있다. 하지만 직접 발송을 하는 경우 포장을 할 때 시간을 많이 소요하는 경우가 많아 여유시간을 확보하기 어렵다. 물론 직원이 있다면 직원이 대신해서 포장을 해주겠지만 그때는 그만큼의 인건비를 지급해야 한다.

이렇게 상황에 맞게 배송 대행지와 직접 발송을 통해 배송한다.

주문 취소, 반품과 환불은 어떻게 해야 하나요?

쇼피를 운영하면서 판매와 정산만 계속 이어진다면 좋겠지만 그렇지 않은 상황도 종종 발생한다. 그중 하나가 바로 주문 취소와 반품 및 환불이다. 보통 주문이 취소되거나 반품, 환불되는 경우는 크게 다음 네 가지의 경우로 나눠볼 수 있다.

1. DTS 기간 안에 Shipping 처리를 하지 못해서 취소되는 경우
2. 고객에 의해 취소되는 경우
3. 발송한 상품이 수취인 없음으로 취소되는 경우
4. 셀러가 취소하는 경우

이 4가지 이유 중 피해야 할 것은 DTS 기간 안에 상품을 물류지로 발송하지 못하는 상황과 셀러가 직접 취소(Cancel) 버튼을 누르는 일이다. 이런 경우는 상황에

따라, 즉 판매 건수 대비로 취소율이 많이 적용되는 경우 페널티를 부과받을 수 있으니 조심해야 한다.

상품 주문을 받았다면 최대한 빠르게 발송하는 것이 좋고, 상품의 품절로 인해 취소해야 한다면 소비자가 직접 취소할 수 있도록 알리거나 자동으로 취소되도록 해야 한다. 물론 자동 취소라고 해서 페널티를 피해갈 수는 없지만, 직접 취소를 누르는 것보다는 낫다.

발송한 상품이 장시간 움직임이 없는 경우, 꼭 확인해보는 것이 좋다. 소비자가 연락이 안 되어 상품을 배송하지 못하는 경우가 많은데 이런 경우 3번까지만 재방문을 하고, 후에는 아무리 연락이 닿았어도 다시 발송하지 않는다.

이때는 소비자에게 채팅을 통해 상품을 수령할 수 있도록 알려주는 것이 좋다. 다시 발송되지 못하니 재주문을 해야 할 것을 알려주고, 자세한 사항은 고객센터를 통해 문의하기를 안내한다.

마지막으로 고객에 의해 취소되는 경우를 알아보자.

1. 배송 전 주문을 취소하는 경우

주문 알림을 받고 설레는 마음으로 상품을 준비할 것이다. 그때 갑자기 주문을 취소하겠다고 한다면 어떻게 해야 할까? 일단 상품 주문을 한 후 셀러가 Arrange Shipment를 누른 상태라면 취소 요청을 하면 바로 취소가 되지 않는다. 셀러의 의사를 문의한다. 즉 취소 요청이 들어왔으니 처리 여부를 선택하도록 한다.

이때 왜 취소 신청을 하는지 주문한 사람과 채팅해보자. 의외로 단순한 이유로 취소를 요청하는 경우가 있다. 채팅으로 대화를 하다 보면 취소를 철회하는 경우가 많다. 취소 알림이 왔다고 해서 바로 승인을 하지 말고 채팅을 통해서 왜 취소를 요청하는지 확인하고, 상품의 배송 상태를 알려주자.

필자 또한 이렇게 주문 건을 준비하는 중이나 두라에서 스캔되기 전에 취소하는 경우에는 메시지를 보내서 물건이 벌써 물류지에 도착했음을 알려준다. 이런 상황에 소비자는 대부분 그렇다면 그냥 발송하라는 답변을 한다.

2. 반품과 환불은 어떻게 처리할까?

반품이나 환불을 요청하는 경우 현재 쇼피에서는 자동으로 응대한다. 이때 정당하지 않은 반품이나 환불을 하는 경우에 쇼피에서 셀러에게 셀러는 분쟁 요청을 할 수 있다. 증거가 될 이미지나 동영상 혹은 대화 내용을 캡처해서 쇼피 분쟁을 신청한다. 반품이나 환불을 요청하는 경우는 상품에 문제가 있는 경우이거나 단순 변심일 경우가 대부분이다. 상품에 문제가 발생한 것은 당연히 소비자는 반품 환불을 요청할 수 있다. 이때 셀러가 상품을 정상적으로 발송을 했다는 이미지나 동영상을 분쟁 자료로 제출하게 된다면 소비자는 환불을 받고, 판매자는 쇼피로부터 물건 값을 배상받는다.

그러니 상품을 포장하여 발송할 때 포장 전 정상적인 이미지를 촬영해놓고, 꼼꼼하게 포장한 이미지, 그리고 망가지기 쉬운 상품은 겉에 '취급주의' 스티커를 부착한 이미지를 첨부하면 된다. 그런데 단순변심이나 소비자 본인이 착각하여 잘못 주문한 부분에 대한 내용을 채팅 대화로 나누는 경우 그 대화 내용을 캡처하여 분쟁 요청을 할 수 있다.

책 속 부록

쇼피 픽업 서비스를 이용해보자

경기, 인천 지역의 판매자에 한해 주문 건을 직접 픽업하는 서비스를 제공한다. 이 서비스는 일반 택배나 배송 대행지를 이용하는 것보다 비용이 많이 절감된다. 픽업이 진행되면 바로 당일 배송이 완료되기 때문에 DTS 기간을 맞추는 것에도 도움이 된다.

픽업 서비스 이용 금액은 PP박스(50×70×55cm) 규격 사이즈를 기준으로 1박스당 서울 지역은 1,700원, 경기 지역과 인천 지역은 4,000~4,500원이 부과된다. 서비스 이용 시 두라로지스틱스에서 세금계산서를 발급한다.

픽업 서비스는 신규로 이용하는 셀러는 최초 1회 신청 후 자동 연장으로 이용이 가능하다. 만약 픽업 주소 변경 등의 개인정보 변경이나 신규 이용 셀러는 반드시 쇼피 물류로 문의해야 한다. 신규 신청하는 경우 신청 기간이 정해져 있고, 내용은 수시로 변경될 수 있으니 QR을 통해 공지를 확인하자.

쇼피 픽업 서비스는 일평균 65건 이상 달성 셀러를 선정하여 무상으로 서비스를 제공한다. 무상 서비스 신청은

픽업 서비스 공지

따로 할 수 없고, 쇼피코리아에서 직접 선정하여 해당 셀러에게 개별적으로 연락한다.

픽업 서비스를 이용하는 셀러가 꼭 해야 할 일이 있다. 그것은 바로 'FM 트래킹'이다. FM은 'First Mile'의 약자로 주문 생성 후 판매자가 상품을 출고하여 집하지까지 입고하는 배송 구간을 의미한다.

픽업 서비스를 이용하는 셀러는 PP박스를 통해 상품을 발송하는데 이때 PP박스에 FM 트래킹 라벨을 부착한다. 이 라벨은 셀러센터를 통해서 발급 가능하다. 이때 라벨을 붙이고 PP박스에 담은 총 소포의 개수를 적어준다.

FM 트래킹은 배송 추적이 가능하도록 만든 시스템 중 하나로 사전 입고 처리가 가능하다. FM 트래킹 라벨의 바코드를 스캔하면 쇼피 시스템에서 'To Ship'으로 표기된 주문 건 모두 'Shipping'으로 변경된다. 즉 미리 선적되는 것을 의미한다.

FM 트래킹 신청은 셀러센터를 통해 가능하다. 주문을 확인할 수 있는 페이지에서 [Shipment Pre-declare]를 눌러준다. 셀러는 [Shipment Pre-declare]에서 확인 가능하다.

주문 개수 넣기

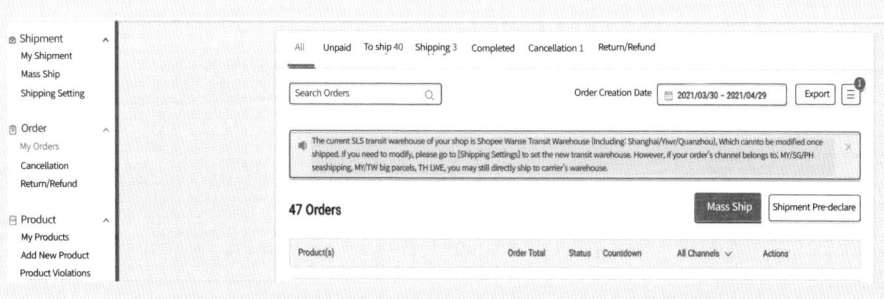

Shipment Pre-declare

```
Shipment Pre-declare                                          User Manual

Generate New Code    Pre-declare    Pre-declare Records

Generate New Code
The Pickup Code will be used for pre-declaring orders.

Pickup date                                    Pickup Address
                                               (First Mile)
 29/04/2021 - 29/04/2021    1 Day(s) in total
                                                KR FM tracking sharing 821033334444    Change
Daily quantity                                  Korea, 12045 대구광역시 달서구 KR FM tracking sharing

 3                          ×1 Day(s)  ?      Add a new address
                                               The pickup address will also be used for return if pickup fails.

 Submit
```

- Pickup date : 사전 입고 처리 날짜
- Daily quantity : PP 박스 수량(최대 20개까지 입력 가능)
- Pickup Address : 픽업 장소 선택

이렇게 확인하여 입력한다. 입력 후 픽업코드가 생성된다. 생성된 코드를 선택, 출력하여 PP박스에 부착한다. 부착한 후에 사전입고를 위해 해당 박스에 넣어 발송할 주문 건을 라벨에 포함되게 업로드한다. Pre-declare에서 Bind Parcel을 선택한다.

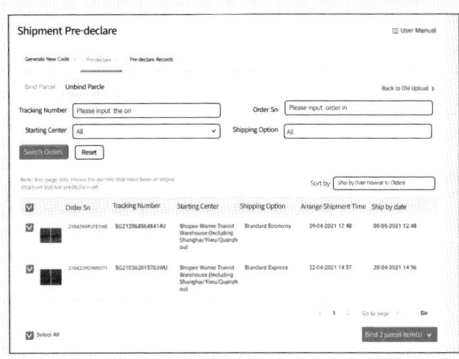 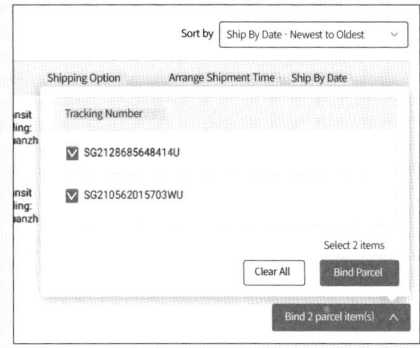

출처: FM Tracking 판매자 가이드_쇼피코리아

주문 건을 잘 확인하여 선택하고 해당 주문 건을 담은 PP박스의 픽업 라벨 코드를 입력한다. 픽업 서비스이기 때문에 Carrier는 'shopee'로 입력한다. 이미지 자료는 업데이트되어 변경될 수 있으니 활용하는 경우 꼭 셀러 가이드를 참고하자.

FM Tracking 판매자 가이드
_쇼피코리아

이렇게 신청 및 접수가 완료되고 라벨 코드까지 출력하였다면 두라로지스틱스 앱(현재 안드로이드만 가능)을 활용하거나 사이트를 통해 픽업신청을 한다. 당일 픽업은 오전 6시까지 신청 시 가능하고, 평일 08:00~17:00 픽업을 진행한다. 특정 시간 지정은 불가하며, PP박스 규격은 70×55×50을 초과할 수 없으니 유의하자.

픽업 서비스를 이용하는 셀러가 아니라도 FM Tracking 넘버를 활용해서 사전 입고를 적용할 수 있다.

FM tracking

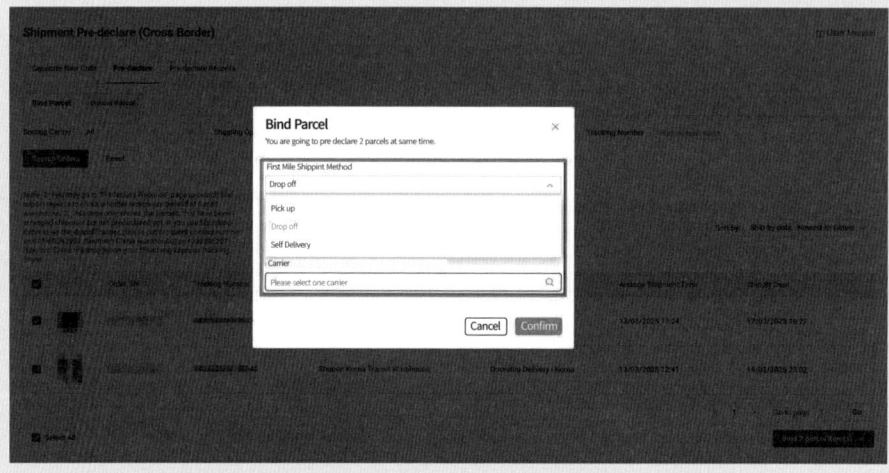

· Drop off : 택배 발송

· Self Delivery : 두라로지스틱스 직접 방문

내가 두라로지스틱스로 주문 건을 어떻게 보내는지에 따라 바인딩 방법이 달라진다. 먼저 지방 셀러들은 택배를 합포장해서 많이 발송할 것이다. 이런 경우 'Drop off'를 선택하면 국내택배 송장번호와 택배회사를 선택하여 바인딩한다.

Dropoff

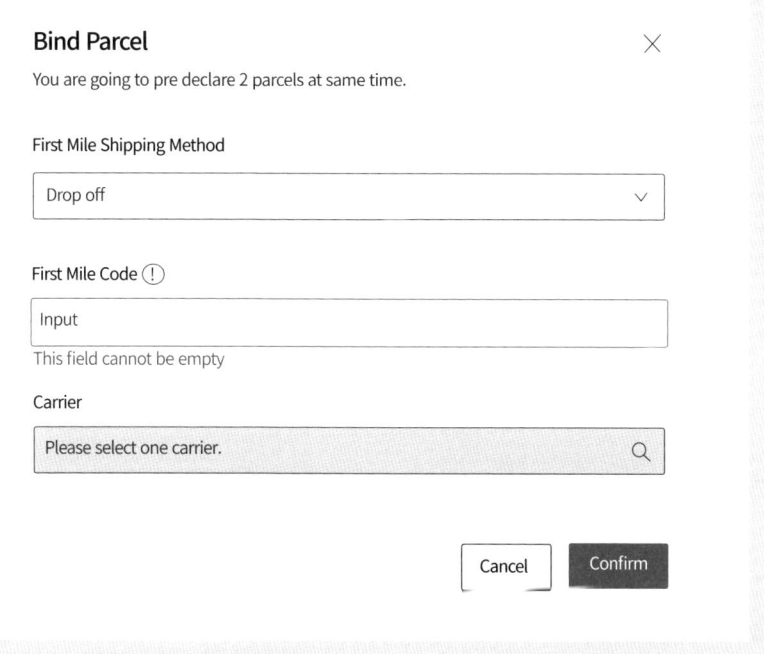

- First Mile Code : 국내택배 송장번호
- Carrier : 택배회사

셀러가 직접 해당 주소로 방문하는 경우는 픽업서비스와 동일하게 트래킹 넘버를 생성한 후에 주문 건을 바인딩한다. 이때 배송 방법을 'Self Delivery'로 선택한다.

Self Delivery

Bind Parcel

You are going to pre declare 2 parcels at same time.

First Mile Shipping Method

| Self Delivery |

First Mile Code ⓘ

| Input |

This field cannot be empty

Carrier

| Please select one carrier. |

Cancel Confirm

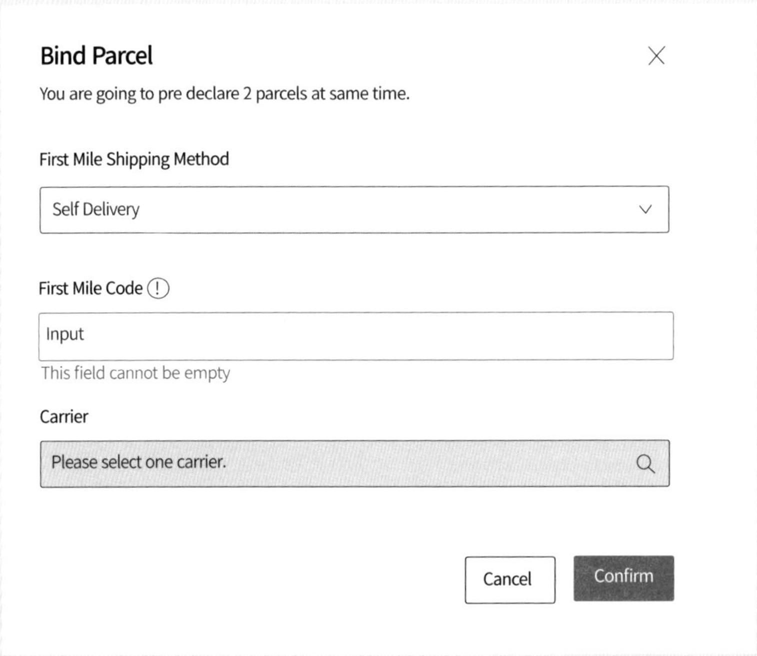

생성된 트래킹 넘버를 작성하면 된다. 이 방법을 사용하는 경우 주의 사항은 셀러가 직접 두라로지스틱스 방문하여 FM 트래킹 넘버 바코드를 직접 스캔해야 한다. 방문 시 야간부스라고 적혀 있는 작은 사무실 문이 활짝 열려 있고, 스캐너가 바로 보인다.

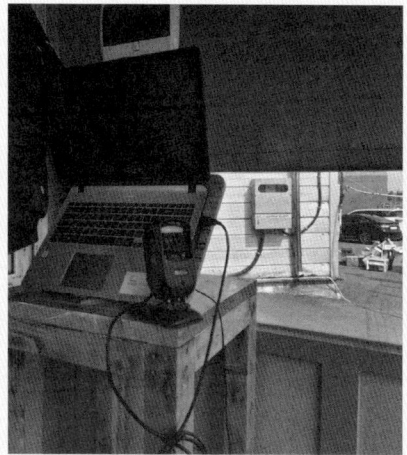

chapter 8. 첫 주문! 쇼피의 주문 배송 처리하기

chapter 9.

드디어 정산!

자금 확인하고 출금하기

정산 자금 확인하기

상품을 판매하면 대부분 얼마가 정산될지 궁금하다. 먼저 상품을 판매했을 때 구매자가 결제한 금액을 확인했을 것이고, 어느 정도 정산 자금 예측이 가능하다. 예측한 자금에 변수를 주는 요인은 바로 상품의 정확한 실제 측정 무게가 될 것이다.

이러한 현상이 생기는 이유는 상품의 정확한 배송 금액은 상품이 물류지에 도착해서 비행기에 옮겨질 때 측정하는 무게에서 확인된다. 특히 실제 측정한 무게보다 부피가 커서 부피 무게로 배송비가 차감되는 경우가 종종 있다. 그렇기 때문에 정확한 정산금액은 두라 물류지로 상품을 보낸 후 상품이 Shipped로 변경되었을 때 확인하는 것이 좋다.

정산 금액 확인

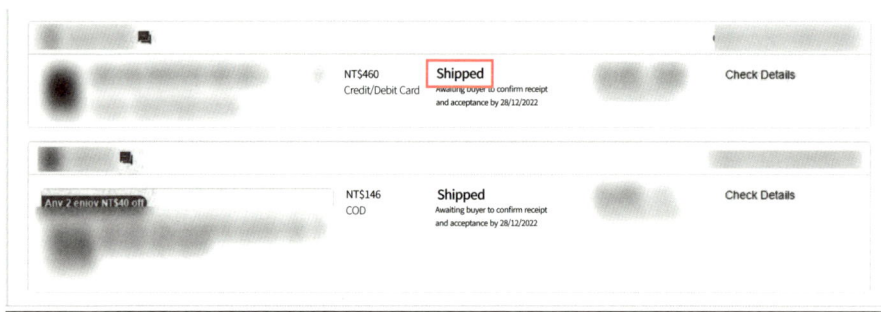

이렇게 Shipped로 변경되었을 때 Shipped를 클릭하면 차감된 여러 종류의 수수료를 확인할 수 있다.

수수료 확인

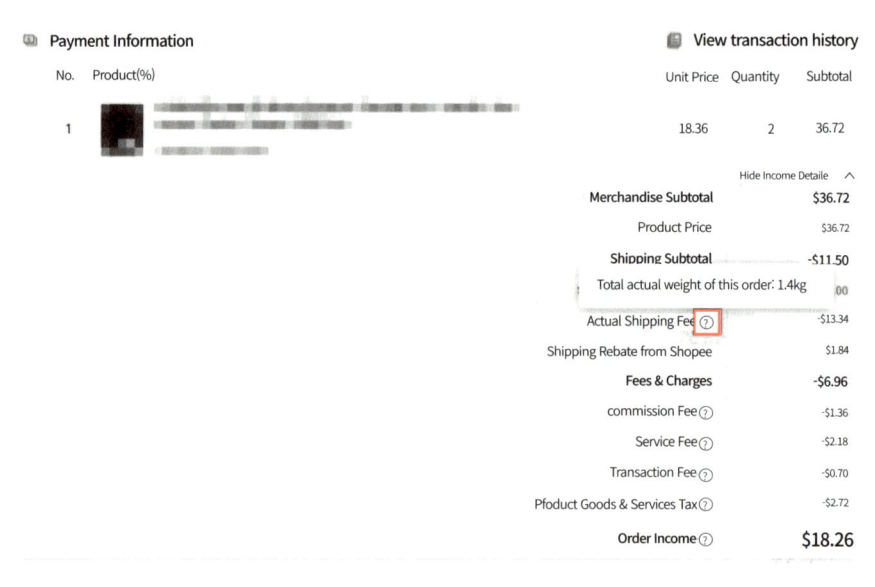

- Merchandise Subtotal : 상품 가격
- Shipping Subtotal : 배송료
- Voucher : 사용한 바우처 비용
- Fee & Charges : 쇼피 판매 수수료 및 서비스 수수료
- Order Income : 수수료 및 배송료 제외한 판매금액

대부분 이 범위에서 크게 변경되지 않는다. 상품을 판매했다면 배송 후 꼭 Order Income을 확인하고 상품을 판매한 후에 정산자금을 정확히 확인할 필요가 있다. 정산자금을 확인하면 상품의 배송비를 통해 상품의 무게를 알 수 있다.

 Actual Shipping Fee 물음표에 커서를 놓으면 측정된 무게를 확인할 수 있다. 따라서 무게에 따른 배송비를 바로 확인할 수 있다. 이렇게 무게를 알게 되면 앞으로 비슷한 상품을 등록하는 경우 마진 설정을 할 때 무게 값으로 활용이 가능하다.

 이렇게 배송비를 아는 것에서 끝나는 것이 아니라 상품 가격도 조절할 수 있다. 여기서 확인된 정산자금을 활용하여 적절한 마진을 설정하여 상품 가격 경쟁력을 높여볼 수 있다. 다른 상품과의 경쟁에서 조금 더 합리적인 가격을 제시할 수 있게 된다.

페이오니아 출금하기

정산된 자금은 통장으로 직접 받을 수 없기 때문에 페이오니아라는 해외 자금 송금을 받을 수 있는 사이트를 활용하거나 쇼피셀러 월렛을 활용하여 수수료 인출이 가능하다. 먼저 페이오니아 출금부터 확인해보자.

구매확정을 하면 대부분의 국가는 구매확정한 날로부터 일주일 후에 정산을 받게 된다. 그 정산 자금은 My Income을 통해 자세하게 확인할 수 있다. 이렇게 정산이 된 자금은 1~2일 이내로 쇼피와 연동한 페이오니아에 입금된다. 입금된 자금은 쉽게 출금 신청 가능하다.

모든 자금은 쇼피에서 페이오니아로 US달러로 입금된다. 출금 기준은 USD 50 이상 가능하다.

정산 금액 확인

　페이오니아 로그인 후 인출 자금을 확인한다. 인출하기를 누르고 인출 금액 출금 신청을 하면 연동해놓은 계좌로 인출금이 송금된다. 인출 신청을 완료하면 확인할 수 있는 이메일을 발송해준다.

　인출 자금은 한국 통화로 바로 확인할 수 있고, 인출된 금액은 1~2일 정도 후에 통장으로 입금된다.

쇼피셀러 윌렛 출금하기

쇼피에서는 셀러들이 쇼피 수수료를 편리하게 출금할 수 있도록 직접 출금 신청이 가능한 셀러월렛 프로그램을 만들었다. 현재 2025년 2월 5일~5월 5일까지 출금 수수료가 무료다. 이것은 대한민국 원화(KRW)로 인출하는 경우에만 적용된다.

자세한 사용 방법은 다음 QR을 확인하면 쉽게 출금할 수 있다.

◀ 쇼피셀러월렛 출금하기

Shopee Seller Wallet

≡ Learn more

Overview | Transaction Details

Overview

Manage Bank Accounts | Withdraw

Merchant: Account: Status:

Total Balances
USD:
$ 0.48

Withdraw

Select Wallet Currency

○ USD ($ 0.48)

Select Withdrawal/Payment Method

○ Withdraw/Pay Specific Amount
System will auto deduct balance from your wallets, starting with the highest wallet balance.

○ Withdraw/Pay Specific Shops
Select specific shops to withdraw/pay balance, system will summarize total amount

Withdraw/Amount $ | 0.00
Maximum Withdrawal/Payment Amount: $0.48 Withdraw/Pay All

Final Withdrawal Amount
$0.00   Next

chapter 10.

수출신고와

부가세 신고하기

수출신고

쇼피 셀러는 해외로 상품을 판매하는 일을 한다. 이렇게 한국에서 해외로 물건을 판매하는 일은 수출이다. 수출을 하는 경우 수출신고를 해야 한다. 수출신고를 하게 되면 크게 세 가지 장점이 있다.

첫 번째는 수출 실적 인정을 받을 수 있어서 무역 관련 정부 사업에 참여가 가능하여 여러 가지 정부 지원금 신청이 가능하다. 두 번째는 해외로 보낸 물건을 다시 반품을 받게 되면 수입으로 신고를 해야 한다. 수입신고를 할 때 관세가 부과될 수 있는데 수출신고 했던 상품을 반품받는 경우에는 수입관세가 면제된다. 마지막으로 부가세 신고를 할 때 수출신고필증을 통해 신고가 가능하기 때문에 편리하게 부가세 신고를 할 수 있다.

수출신고라고 하면 대부분 어렵게 느껴질 것이다. 일반적인 수출신고인 경우에 절차가 다소 복잡하다. 하지만 전자상거래는 수출신고 장려를 위하여 신고절차가 간소화된 간이수출신고를 이용한다. 물품 가격이 한화 200만 원 이하의 수출건은 간이수출신고로 처리가 가능하다. 간이수출신고를 할 때 Utradehub를 이용하여 쉽게 이용이 가능하다.

수출신고를 할 때 주의 사항은 상품이 해외로 반출되기 전에 신청해야 한다는 것이다. 또한 수출신고 후 +30일 이내에 선적되어야 하며, 늦어질 경우 선적기간 연장 신청을 해야 한다. 기간 내에 이행하지 않을 경우 과태료가 부과된다.

수출신고를 완료한 후에는 해당 물류사에 수출신고 번호를 전달하여 수출신고에 대한 이행신고 요청을 해야 하는데, 현재 쇼피 셀러라면 Utadehub를 통해 신고하는 건들은 따로 이행신고 요청을 하지 않아도 두라로지스틱스에서 처리해준다.

수출신고 절차

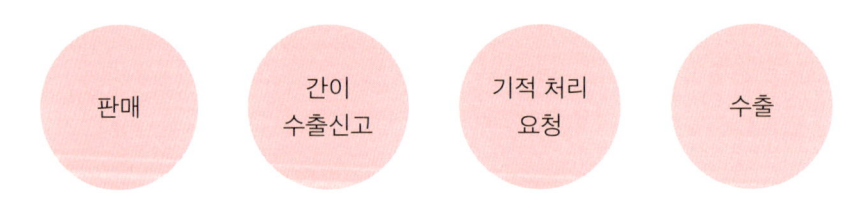

1. 수출신고 준비물

수출신고를 할 때 어떤 것이 필요할까? 가장 먼저 확인해야 할 것은 쇼피를 통해 수출신고 셀러임을 통보하고 쇼피 고객의 개인정보 열람을 할 수 있도록 요청하는 것이다.

　쇼피는 구매자의 개인정보, 즉 연락처와 주소 등의 정보를 셀러에게 제공하지 않는다. 그런데 수출신고를 하는 경우 상품을 받는 사람의 이름, 연락처, 주소 등의 내용을 신고해야 한다. 그래서 쇼피는 수출신고를 한다고 신청한 셀러에 한해서 수출신고에 필요한 정보를 확인할 수 있게 해준다. 구매자 정보 관련해서는 To Ship 상태인 경우에 확인이 가능하다. 구글폼을 통해 신청할 수 있으니 위의 QR 코드를 통해 신청서를 작성하여 제출한다.

SLS 구매자 정보 노출 신청
(쇼피코리아)

　수출신고를 위해 또 필요한 것 중 하나가 바로 통관고유부호다. 이것은 수출입 통관업체 또는 개인의 식별을 위하여 통관고유부호 및 해외거래판처부호 등록관리에 관한 고시상 통관고유부호 체계에 따라 관세청 부호관리 시스템에서 부여한 부호를 말한다. 개인 통관부호와 다르기 때문에 기업으로 신청한다. 유니패스 가입 후 사업자 공인인증서 등록 후 발급이 가능하다.

　마지막으로 신고인 부호를 발급한다. 관세청을 통해 수출입 신고를 할 수 있도록 신고인에게 부여하는 번호다. 역시 유니패스 사이트를 통해 신청 가능하다.

2. 통관고유부호 신청하기

유니패스를 통해서 통관고유부호 신청이 가능하다.

유니패스 통관고유부호 신청하기

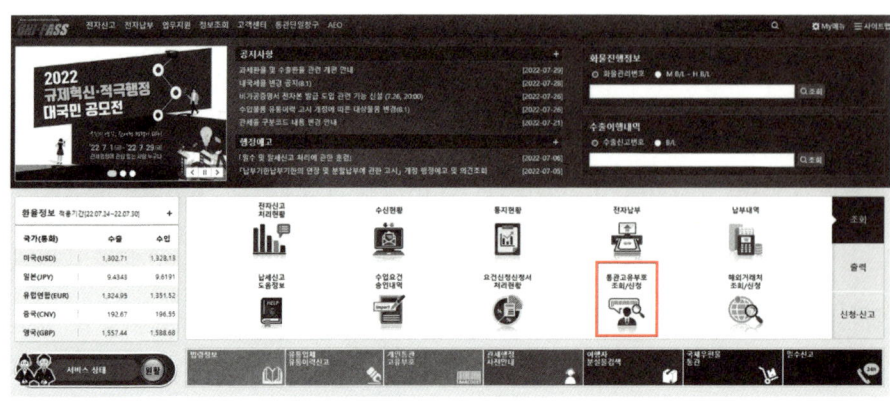

통관고유부호 조회/신청

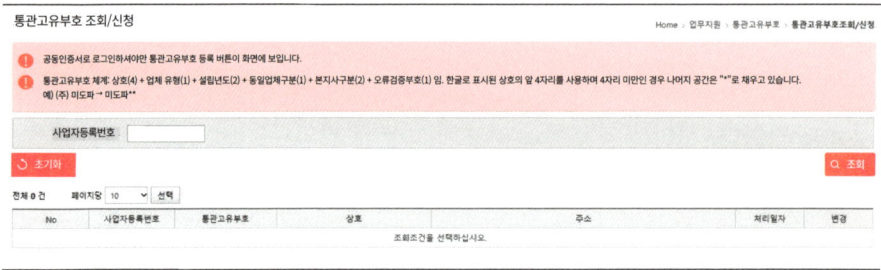

　　사업자등록번호를 입력하고 조회를 누르면 공인인증서 로그인 팝업창이 확인되다. 회원가입 후 기업용 공인인증서를 등록한다. 로그인이 완료되면 하단의 등록 버튼을 눌러서 사업자정보 입력화면으로 이동한다.

사업자정보 입력

정보를 기입하고 사업자등록증을 첨부하면 신청이 완료된다. 신청 후 1일 이내 발급된다.

chapter 10. 수출신고와 부가세 신고하기

3. 유니패스 가입하기

유니패스는 수출입 통관의 효율적인 처리를 위해 관세청이 사용하고 있는 전자통관 시스템이다. 유니패스는 공인인증서가 없으면 활용할 수 있는 서비스가 제약되기 때문에 반드시 기업용 공인인증서 등록이 필요하다. 유니패스 가입을 위해서는 사업자등록증과 기업용 공인인증서가 필요하므로 미리 준비한다.

유니패스 가입하기

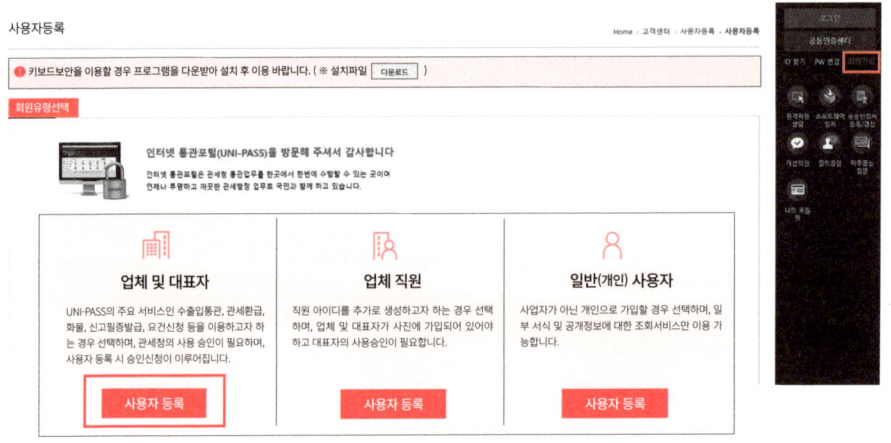

회원가입을 누른 후 [업체 및 대표자] 사용자로 등록한다.

약관동의

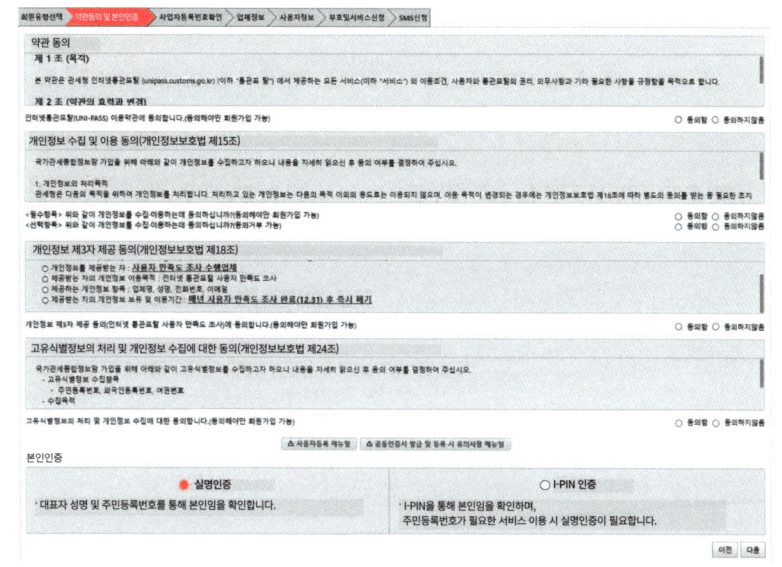

모든 내용에 동의를 선택하고 사용자등록 메뉴얼과 공동인증서 발급 및 등록 시 유의사항 메뉴얼을 눌러 다운받는다.

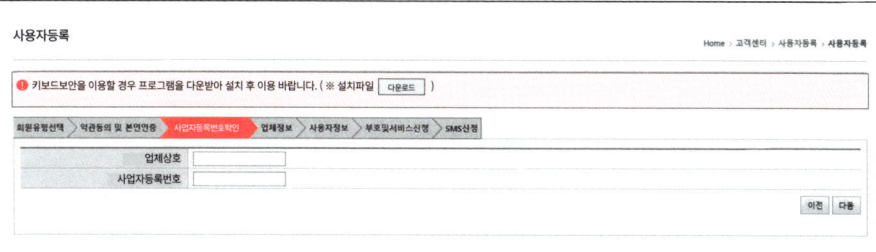

사업자명과 사업자등록번호를 기입한다.

업체 정보 입력

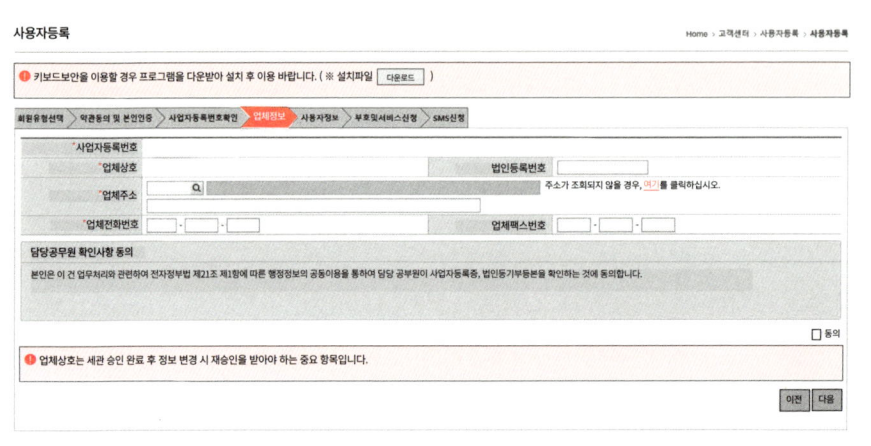

 *표로 표기된 부분을 작성하고, 동의까지 체크해준다.

사업장 주소지 입력

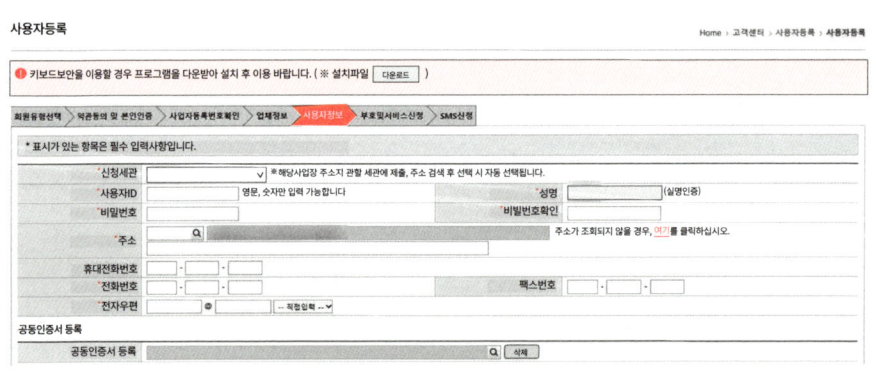

 사업장 주소지를 등록했다면 신청 세관이 자동으로 등록된다. 별표로 표기된 부분을 작성한다.

부호 및 서비스 신청

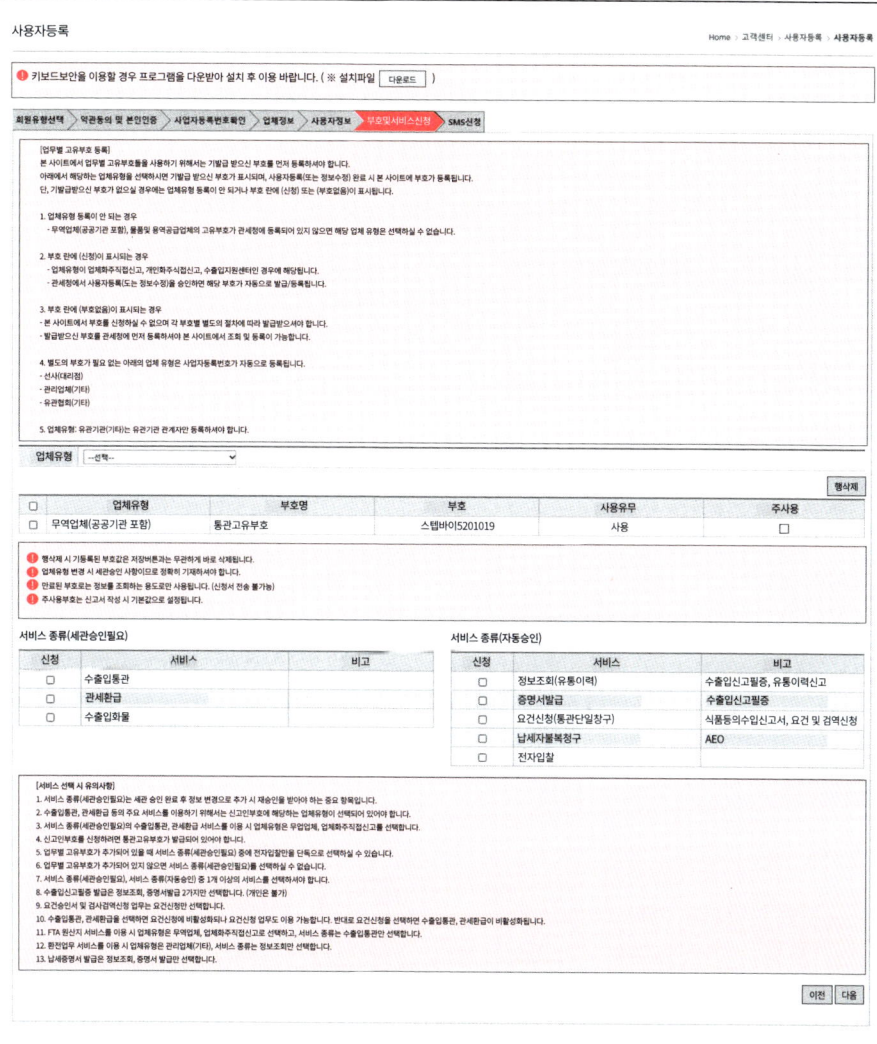

chapter 10. 수출신고와 부가세 신고하기

업체 유형은 업체화주 직접신고를 선택한다. 서비스 종류는 3가지 모두 선택하고, 서비스 종류는 필요한 것을 선택하는데 보통은 정보조회, 증명서 발급을 선택한다. 가입 승인 후 통관고유부호와 신고인 부호를 확인하는 방법은 My메뉴 ➜ 개인정보 수정 ➜ 부호 및 서비스 신청에서 확인할 수 있다.

3. Utradehub 가입하기

수출입 업무의 간소화를 위해 만들어진 Utradehub를 통해서 간이수출신고를 할 수 있다. 간이수출신고를 하기 위해 해당 사이트에 가입 후 활용한다.

Utradehud 사이트 회원 가입

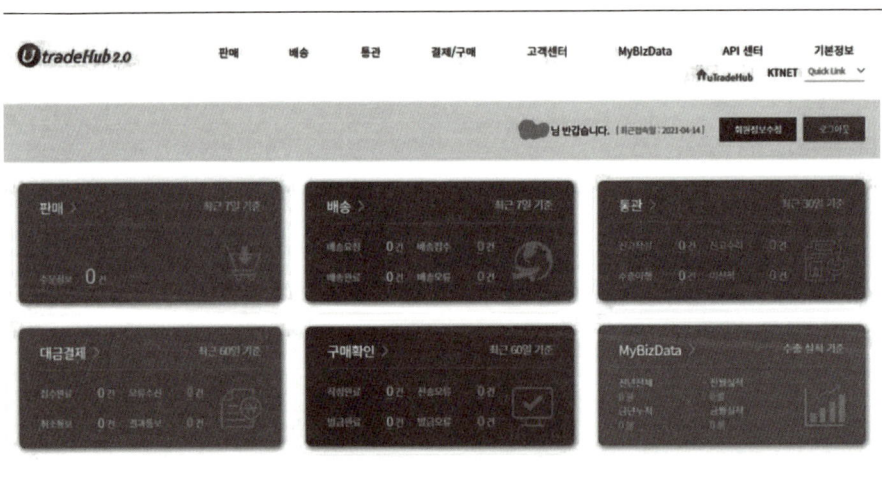

사이트에 접속하고 회원가입을 한다.

Utradehub 수출신고 업로드

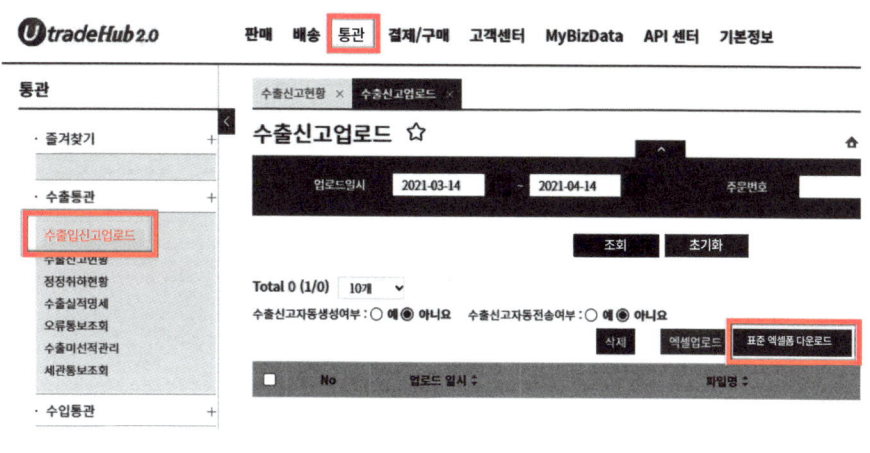

통관 ➡ 수출통관 ➡ 수출신고 업로드에서 표준엑셀 툴을 다운로드한다. 다운로드한 파일을 열고 엑셀시트를 작성한다.

엑셀시트 작성

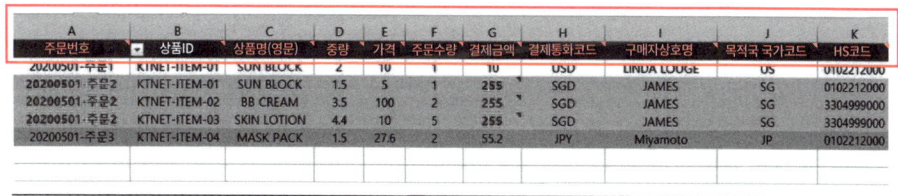

엑셀의 빨간색 글자로 표시된 부분만 작성하면 되는데 하나라도 누락되면 업로드되지 않으니 확인하자.

- 주문번호 : 쇼피 주문번호
- 상품명 : 관세청에 신고되는 항목으로 영문의 상품명
- 중량 : kg으로 기입하고, 모르는 경우 대략적으로 기입 가능
- 가격 : 주문상의 결제 통화 기준으로 작성
- 주문 수량 : 고객의 주문 수량
- 결제 금액 : 결제한 금액이며 주문 건 단위로 작성
- 결제 통화 코드 : 결제 금액에 따른 현지 통화
- 구매자 상호명 : 구매자 이름
- 목적국 국가 코드 : 수출되는 국가 코드
- HS 코드 : 상품별 HS 코드로, HS 내비게이션을 통해 코드 조회가 가능하다.

HS 코드 내비게이션
(한국무역통계진흥원)

파일 업로드

　작성이 완료되었다면 파일을 업로드한다. 업로드 후 전송 버튼을 눌러야 신고 접수가 완료된다. 이 부분을 누락하지 않도록 주의한다.

상품명 입력

	0	1	2	3	4	5	6	7	8	9
0		산 동물	육과 식용설육	어류	낙농품	기타 동물성 생산품	산 수목 및 절화	채소	과실 · 견과류	커피 · 향신료
10	곡물	제분공업 생산품	채유용종자	식물성 수액과 엑스	기타 식물성 생산품	동 · 식물성 유지	육 · 어류 조제품	당류 설탕과자	코코아	곡물 · 곡분 의 조제품
20	채소 · 과실 의 조제품	각종의 조제 식료품	음료 · 알콜 · 식초	사료	담배	암석광물	금속광물	광물성 연료 에너지	무기화학품	유기화학품
30	의료용품	비료	유연 · 착색제	향료 · 화장품	비누 · 왁스	단백질계 물질	화약류 · 성냥	사진 · 영화 용재료	각종 화학 공업생산품	플라스틱
40	고무	원피	가죽제품	모피	목재 및 목탄	코르크	조물재료의 제품	펄프	지와 지제품	인쇄서적 · 신문 · 회화
50	견	모	면	기타 식물성 방직용 섬유	인조 필라멘트	인조스테이플 섬유	워딩 · 펠프 · 부직포	양탄자류	특수 직물	침투 · 도포 직물
60	편물	편물제 의류	비편물제 외류	기타 방직용 섬유제품	신발류	모자류	산류 · 지팡이	조제 우모 · 조화 · 인모제품	석 · 시멘트 제품	도자 제품
70	유리와 유리제품	진주 · 귀석 귀금속	철강	철강제품	동	니켈	알루미늄	유보	연	아연
80	주석	기타 비금속	비금속제의 공구	비금속제의 각종 제품	기계류	전기기기	철도차량	자동차	항공기	선박
90	광학 · 정밀 의료기기	시계	악기	무기	가구 · 침구 · 조립식건축	완구 · 운동용품	잡품	예술품 · 수 집과 골동품		

부가세 신고하기

쇼피를 시작하기 위해서는 사업자등록증이 필요하다. 사업자가 된다는 것은 세금 또한 발생한다는 것을 뜻한다. 사업자는 일반사업자와 간이사업자로 분류된다.

쇼피를 통해 상품을 판매하는 일은 일종의 수출에 해당한다. 그래서 쇼피 셀러는 엄연한 수출업자다. 수출을 하는 일은 영세사업자로 분류되어 0%의 세율이 적용된다. 즉 판매하는 상품이 국내에서는 거래가 없기 때문에 상품 매입때 납부했던 부가세를 환급받을 수 있다. 부가세는 1년에 2번, 1월과 7월에 신고한다. 간이사업자의 경우 1년에 1번 1월에 신고하고, 부가세 환급은 없다. 그렇기 때문에 쇼피를 시작하는 셀러들은 일반사업자로 등록하는 것을 추천한다.

그렇다면 부가세 신고를 위해 필요한 서류를 알아보고 준비해보자.

부가세 신고를 위해서는 매입과 매출 확인이 필요하다. 매입을 증빙할 수 있는 자료는 홈텍스를 통해 등록한 사업자 카드를 통한 진출, 사업자 등록번호로 발급했던 지출증빙용 현금 영수증, 세금계산서를 통해 확인한다.

쇼피를 시작할 때 미리 매입을 위해 사용할 신용카드를 홈텍스에 등록해놓으면 편리하다. 물건을 구매할 때 현금으로 결제한다면 꼭 세금계산서나 지출증빙용 현금영수증을 발급받자. 홈텍스를 통해 쉽게 확인할 수 있는 매입자료는 준비할 필요 없이 부가세를 신고할 때 자료를 쉽게 연동하여 첨부 가능하다.

셀러가 준비해야 할 서류는 매출을 증빙하는 자료다. 준비해야 할 자료를 요약하자면 총 세 가지다. 해외 소포 수령증, Shopee Income Statements, 페이오니아 입금 확인 서류다.

1. 해외 소포 수령증

영세율의 기본은 해외로 상품을 발송했다는 증빙 서류를 제출해야 한다. 해외로 물건을 발송했다는 것을 가장 쉽게 증빙하는 것은 수출신고증이다. 다만, 우리처럼 개인 셀러 일을 하는 경우 수출신고가 의무가 아니다 보니 신고자가 많지 않다. 그래서 해외로 물건을 발송했다는 증빙이 가능한 서류로 해외 소포 수령증을 발급해서 첨부하면 된다. 말 그대로 해외로 소포를 발송했다는 증빙 서류다. 이 서류는 두라로지스틱스를 통해서 요청이 가능하다.

이때 제일 먼저 할 일은 두라로지스틱스 홈페이지에 가입하는 것이다. 가입한 후에 1~2일 이내 가입 승인 메일을 보낸다. 그러니 미리 가입해두는 것을 추천한다. 특히, 부가세 신고 기간에는 소포 수령증을 발급 받으려는 셀러들이 몰리기 때문에 발급 시간이 많이 늦어질 수 있으므로 가입을 먼저 해두는 것을 권한다.

인터넷 검색창에 [두라로지스틱스]를 검색하여 사이트로 이동한다.

두라로지스틱스 사이트

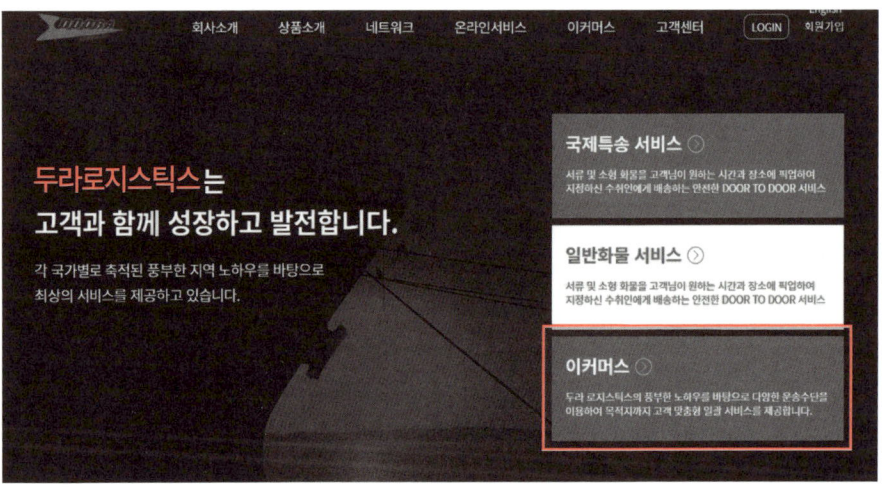

쇼피 셀러는 이커머스를 선택하고 가입을 진행한다.

회원 가입하기

사업자등록증 이미지 파일도 첨부한다. 이렇게 가입을 진행하면 등록한 이메일을 통해 승인 메일을 발송한다. 가입 승인이 완료되면 소포수령증 요청 메일을 발송한다.

소포수령증 발급 요청을 위해서 해외 배송한 상품을 확인할 수 있는 서류를 발송해야 한다. 서류는 쇼피 셀러센터에서 발급 가능하다.

해외 소포 가능 상품 확인

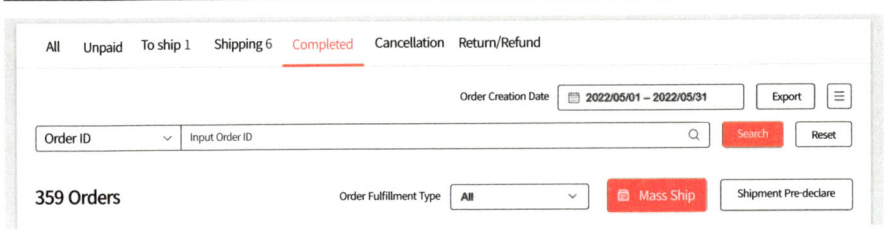

My Order → Completed

Order Creation Date를 눌러서 기간을 선택한다. 기간은 1개월 단위로 선택 가능하다.

기간 선택

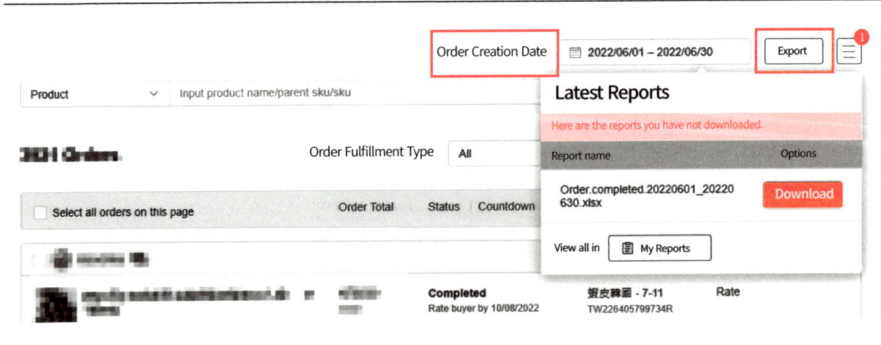

Export를 누르면 선택한 기간의 서류를 다운받을 수 있다. Download를 클릭하여 다운받는다. 배송된 상품이 있는 국가는 모두 다운받는다.

다운로드받은 서류는 메일을 통해서 두라로지스틱스로 발송한다. 이때 발송하는 메일 주소와 메일 제목, 내용은 다음을 확인하자.

> 메일 주소 : ecom@doora.co.kr
> 메일 제목 : 소포수령증 신청_사업자명_기간
> 메일 내용 : 마켓, 월, 업체명

대부분의 소포수령증은 바로 신청이 가능하다. 하지만 브라질에서 판매하는 셀러라면 쇼피에서 다운받은 자료를 다시 한번 쇼피 물류를 통해 배송 트래킹 넘버를 확인해야 한다. 다른 국가들은 다운받은 자료의 넘버와 두라에서 확인하는 넘버가 같지만 브라질만 다르다.

쇼피 물류 이메일을 통해서 브라질 배송 내역의 트래킹 넘버를 요청하는 메일을 우선 발송한다. 메일을 보내면 대부분 바로 발송해준다. 미리 받아두고 한 번에 두라로지스틱스로 발송하면 일을 빠르게 처리할 수 있다.

2. Shopee Income Statements

쇼피를 통해 정산받는 자금을 확인할 수 있는 서류를 발급한다. 기간 선택은 없고 정산 일자에 송금된 내역을 확인하는 것이기 때문에 정산일을 선택하고 각각 다운받는다.

정산일 선택

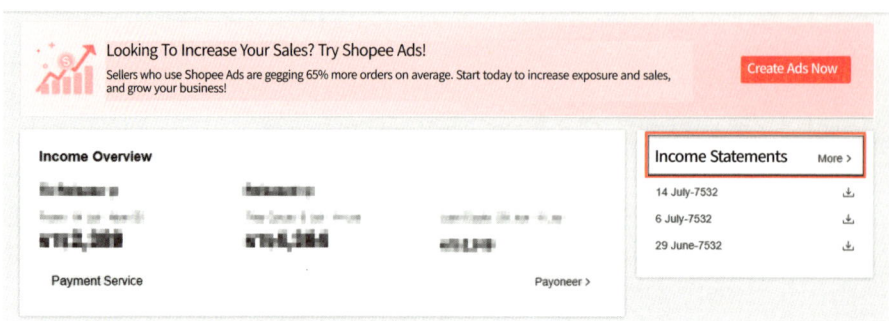

My Income에서 다운로드 받을 수 있다. Income Statements에서 More를 누른다.

날짜 선택

This Cycle을 통해서 날짜를 선택하고 각각 다운받는다.

3. 페이오니아 입금증

해외에서 돈을 송금받은 내용을 증명하는 서류가 바로 페이오니아 입금증이다. 페이오니아를 로그인하여 기간 설정 후 다운받을 수 있다. 이때 PDF 파일로 다운받는다. 페이오니아 상단에 카테고리 ➡ 활동 ➡ 거래내역을 누르면 다음의 내용이 확인된다.

거래내역 확인하기

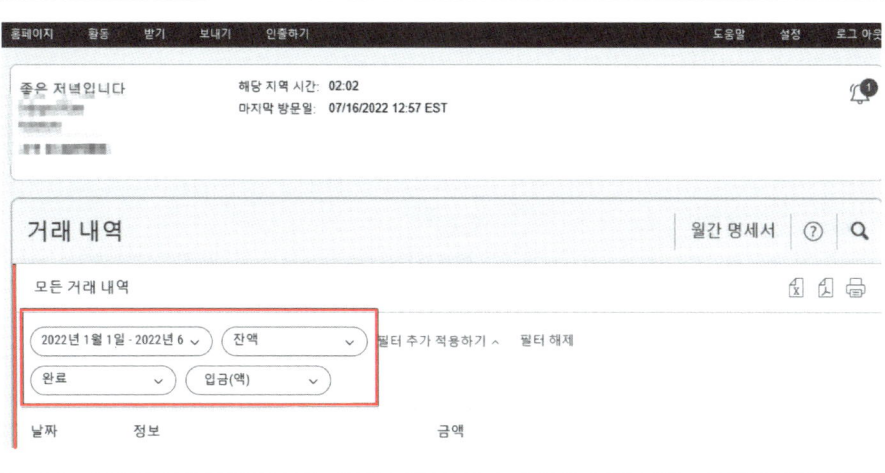

원하는 날짜를 선택하고 월간명세서를 PDF 파일로 다운로드한다. 이렇게 서류가 잘 준비되었다면 이것을 가지고 홈텍스에서 부가세 셀프 신고를 할 수 있다. 특히 소포수령증은 물건이 두라물류지에 도착한 후에 스캔되어 선적된 날짜로 확인된다. 이때 선적된 날짜에 맞는 재정환율을 적용하여 환전해줘야 한다.

세금은 여러 가지 어려운 부분이 많다 보니 매출이 없거나 적을 때는 셀프로 신고하는 것도 좋지만, 필자는 꼭 전문인에게 맡겨야 한다고 말한다. 당연히 필자 또한 세금은 세무사에게 맡기고 있다. 왜냐하면 세금은 자주 바뀌고, 제대로 신고하지 않을 경우 문제가 발생할 수 있기 때문이다. 세금은 세금 전문가에게 문의하자.

에필로그

어떻게 스테비는 쇼피 대만 시작 3개월 만에 월 매출 1,700만 원을 달성할 수 있었을까?

누군가는 월 매출이 뭐 대단한 거라고 호들갑이냐 할 것인데, 나에게는 다른 무엇보다 의미 있는 매출이다. 아마도 이 책을 읽고, 쇼피를 따라갔던 독자가 있다면 쇼피 대만을 접속해봤을 것이다.

쇼피 대만의 첫인상이 어떠했는지 묻고 싶다. 나는 처음 쇼피 대만을 접속했을 때 한자 울렁증을 겪었다. 영어는 어느 정도 볼 수 있었는데 한자를 보는 것은 너무 어려웠다. 그래서 이건 내가 할 수 있는 영역이 아니라고 생각하고 포기했다.

그렇게 몇 개월의 시간을 보내다가 다시 접속했을 때 또다시 같은 생각을 했다. 그런데 그때 이건 나만 어려운 것이 아니라 한국인이라면 누구나 똑같이 어렵지 않을까라는 생각이 들었다. 그래서 시작하기로 했다.

시작은 역시 쉽지 않았다. 번역을 해도 대만 현지 사람들이 검색하는 단어가 아닌 경우가 너무 많았다. 상품을 등록해도 키워드가 달라서 검색되지 않는 경우도 너무 많았다. 그래서 어떻게 해야 사람들이 검색하게 만들지를 고민하면서 현지 셀러들의 단어를 분석하고 적용하기 시작했다.

꾸준히 상품을 등록하고 점점 숍이 성장하고 있던 그때 시련이 왔다. 바로 대만 숍이 정지를 당한 것이다. 말 그대로 경고 없는 정지였다. 대만은 돼지고기 관련 식품은 판매금지가 엄격하다. 그것을 모르고 '소시지'를 등록했다. 우리가 간식으로 먹는 그 소시지 말이다.

이름만으로도 돼지고기 느낌이 풀풀 풍겼는지 단숨에 정지되었다. 성장하는 도중에 숍이 정지되어 난감했다. 그러나 정지되었다고 해서 손 놓고 있을 수는 없었다. 바로 대만 숍을 추가로 오픈했다.

정지되었던 숍에 등록했던 상품을 다시 새로 오픈한 숍에 등록하고, 나를 찾아줬던 구매자들에게 재오픈한 숍을 알리는 작업을 하고, 0부터 다시 시작한다는 마음으로 발 빠르게 움직였다.

쇼피를 시작하는 분들은 알 것이다. 첫 달부터 매출이 폭발적으로 일어나지 않는다는 것을 말이다. 숍을 다시 성장시키기 위해 고군분투하였고 이것이 통하여 3개월 만에 1,700만 원의 매출을 달성할 수 있었다.

이때 내가 했던 것은 1일 1리스팅이었다. 말 그대로 매일 쇼피에서 하루를 시작하고 하루를 끝냈다. 사실 그때까지도 대체 뭘 팔아야 하는지 고민을 많이 했었다.

그런데 매일 리스팅을 하다 보니 내 숍에 대한 신뢰도가 올라갔다.

자연스럽게 소비자에게 많은 CS를 받게 되었는데 이게 하나의 열쇠가 되었다. 한국인이 숍을 직접 운영한다는 것을 확인한 후 나의 숍에 대한 신뢰도가 높아졌고, 여러 가지 한국 상품을 문의해오기 시작했다. 그렇게 문의했던 상품 중 한 가지는 해당 국가에서 판매하지 않았던 제품이었고, 그것을 판매하면서 급성장을 하게 된 것이다.

열심히 꾸준히 일하면 결실이 생긴다는 것을 쇼피를 하면서 알게 되었다. 그리고 이렇게 한국의 상품을 해외로 판매하면서 외화를 벌고 있다는 자부심까지 생겼다. 이러한 일들은 혼자서 했던 일이 아닌 함께하면서 달성할 수 있었다. 실천하기 위해 함께 모인 우리 실천클래스 수강생분들과 함께 만들어간 일이라고 생각한다. 혼자서는 지치고 힘들었을 것이지만 함께하는 사람들이 있어 꾸준히 열심히 할 수 있었다.

이 책을 읽는 분들도 특별한 경험을 통해 성장하시길 바란다.
꼭 글로벌 셀러 도전이 아니라도 충분히 성장하는 일을 할 수 있을 것이다.